高等职业教育新形态精品教材

大学生心理健康教育

主　编　史祝云　林　静

副主编　李思其　周应龙　李　丹　夏　琼

参　编　钟佳利　贺恒珍　李婉媛　张　锐

　　　　王巧迪　王燕琼　顾娇娇　李　婷

　　　　顾凡林　李丽琴

北京理工大学出版社

BEIJING INSTITUTE OF TECHNOLOGY PRESS

内 容 提 要

本书采用项目任务书的形式编写，主要包括"健康人生，从心开始""适应：智慧的本质""认识自我，悦纳自我""我，颜色不一样的烟火""我的情绪我做主""和谐人际的艺术""爱与被爱""学会学习""不做逃避的鸵鸟""港湾，家是什么""破茧成蝶的动力""珍爱生命，幸福人生""认识心理问题，走近心理咨询"十三个项目。本书旨在帮助大学生有效解决面临的心理问题，顺利适应大学生活，培育健全的心理素质。

本书可作为高等院校各类专业的教学用书，也可作为从事大学生心理健康教育相关人员的参考用书。

图书在版编目（CIP）数据

大学生心理健康教育 / 史祝云，林静主编. -- 北京：
北京理工大学出版社，2023.6
ISBN 978-7-5763-2547-8

Ⅰ.①大… Ⅱ.①史… ②林… Ⅲ.①大学生－心理
健康－健康教育 Ⅳ.①G444

中国国家版本馆CIP数据核字（2023）第117782号

出版发行 / 北京理工大学出版社有限责任公司

社　　　址 / 北京市丰台区四合庄路 6 号院

邮　　　编 / 100070

电　　　话 / （010）68914775（总编室）
　　　　　　（010）82562903（教材售后服务热线）
　　　　　　（010）68944723（其他图书服务热线）

网　　　址 / http：//www.bitpress.com.cn

经　　　销 / 全国各地新华书店

印　　　刷 / 河北鑫彩博图印刷有限公司

开　　　本 / 787 毫米 × 1092 毫米　1/16

印　　　张 / 16.5　　　　　　　　　　　　　　　　责任编辑 / 江　立

字　　　数 / 359 千字　　　　　　　　　　　　　　文案编辑 / 江　立

版　　　次 / 2023 年 6 月第 1 版　2023 年 6 月第 1 次印刷　　责任校对 / 周瑞红

定　　　价 / 49.00 元（含配套实训手册）　　　　　　责任印制 / 王美丽

FOREWORD 前言

党的二十大报告提出："教育是国之大计、党之大计。培养什么人、怎样培养人、为谁培养人是教育的根本问题。育人的根本在于立德。全面贯彻党的教育方针，落实立德树人根本任务，培养德智体美劳全面发展的社会主义建设者和接班人。坚持以人民为中心发展教育，加快建设高质量教育体系，发展素质教育，促进教育公平。"

本书的编写积极响应教育部等十七部门关于印发《全面加强和改进新时代学生心理健康工作专项行动计划（2023—2025 年）》的通知，以习近平新时代中国特色社会主义思想为指导，全面贯彻党的教育方针，坚持为党育人、为国育才，落实立德树人根本任务，坚持健康第一的教育理念，切实把心理健康工作摆在更加突出的位置，统筹政策与制度、学科与人才、技术与环境，贯通大、中、小学各学段，贯穿学校、家庭、社会各方面，培育学生热爱生活、珍视生命、自尊自信、理性平和、乐观向上的心理品质和不懈奋斗、荣辱不惊、百折不挠的意志品质，促进学生思想道德素质、科学文化素质和身心健康素质协调发展，培养担当民族复兴大任的时代新人。

本书编写借鉴了当前心理健康教育方面的理论成果和实践经验，力求突破传统，有所创新，实现理论内容严谨性和形式结构新颖性相结合。与目前市场上的其他同类教材相比，本书具有以下特点：

（1）坚持育心和育德相结合，实现价值引领和塑造。本书充分挖掘大学生心理健康课程本身蕴含的丰富思政元素，将党的二十大精神、习近平新时代中国特色社会主义思想、社会主义核心价值观等思想有机融入教材，避免"硬植入"或"两张皮"等现象，努力达到"盐溶于水"的效果。

（2）突出精准务实性。本书主要针对高职院校学生的心理健康特点和学习生活实际，重点关注大学生在学习生活过程中经常遇到的情绪情感、人际交往、自我意识、挫折与压力应对等方面的问题，将理论以通俗易懂的方式呈现，避免内容高深晦涩。

（3）具有新颖性和可读性。本书配有"二十大速递"模块，旨在拓展学生的思维广度。项目后的"实训任务"模块可以帮助学生巩固项目任务书的相关知识，有利于提高大学生的学习兴趣。值得注意的是，为了响应党的二十大报告中"推进教育数字化，建设全民终身学习的学习型社会、学习型大国"这一要求，我们在书中创造性地加入了拓展阅读，以二维码形式呈现，以增加学生的阅读兴趣。

（4）突出实践性和可操性。考虑到高职院校人才培养目标和高职院校学生自身心理特点，本书更加重视心理理论知识在实际生活中的运用，以提高学生自我心理调适的能力。另外，本书还设置了"课堂活动"模块，让学生走进日常的学习和生活中，帮助学生不仅"知道"，还能在生活中"做到"。

本书在编写过程中，编者非常认真地查阅资料，从最初的大纲直至最终成稿，皆是几易其稿，希望尽己所能将相关内容呈现给各位读者，虽然如此，但书中仍难免存在不妥或疏漏之处，请各位读者批评指正，以便后续修订时进一步完善。

编　者

CONTENTS 目录

项目一

"健康人生，从心开始"——大学生心理健康概论

📝 **学习目标**

知识目标：

1. 了解心理健康的含义。

2. 了解心理健康的特征。

3. 熟悉大学生常见的心理健康问题。

4. 熟悉大学生心理健康的影响因素。

能力目标：

1. 能够掌握保持心理健康的意义。

2. 能够掌握大学生心理健康的标准。

3. 能够掌握大学生心理健康的辩证运用。

素养目标：

树立正确的心理健康观念。

任务一　心理健康概述

一、健康新理念

（一）健康面面观

在不同的历史时期，随着生产力水平及人们认知能力的不断提高，人们对"健康"这一概念的认识也经历了一个不断演变、日趋完善的过程。从健康是由"鬼神主宰"的迷信

模式，到健康是"肉体正常工作"的机械模式，再到健康就是"保持病原（微生物）、人体（生理病理）和环境（自然环境）三者之间生态平衡"的生物模式。长期以来，人类对健康的认识一直处于片面阶段。"健康等于没有疾病"或"疾病仅限于躯体疾病"的观念深入人心，这种状况导致人们长期忽视对于心理健康的关注。特别是在青少年的成长过程中，心理健康问题长期以来没有得到应有的重视。对于学生，类似"我喜欢某男（女）生""我害怕考试"等心理困惑，教师和家长往往代之以"不要胡思乱想""谁叫你平时不好好学习"的简单指责，而忽略了学生的心理需求。事实证明，这种不当的教育方式已经带来了许多不良的后果。

2000 年，××师范大学教育科学学院"××省中小学生心理健康现状调查与对策研究"课题组报告：××省××市农村初中生心理问题总检出率为 14.5%。

2004 年，谭晖、储海宝、袁仁曦对××市 1 036 名中学生的调查显示：中学生心理障碍发生率为 24.9%，其中以预备班和高一年级发生率最高，达到 30% 以上；中学生自杀意念存在率为 20% ～ 40%。

2005 年，张作记、林立等人在《全面关注深入研究——学生心理健康专题导语》一文中报告：近年来的学生心理健康调查表明，学生已成为心理健康的弱势群体，约占 50% 的学生心理处于不健康或亚健康状态，心理问题阳性检出率为 17.3% ～ 21.1%，学生自杀、暴力犯罪率呈不断上升趋势。

2007 年，王玉清、王国华、卢子峰对医学院校一至四年级的学生共计 576 人的调查显示：学生的强迫、焦虑、敌对、恐惧因子分数明显高于全国青年组，差异有显著性；强迫因子随年级的增加而降低；学生的精神病性因子低于全国青年组，低年级学生心理问题高于高年级学生。

不难看出，片面的健康观所导致的各种心理健康问题正严重地影响着青少年的健康状况。正如古罗马哲学家西塞罗所说：心理的疾病比生理的疾病的数量较多，危害更强烈。因此，让全新的、科学的健康观深入人心显得尤为迫切。

（二）健康的科学定义

进入 20 世纪，随着医学、心理学的日趋成熟和社会生态学观点的提出，人们对健康的认识更加全面深入。1948 年，世界卫生组织（WHO）在其宪章中给健康下了一个定义："健康不仅仅是没有疾病和衰弱的状态，而是一种在身体上、精神上和社会上的完好状态"。这个定义将人类几千年对疾病、自身和生存环境的认识高度概括，具有划时代的意义，是至今为止应用最普遍的、认可度最高的健康概念。1968 年世界卫生组织（WHO）进一步明确健康即"身体精神良好，具有社会幸福感"，更加强调了人的社会属性。1978 年，世界卫生组织（WHO）在《阿拉木图宣言》中对健康的含义又作了重申："健康不仅是疾病与体弱的匿迹，而且是身心健康、社会幸福的完美状态。"该《宣言》进一步提出

"健康是基本人权，达到尽可能的健康是全世界一项重要的社会性指标"。从这一点可以看出，健康是人类发展的基本目标。

1978 年，世界卫生组织（WHO）提出的衡量人体健康的十条标准。

（1）有充沛的精力，能从容不迫地担负日常生活和繁重的工作，而且不感到紧张疲劳。

（2）处事乐观，态度积极，乐于承担责任。

（3）善于休息，睡眠好。

（4）应变能力强，能适应外界环境的变化。

（5）能够抵抗一般性感冒和传染病。

（6）体重适当，身体匀称，站立时头、肩、臀位置协调。

（7）眼睛明亮，反应敏捷，无眼疾。

（8）牙齿清洁，无龋齿，不疼痛，牙龈颜色正常，无出血现象。

（9）头发有光泽，无头屑。

（10）肌肉丰满，皮肤有弹性。

1989 年，世界卫生组织（WHO）又将健康的定义修改为："健康不仅仅是身体没有疾病，而且还要具备心理健康、社会适应良好、道德健康"。

20 世纪初提出的这种生理—心理—社会健康模式强调了社会、心理因素在健康与疾病之间的重要关系，强调了人际关系、社会压力、个体因素和认知对健康的影响，是迄今为止较为科学完善的健康概念。

二、心理健康的含义

关于心理健康的定义，国内外不少专家都有过研究和论述。英格里士（H. B. English）认为："心理健康是指一种持续的心理情况，当事者在那种情况下能作良好的适应，具有生命的活力，而且能充分发展其身心的潜能；这乃是一种积极的丰富情况，不仅是免于心理疾病而已。"波孟（W. W. Blehm）认为："心理健康是合乎某一水准的社会行为：一方面能为社会所接受，另一方面能为本身带来快乐。"我国傅连暲强调健康的含义应包括以下几个因素。

（1）身体各部分发育正常，功能健康，没有疾病。

（2）体质坚强，对疾病有高度的抵抗力，并能刻苦耐劳，担负各种艰巨繁重的任务，经受各种自然环境的考验。

（3）精力充沛，能经常保持有较高的效率。

（4）意志坚定，情绪正常，精神愉快。

其中上述第（3）（4）两条指的正是心理健康。

1946 年，世界心理卫生联合会（WFMH）从以下四个方面对心理健康进行界定

（1）身体、智力、情绪十分协调。

（2）适应环境，人际交往中彼此谦让。

（3）有幸福感。

（4）在工作和职业中，能充分发挥自己的能力，过有效率的生活。

心理学的先驱

三、心理健康的特征

心理健康对于一个人是非常重要的，就是一个人的生理、心理与社会处于相互协调的和谐状态。其特征包括以下几个方面。

1. 能对"自我"做出适当评价

心理学将认识自己、了解自己、区分"自我"和"非我"称为自我意识。心理健康的人能在相互对比和别人的评价中，不断校正对自己的认识，充分地了解自己，并能对自我能力、品质做出适度的评价，既不过高地估计自己，又不过低地估计自己。

2. 能适应外界环境的各种变化

一个人心理健康与否，应当主要依据其对外界环境的适应来判定，适应是指机体同环境关系的协调平衡。如果某个人缺乏适应能力，就不能自觉能动地去认识和改造环境，不能保持人与环境的平衡、协调。时常产生不满思想情绪而陷入内心矛盾，并因此产生焦虑不安或对抗心理，这就属于不适应。例如，有的人遇到一点点不幸或困难，就感到受不了；对不可笑的事情捧腹大笑；对不可悲的事情悲痛欲绝；听到一句无关痛痒的话就以为是攻击和侮辱而暴跳如雷等。而心理健康的人，无论在什么环境中，都能应付自如，处变不惊；在困难和挫折面前，能够自我安慰、自我解脱。

3. 能保持良好的人际关系

心理健康的人与人为善，能容纳别人；乐于助人，富有同情心，关心别人的痛苦、欢乐、兴趣和爱好；真心相待，在社会生活中有自己知心的朋友。

4. 能自觉控制和调整情绪

情绪有积极情绪（如高兴、愉快、惬意、满意、激奋、有趣、欣慰等）和消极情绪（如悲观、失意、苦闷、悲痛、担忧、恐惧、愤怒、伤心、绝望等）之分。积极情绪能提高活动的水平，有利于身心健康；而消极情绪则降低活动的水平，不利于身心健康。心理健康的人的情绪是愉快和乐观的，这种乐观、愉快的情绪，是以对生活、工作和事业的正确态度为基础的。虽然也有悲、忧、哀、愁等不良情绪，但能主动自我调节，同时能适度表达和控制自己的情绪，使自己成为良好心境的主人。

5. 能善于从经验中学习

心理健康的人，对人生所需要的能力、知识、技能的学习和掌握，有正确的认识，且有高度的热情和坚韧不拔的学习毅力，孜孜以求，永不满足。

6. 能保持人格的完整与和谐

心理健康的人的气质、能力、性格等人格构成要素的各个方面均能获得平衡的、健全的发展。对前途充满信心，富有朝气，勇于上进；对自己从事的工作和事业，积极热情，认真负责，不怕困难，脚踏实地，表现出坚强的意志品质。

四、心理健康的意义

（一）促进学生的生理健康

心理素质是主体在心理方面比较稳定的内在特点，包括个人的精神面貌、气质、性格和情绪等心理要素，是其他素质赖以形成与发展的基础。心理素质好的人在面对挫折、疾病、意外时，具有很好的抗逆性；反观心理素质差的人，在面对人生旅途中的诸多困境时，就容易表现得悲观消沉、一蹶不振。大学生各种素质的形成，要以心理素质为媒介，例如，健全人格、竞争意识、适应能力、创造性思维等要以心理素质为先导。在复杂多变的社会环境中，保持良好的心理素质是抗拒诱惑、承受挫折、自我调控与实现蜕变的关键。因此，在某种程度上，大学生综合素质的强弱主要取决于他们心理素质的高低。

研究表明，许多心理问题能直接引起某些疾病或加剧某些疾病的发展，甚至还会导致一个人的生理功能全面衰竭。例如，当人们生气时，表现出气得吃不下饭而日渐消瘦，心思过重，就连吃美味的食物也味同嚼蜡。又如很多癌症患者，直接击溃他们的可能并非疾病本身所带来的伤痛，而是心理防线的率先崩塌，紧张、焦虑、抑郁的绝望心境使身体不堪一击。相关医学诊断显示，75%的癌症患者并不是因病而死，而是因为自己心理的原因。因此，注意心理健康，努力增强自身的心理素质，对于促进生理健康具有重要的意义。

（二）提升学生的生活质量

人生在世，无不在追求幸福，尽管幸福的标准因人而异，不同价值取向的人的幸福观天壤之别，但不可否认的是，幸福即人的精神满足。然而，在现实生活中，人们的需求是持续上升的，随之而来的担忧、惶恐也日益增多。因此，拥有健康的心理，悦纳自我，合理地运用自身资源优势尤为重要。有了健康的心理，人们才能对未来生涯规划描绘出清晰的蓝图，才能坦率地面对人生的患得患失，将挫折当作人生进步的垫脚石，当作磨砺意志与才气的机遇，当作未来生活的财富；将人生的顺境当作创造的契机，当作加速发展的条件，当作超越自我的试金石。总之，幸福来源奋斗，高质量的生活得之于个体的心理健康。

心理健康与受教育者的人格发展密切相关，并直接影响个体人格的发展水平。一方面，学生以在心理健康教育过程中接受的道德规范、行为方式、环境信息、社会期望等来逐渐完善自身的人格结构；另一方面，客观存在的价值观念作为心理生活中对自身的一种衡量、评价和调控，也影响着主体人格的发展，并且在一定条件下还可以转化为人格特质，从而使人格发展上升到一个新的高度。同时，心理健康教育并不是消极地附属于这种转化，而是在转化过程中能动地引导受教育者调整方向，使个体能够把握自我，对自身的行为进行认识评价，从而达到优化心理、健全人格的目的。

（三）提高学生的工作学习效率

现代社会处于高速度、快节奏、充满竞争的时代，要想在未来的竞争中稳操胜券，人们除要有强健的身体、渊博的知识、良好的机遇外，最关键的还要有健康的心理。

教育的目的之一就是要开发受教育者的潜能。良好的心理素质和潜能开发是相互促进、互为前提的，心理健康为两者的协调发展创造必要的条件。心理健康的个体能够在适度的层次上认识自我，从而实现角色转换，发展对环境的适应能力，最终充分发挥潜能。

近年来国内兴起的三资企业的特点是高工薪、高待遇、高技术，许多人千方百计地要"流动"到这些企业中。但工作一段时间后，一些当初想尽办法挤进三资企业的人会设法跳槽，究其原因，许多人不适应那里的快节奏、高竞争的工作方式。他们只看到高工薪，却没有想到高工薪需要付出高效率的劳动；只看到高待遇，却没有想到高待遇的背后也有风险。那些在"大锅饭"体制下懒散习惯了的人，很难适应这种新的工作方式。然而，适应也罢，不适应也罢，社会总是要前进的，无论是从个人适应社会生活来说，还是从提高我国国民素质来说，都需要做好充分的心理准备，都必须保持心理健康。

大学生要想高效率地学习，获得理想的学习成绩，就需要有健康的心理；而若想在"千军万马过独木桥"的竞争中取胜，顺利完成大学学业，还需要有健康的心理。

症状自评量表
（SCL-90）

任务二　大学生心理健康标准

一、大学生的心理特点

（一）年龄特点

我国大学生多数处于青年中期（18～24岁）阶段。在这个阶段，个体的生理发展已接近完成，已具备了成年人的体格及生理功能，但其心理尚未成熟。对大学生而言，所面临的一个重要任务就是促使心理日益成熟，以便成为一个心理健康的成年人。可以说，青年中期是走向成熟的关键期。

人的成熟应具备以下三个基本条件：

（1）身体的长成。身体长成是以个体生理成熟为标志，尤其是以性成熟为重要指标。大学生一般都已具备这种条件。

（2）心理发展完善。心理发展完善即形成了完善的自我概念，形成了稳定的个性。

（3）社会化程度的提高。社会化程度的提高是以人的社会成熟为标志，即个体对自己在社会中所处的角色及所担负的社会责任具有正确的认识。

在这三个条件中，生理成熟是心理成熟的物质基础和依据，社会成熟是心理成熟的必要条件。而社会化程度的提高取决于个体的社会实践活动。因为大学生在学校学习时间长，与社会生活有着某种程度的隔离，他们身在校园，对真正的社会生活并没有直接、深刻的了解，所以，他们的社会实践活动比较表面和肤浅。因而，大学生的社会成熟期较长，在整个大学时代，他们都要为这种社会成熟的完成而付出努力。

（二）自我概念的增强与认知能力发展的不协调

自我概念是指人对自身的认识及对周围事物关系的各种体验。它是认识、情感、意志的综合体，也是人心理发展过程中一个极为重要的方面。

自我概念从童年时期就开始产生并逐步发展，青少年时期是自我意识发展最快的时期。它使人心理的各个方面都发生着深刻而广泛的变化；它使一个人能反省自身，有明确的自我存在感，从而以一个独立的个体来看待周围世界；它使人的心理内容得到极大的丰富和扩展。

自我概念的发展不仅与年龄有关，而且与人的知识水平有关。一个人的文化素质越高，其自我意识就可能越强。从这两点来看，大学时期是真正认识自我的时期。大学生所处的年龄阶段和所具备的文化水准决定了他们不再像中学生那样眼光向外，对外界的事物感兴趣，急于去了解世界，把握外部环境，急于显示自己的独立，想做环境的主人；而是眼光向内，注重对自己进行体察和分析，将自我分化为主体的我和客体的我及理想的我和现实的我。他们注意内省，注重探求自己微妙的内心世界，力图理解自己的情感、心理变化，自觉地从各个方面了解自己，塑造自己的形象，设计自我的模式。大学校园这种特殊的环境，又是十分强调独立、注重自我确立的地方，许多大学生在较大的程度上按照自己的方式安排自己的生活，有一种宽松、自由的氛围；同时，由于大学生所处的独特的社会层次及具有较高的文化素质，他们对社会上的事情有着自己的见解，他们看问题的视野可能与一般人有所不同，有一种以天下为己任的抱负和心愿。一方面，他们关心社会发展，这种关心是抛开切身利益，以大视角来进行的，注重的是整个社会的提高与进步，他们热衷参与社会，对社会舆论愿意独立思考；另一方面，由于生活阅历有限，与社会有一定的距离，社会实践能力不强，使他们在谈论、评价、思考社会问题时，往往带有幻想的色彩，不能十分切合实际。他们对事物的认识表现出一定的片面性和幼稚性，还不能深刻、准确、全面地认识问题。这种不足与他们极强的自我概念不相协调，这种不协调可能会一直困扰着他们。

（三）概念丰富而不稳定

大学生是一群正在成长的青年，是一个极其敏感的群体，其内心体验极其细腻微妙。他们对与自身有关的事物往往体察得细致入微。随着文化层次的提高和生活空间的扩大，他们的思维空间急剧延伸，必然导致其情感越来越丰富和深刻。

由于心理内部的需要结构发生变化，大学生的追求有其独特性，而他们的价值观念尚不稳定，时常处于波动、迷惘、抉择之中，其心理成熟又落后于生理成熟。大学生的情感是不稳定的，情绪变化起伏大，易受周围环境变化的影响，心境变化快。学业、生活、人际关系等变化会引起他们情绪的波动，容易偏激、冲动，情绪冲突也较多。

（四）性意识的发展

大学生正处于青年中期，生理发育已基本完成，所以，其性意识的明朗化与进一步发展都是正常的。大学校园是年轻人的世界，每个大学生都有充分的机会与同龄的异性接触，性意识的发展及与之相伴而来的恋爱问题是大学生心理发展过程中的一个重要内容。一方面，性意识的发展带来强烈的按照性别特征来塑造个性和形象的精神向往，每个大学生都会在心里产生一种愿望，即成为什么样的男子或女子；另一方面，性意识的发展也带来了对异性的倾慕与追求，这是每个青春萌动的大学生都会遇到的问题。而这种愿望会与大学生还不善于处理异性之间的关系，或者他们的经济地位与心理成熟度还不足以应付这种问题相互矛盾，从而带来种种不安和烦恼。

（五）智力发展达到高峰

大学生一般思维敏捷，接受能力强，通过专业训练、系统学习，他们的抽象逻辑思维能力得到充分发展，智力水平大大提高，分析问题、解决问题的能力增强，其智力层次含有较多的社会性和理论色彩。这一显著特点使大学生心理活动的内容得到极大的丰富。

(六) 社会需求迫切

为了接受系统严格的专业训练，大学生在校园里的生活期限比同龄人长，这使他们与社会有一定距离。也正因为如此，他们渴望加入社会的愿望更为迫切。在校园里，他们关注着社会，评判着各种社会现象，并希望自己加入进去，按照自己的想法去改变各种令人不满意的现象，把自己的专业知识服务于社会，体现自己的力量，实现自身的价值。这种迫切的社会需求与大学生正在形成的价值观相互作用，是他们将来走向社会的重要心理依据。这一心理特点支配着、指导着大学生的学习态度，对大学时代的生活质量产生重要的影响。

二、大学生心理健康的标准

为了正确地判断其他人的心理是否健康，人们需要研究心理健康的标准。美国心理学家马斯洛（A. H. Maslow）和密特尔曼（Mittelman）提出的 10 条标准被认为是经典的标准：

（1）有充分的自我安全感。

（2）能充分了解自己，并能恰当估计自己的能力。

（3）生活理想切合实际。

（4）与现实环境能保持良好的接触。

（5）能保持人格的完整与和谐。

（6）善于从经验中学习。

（7）能保持良好的人际关系。

（8）能适度地宣泄情绪和控制情绪。

（9）在符合团体要求的前提下，能做有限度的个人发挥。

（10）在不违反社会规范的前提下，能适当满足个人的基本需求。

1958 年，詹候达（Jahoda）又提出心理健康的 3 条标准。

（1）个人能主动地操纵或运用其环境，而不只是被动地接受其环境。

（2）个人的行为具有弹性，并能保证稳定与完整的人格。

（3）能正确地了解其环境，并善于自知，而且不曲解现实。

国内许多学者对心理健康的标准也各有所见。王效道主编的《心理卫生》提出了判断心理健康的三项原则：一是心理与环境的同一性；二是心理与行为的整统性；三是人格的稳定性。同时，提出了心理健康水平评估的 7 条标准：适应能力、耐受力、控制力、意识水平、社会交往能力、康复力、道德愉快胜于道德痛苦。

马建青主编的《心理卫生学》认为心理健康的标准如下。

（1）智力正常。

（2）善于协调与控制情绪，心境良好。

（3）具有较强的意志品质。

（4）人际关系和谐。

（5）能主动适应和改造现实环境。

（6）保持人格的完整与健康。

（7）心理行为符合年龄特征。

综合国内外学者的见解，根据大学生这一特殊群体的年龄特征、心理特征和社会角色特征，一般认为大学生心理健康的标准包括以下几个方面。

1. 智力正常

智力正常是大学生学习、生活、工作的最基本的心理条件，是大学生胜任学习任务、适应周围环境变化所需要的心理保证，也是大学生心理健康的首要标准。智力是指一个人认识能力与活动能力所达到的水平，是人的观察力、记忆力、思维力、想象力与注意力等多种能力的综合体，包括从经验中学习或推理的能力、获得和保持知识的能力、迅速而又成功地对新情境做出反应的能力、运用推理有效解决问题的能力等。

一般来说，经过高考选拔的大学生的智力是正常的，因而，衡量其智力关键在于考察其智力是否正常地、充分地发挥了效能。大学生充分发挥智力效能的标准有三点：一是有强烈的求知欲和浓厚的探索兴趣；二是智力结构中的各要素都能积极协调地参与并正常地发挥作用；三是能适应时代要求，具有快速加工、处理、整合知识信息的能力，并且有利用知识进行创新的能力。

2. 情绪稳定、乐观

情绪健康是大学生心理健康的一个重要指标，因为情绪变化在心理变化中起着核心作用，情绪异常往往是心理疾病的先兆。心理健康的人的情绪应该是基本稳定、乐观，表现适度，能较好地驾驭自己的情绪、情感。具体地说其情绪是由适当的原因引起的；情绪的作用时间随客观情况的变化而转移；情绪表现稳定、心情愉快、开朗、豁达、充满朝气。

3. 意志健全

意志是人在完成一种有目标的活动时所进行的选择、决定与执行的心理过程。意志健全者在行动的自觉性、果断性、顽强性和自制力等方面都表现出较高的水平。

心理健康的大学生的行动应具有自觉性与果断性，对自己的行动目的有正确的认识，能主动支配自己的行动去达到目标；有学习、工作与生活的理想，能够为实现自己的理想，从实际出发制定可行的生活目标，并脚踏实地地去实现这些目标；在困难和挫折面前能采取合理的反应方式，运用切实有效的方法解决所遇到的问题；能遵守社会规范，在行动中控制自己的情绪和言行等。如果一个人行为漫无目的，遇事又常常当断不断、犹豫不决，对自己的行为缺乏自我控制的能力，那就谈不上心理健康了。

4. 人格完整

人格在心理学上是指个体比较稳定的心理特征的总和。人格完整就是指有健全统一的人格，即个人的所说、所想、所做是协调一致的。大学生人格完整的主要标志有以下几个方面。

（1）人格结构的各要素完整、统一。

（2）具有正确的自我意识，不产生自我统一性混乱。

（3）以积极进取的人生观作为人格的核心，并以此为中心将自己的需要、愿望、目标和行为统一起来。

5. 自我意识明确，并能悦纳自己

自我意识是个体对自己的认识和评价。心理健康的人对自己的认识与评价往往比较接近实际，既能正确地认识自己的优点，也能客观地、实事求是地认识自己的缺点，对自己的优点感到欣慰，并产生相应的自尊感，但对缺点也不妄自菲薄、不自卑、不自暴自弃。总之，心理健康的人不仅有自知之明，而且有良好的自我感觉，在认识与评价自己的过程中，产生一种积极的、愉快的情绪体验，能够从心理上愉快地接纳自己（悦纳自己）。

6. 人际关系良好

人际关系是人与人之间的情感关系。人总是处在一定的社会关系中，大学生也同样离不开人际关系。和谐的人际关系既是大学生心理健康不可缺少的条件，也是大学生获得心理健康的重要途径。大学生人际关系的和谐表现为以下几个方面：

（1）乐于与人交往，既有稳定而广泛的人际关系，又有知心朋友。

（2）在交往中保持独立而完整的人格，有自知之明，不卑不亢。

（3）能客观评价别人和自己，善于取人之长，补己之短。

（4）宽以待人，乐于助人。

（5）积极的交往态度多于消极的态度。

（6）交往动机端正。

7. 适应能力强

较强的适应能力是心理健康的重要特征，不能有效处理与周围现实环境的关系是导致心理障碍的重要原因。

心理健康的大学生能与社会保持良好的接触，对社会现状有比较正确的认识，思想和行动上都能跟得上时代的步伐，并与社会的要求相符合。当发现自己的需要和愿望与社会发生矛盾时，能迅速进行自我调节，以求与社会协调一致，而不是逃避现实，更不是妄自尊大、一意孤行，与社会需要背道而驰。

8. 心理行为符合大学生的年龄特征

大学生应具有与其年龄和角色相应的心理行为特征。若一个大学生经常严重地偏离这些心理行为特征，则有可能是心理异常的表现。心理健康的大学生应该是精力充沛、勤学好问、反应敏捷、喜欢探索的；过于老成、过于幼稚、过于依赖都是心理不健康的表现。

需要特别指出的是，心理健康的标准只是一种相对的衡量尺度，所以，在理解和运用时应注意以下几点。

（1）判断一个人的心理健康状况，不能简单地根据一事一时下结论。心理健康是较长一段时间内持续的心理状态，一个人偶尔出现一些不健康的心理和行为，并不意味着这个人就是心理不健康。任何人在外界环境的影响下，都可能产生心理波动，因此，不能简单地给自己或他人下心理不健康的结论。

（2）心理健康状态不是静态的、固定不变的，而是动态的、发展变化的过程。处在成长过程中的人既可以从不健康转变为健康，也可以从健康转变为不健康。随着人的成长、经验的积累、年龄职业的变动、环境的改变等因素的变化，其心理健康状况必然会有所变动。

（3）人的心理健康水平可分为不同的等级，从健康到不健康并不是泾渭分明的两种状态，而是一种双向渐进的连续状态。

（4）心理健康标准只是一种理想的参照系，它既为人们提供判别心理是否健康的标准，也指明了提高心理健康水平的努力方向。在多数情况下，测试者们运用心理健康标准进行自测时，都会发现自己与理想标准有一定差距，若在一定限度内则都属正常。而且，在正常范围内的一定差距的测试结果可以为测试者提供自身心理发展的努力方向。

三、大学生心理健康的辩证理解及运用

大学生心理健康的辩证理解是指对大学生心理健康问题进行全面、客观、科学的认识和分析，从多个角度和维度进行思考和探讨，以达到更加准确、深入、全面的理解和解决问题的目的。

辩证理解的核心思想是"辩证法"，即对事物进行全面、矛盾、发展的认识和分析。在大学生心理健康问题上，辩证理解的思路应该包括以下几个方面。

1. 从个体和社会角度看待问题

大学生心理健康问题不仅是个体问题，也是社会问题，需要从社会和个体两个角度进行分析与解决。

2. 从身心和环境角度看待问题

大学生心理健康问题是身心相互作用的结果，同时，也受到环境因素的影响，需要从身心和环境两个角度来看待问题。

3. 从问题和资源角度看待问题

大学生心理健康问题不仅是问题，也是资源，需要从问题和资源两个角度来看待，以便更好地发掘和利用资源，解决问题。

4. 从治标和治本角度看待问题

大学生心理健康问题既需要治标，也需要治本，需要从治标和治本两个角度来看待问题，以便更好地解决问题。

综上所述，大学生心理健康辩证可以采用以下方法进行运用。

（1）引导学生追求合理的需要，树立远大的理想。情绪状态与人的需要是否得到满足有着直接关系。如果追求不合理的需要，需要的内容与需要的水平脱离实际，那么需要就不容易得到满足，于是人就会感到不愉快。因此，应该引导大学生根据客观现实及个人能力的实际状况来确定合理的需要，同时，从国家和社会的利益出发，结合个人的志向，树立远大的人生理想，而不要因为个人一时的需要得不到满足而耿耿于怀。音乐家冼星海说过："每个人在他生活中都经历过不幸和痛苦。有些人在苦难中只想到自己，他就悲观、消极，发出绝望的哀号；有些人在苦难中还想到别人，想到集体，想到祖先和子孙，想到祖国和全人类，他就得到乐观和自信。"可以说，树立了远大理想的人，其生活常常是充实的，而且能保持乐观的情绪。

（2）教育学生培养正确的自我意识。大学生是否能正确地、实事求是地认识自我与评价自我，与能否保持心理健康有密切关系。要引导大学生正确地评估自己、正确地对待他人，不要因过高评估自己而趾高气扬，也不要因过低评估自己而自卑失意。培养正确的自我意识，可以通过以下途径来达到。

①自我开放。自我开放是自我认识的基础，与人坦诚相见，方能换来他人的直言相告，以他人的意见为参考调整自我认识。

②注重他人的态度与评价。正确对待周围人对自己的态度与评价，以便更真实地了解自己。

③适时地与他人进行比较。如获得成功、荣誉时，与更有成绩者比较；当失败、失意时，与更困难的人比较，从而避免自我评价过高或过低，求得心理的平衡。

④在各种社会实践活动中认识自我。只有在学习、生活及各种社会活动中，大学生才能根据自己的实际表现，客观地认识自我。

（3）培养多种兴趣，开阔自己的胸怀。大学生应发展自己的多种兴趣，积极参与丰富多彩的活动，如文娱体育活动、各类社交活动等，以扩大自己的生活领域，丰富精神生活，培养自己的开阔胸怀。

（4）加强性格锻炼，克服不良的性格特征。不同性格类型的人，其优点与缺点的表现是各有特征的，如外向型的人，喜欢交往、爱活动，也比较乐观，但同时也容易激动，有时表现暴躁；而内向型的人，安静、谨慎、细致，但容易产生悲观情绪等。所以，大学生应该注意正确地认识自己的性格特征，发展良好的性格特征，努力克服和改造不良的性格特征，从而使自己能有效地调节与控制情绪。

任务三　大学生心理健康问题与影响因素

一、大学生心理健康问题

（一）环境适应问题

进入大学以后，大学生面对的是一个相比中学而言新奇而又完全陌生的环境。从中学相对单纯、熟悉的环境进入大学较为复杂、要求相对较高的环境中，大学新生由中学时代习惯对教师的依赖、对社会了解的有限、思想的理想化到大学环境发生较大变化，如果不能较好地适应环境，往往容易在心理上产生矛盾和冲突，造成心理发展不平衡，而带来紧张、焦虑等消极心理，影响其心理健康的发展。

（二）自我认知问题

知人不易，知己更难。青年初期最有价值的心理发展成果就是发现自己的内部世界。对于青年大学生来说，这种发现就像一次哥白尼革命。有的大学生由于对自我认知的摇摆不定而难以定位，缺乏正确自我认知的大学生或认为自己无法改变现实自我，只有放弃理想自我，服从现实自我，从而埋没或浪费了自己应有的能力。或者盲目自信、心高气傲、自吹自擂、自我放大，对现实自我的评估过高或虚假判断。因此，正确认识自我、接纳自我，学会自我定位的调整，在"高手林立"的新环境中能恰当地自我评估和自我期待，逐步接纳"适合自己的才是最好的"这样一种价值观，是心理健康发展的前提条件。正确的自我意识一旦形成，大学生就会对自己做出客观准确的评价，从而了解自己的优势与不足，选择合适的奋斗目标与生活道路。

（三）学业与目标管理问题

大学与中学的学习方式、学习目标都有较大不同。进入大学后，不再有看护式的教学管理，学与不学、如何学，完全是大学生自己要把握好的问题。因此，很多大学生会感觉大学的学习目标不像中学围绕高考那么明确，进入大学以后很长时间都没有明确的学习目标，进而产生焦虑、困惑等心理，抱怨没人引导自己学习，不知道自己喜欢什么专业，该怎样打发业余时间。也有相当部分的大学生认为"反正上了大学了""船到桥头车到站了"，进入大学以后就觉得要好好补偿自己，对待日常的学习任务抱着"60分万岁""混文凭"的态度。当然，还有很多大学生意识到大学学习的重要性，为保住中学里"佼佼者"的地位，废寝忘食，进而长期处于紧张的学习气氛之中。因此，正确处理大学学业问题，学会进行目标管理，也是大学生心理健康教育中不可或缺的一部分。

（四）人际交往问题

大学犹如一个"小社会"，大学生进入大学以后，一般都是住校，如何与室友交往，如何处理同学之间、师生之间、好朋友之间、个人与班级、团体之间各种各样的关系，都需要大学生独立去应对。而在上大学之前，很多人从未离开过家，都是在父母的呵护下成长，缺乏人际交往的经验，妨碍了良好人际交往圈的形成。进入大学以后，面对人际交往产生畏惧情绪，出现所谓的"社交恐惧症"，想交往但又怕交往，"心里的话不知向谁说"。大学生人际交往问题因而显得尤为重要。

（五）恋爱问题

虽然恋爱在大学并非必修课，但恋爱问题是大学生不可回避的问题之一。甚至有人发出了"校园围墙"已变成"恋爱走廊"的感慨，"专业恋爱、业余学习"的情况并不是个别现象，面对纷纷扰扰的恋爱问题，很多大学生犹如雾里看花，对这种感情很迷茫，即使身处其中却还是"糊涂的爱"，不明白友情与爱情的区别，不了解恋爱的真谛。还有一部分大学生则将恋爱当作大学里的"调味剂"，有大学生说"不在乎天长地久，只要曾经拥有"，有的大学生则"普遍撒网、重点培养、择优而谈"，将感情视为游戏。这些问题反映出大学生"爱的能力"的不足，实际上，恋爱的过程也是培养爱的能力的过程，如何正确对待这些问题也成为大学生心理健康教育的重要任务之一。

（六）情绪问题

大学阶段是大学生由学生时代步入社会的一个重要的准备阶段，也是一个由不成熟走向成熟的阶段。在这一阶段，他们渴望成熟，但是由于对自我认知的不完善，对未来的不确定，再加上上述的环境适应、学业、人际交往、恋爱等问题及面临挫折，这些都使他们不知所措，因此容易出现各种情绪问题，"郁闷"成为很多大学生的口头禅，而面对情绪上的困扰，他们又往往不知道怎样去调适和处理，进而陷入情绪的泥沼中无法自拔；还有部分大学生由于情绪的失控，"一失足成千古恨"。大学生要学会运用理性信念正确认知归因，进而调适、管理好情绪就成为情绪管理的重要手段。

（七）生命与挫折教育问题

当前很多大学生经常把"无聊"挂在嘴上，无意义感、无聊感在大学生的日常学习和生活中普遍存在着，高校大学生生命意识淡薄现象也日益突出。越来越多的研究认为，大学生群体中这种浪费生命、轻视生命行为和现象是由于大学生缺乏生命意识、无视生命的意义与价值、缺乏生命意义感所造成的。"生命的意义何在？""怎样让自己的生命之花悠然绽放，活出真正的自我？"应引导大学生深入学习并体验生命知识，理解生命的独特意义，欣赏生命的向善美好，珍爱生命的有限存在，敬畏生命的升华超越，避免不必要的损失和践踏生命现象。同时，还应意识到任何人的成长都不是一帆风顺的，受到挫折是必然的，因为没有逆境就没有磨难，没有忧患就没有成功，所谓"自古雄才多磨难"。人们能感受生命的幸福正是由于经历了挫折，幸福与挫折是相对的，也是相伴而生的。

❯❯ 二十大速递

为什么要重视心理健康和精神卫生？

习近平总书记在党的二十大报告中提出："重视心理健康和精神卫生。"这对新时代做好心理健康和精神卫生工作提出了明确要求。

心理健康和精神卫生不仅是公共卫生的重要组成部分，也是重大的民生问题和突出的社会问题。近年来，心理健康和精神卫生工作已经纳入全面深化改革和社会综合治理范畴，设立了国家心理健康和精神卫生防治中心，开展社会心理服务体系建设试点，探索覆盖全人群的社会心理服务模式和工作机制。心理健康和精神卫生工作是一项系统工程，需要从公众认知、基础教育、社会心理、患者救治、社区康复、服务管理、救助保障等全流程加大工作力度，以适应人民群众快速增长的心理健康和精神卫生需求。

1. 心理健康和精神卫生的社会认知水平亟待提升

随着我国经济社会快速发展，生活节奏明显加快，心理应激因素日益增加，焦虑症、抑郁症等常见精神障碍及心理行为问题逐年增多，心理应激事件及精神障碍患者肇事肇祸案（事）件偶有发生，老年痴呆症、儿童孤独症等特定人群疾病受到社会各界的广泛关注。世界卫生组织指出，心理行为问题在世界范围内还将持续增多，应当引起各国政府的高度重视。心理健康和精神卫生问题多数可以通过自我调适、家庭支持等方式缓解，也有一些需要得到社会心理支持、疏导等帮助，严重的需要接受专业治疗。相比一些精神卫生工作成熟的国家和地区，我国社会精神卫生意识和知识普遍缺乏，偏见和歧视广泛存在，讳疾忌医多、科学就诊少，尤其是对焦虑症、抑郁症等常见精神障碍和心理行为问题的认知率低、就诊治疗率低，纠正率不到10%。

2. 心理健康和精神卫生服务的政策支持体系亟待优化

根据国家卫生健康委公布的卫生统计数据，我国专业精神卫生机构数量从2010年的1 650家增加到2020年的5 936家，精神科开放床位数从22万张增加到79.8万张，执业医师从 2 万名增加到 5 万名，机构和人员均大幅增长。但是，资源结构分布和服务质量水平仍存在 4 个方面突出问题：一是分布不均，东部地区拥有全国 50% 的精神卫生资源，中西部地区仍有部分地市、区县没有精神卫生病床和门诊；二是水平不高，精神卫生机构硬件设备和人才力量普遍薄弱、功能设置不全，难以满足患者治疗需要，特别是心理治疗和心理咨询服务能力不足，基层人员心理健康知识、心理危机干预技能缺乏，尚未形成健全的心理健康服务网络和基层心理健康服务平台；三是制度不全，重性精神疾病管理纳入基本公共卫生服务项目后，全国在册严重精神障碍患者数量快速增加，我国严重精神障碍规范管理率、随访率、治疗率均超过或接近西方发达国家，但受制于社区康复资源不足、保障水平低等原因，社会康复水平和院外治疗效果尚有明显差距；四是监管不力，目前心理健康服务主要由非医疗卫生机构提供，只要通过登记注册就可以开展服务，个别相关从业人员甚至没有专业背景，服务能力有限且良莠不齐。国家层面还缺乏对心理健康服务机构及人员规范管理的相关法律、法规和行业规范，机构设置标准、人员注册管理、监管职能等不够清晰，服务安全和服务质量难以保障，需要通过综合性系统性改革加以解决。

二、大学生心理健康的影响因素

（一）个体生理因素

对大学生心理健康产生影响的生理因素主要有以下四种。

（1）遗传因素。大量研究表明，在精神疾病，尤其是精神分裂症、躁狂、抑郁症等疾病的致病因素中，遗传是主要原因。

（2）躯体疾病。各种躯体疾病，尤其是慢性疾病，常会使人变得烦躁不安、敏感多疑，情绪稳定性降低，行为控制力减弱，兴趣缺乏，人际关系紧张，严重的还可能导致心理障碍。

（3）大脑的器质性病变。根据临床观察和专家的研究分析可知，大脑器质性病变，如脑肿瘤、脑萎缩、脑炎、脑血管疾病、脑外伤等，会直接导致各种心理异常表现，出现意识障碍、智力障碍、严重遗忘症、人格异常等。

（4）神经系统的先天素质不健全。专家认为，神经系统的先天素质不健全，如大脑皮层和皮层下神经组织之间的相互协调作用有某种障碍、大脑皮层的兴奋和抑制过程的协调有某种障碍等，会导致病态人格的产生。

（二）环境变迁因素

对大多数刚踏进大学校门的学生来讲，他们所面对的是一个非常新奇而又非常陌生的

环境，这种环境的变迁在很大程度上导致了新入学学生在适应和调整方面出现问题。

（1）学习和生活环境的变化会增加他们适应新环境的困难。大学学习的一个基本特点就是更强调自学和独立思考的能力，教师直接指导减少，这与中学有很大的差别，而且学习内容也与中学时期有较大差异，学习的习惯和作息时间大部分由自己掌握，这就更增加了学习上的困难。例如，新生往往不知道如何选择选修课，不知道应该学习哪些课程。

（2）生活环境上的变化也很大，主要表现在大学生要自己独立生活，应付一切生活琐事，这对大多数大学新生来说都是一个不小的挑战。例如，有的学生生病了，不知道去医院看病，却和家长联系，让家长诊断。

（3）大学生对新的人际关系适应困难。面对来自全国各地、风格特点各异的同学，如何建立协调、友好的人际关系是非常重要的。大多数学生入学前一直生活在与自己熟悉的同学或亲人之间，人际关系相对稳定。而一旦进入大学就会面临重新结识新人、确立人际关系的过程，这一过程的进展将对整个大学生活产生非常大的影响。

（4）对新环境的适应也包括对自己地位变化的适应，这是大学生活适应过程中应特别注意的问题。有些学生在中学往往是成绩较好或最好的学生，而他们也往往习惯了这种"先进"地位。但进入大学后，各方面人才聚集在一起，势必使大部分同学失去优势地位，成为"较差"或"一般"的成员。这种地位变化越强烈，他们适应就越困难。实际上，这种地位包括很多方面，如学习成绩，但这不是最主要的，更多的是学习以外的方面，如交往能力，体育、艺术才能，组织能力等。这几乎使每个学生都面临一个重新评价自己与他人，重新确立对自己看法的过程。这个过程会持续很长时间，而且容易出现各种各样的问题，从而影响大学生正常的交往和学习，极大影响着他们适应新环境的进程。

总体来看，无论是对学习和生活环境的适应，还是对人际关系及自我地位变化的适应，都会极大地影响到大学生当时的心理健康状况。更重要的是，如果这一问题不能解决，将会严重影响他们以后的适应能力和心理健康。

（三）社会压力因素

随着我国进一步地对外开放和科学技术的不断进步，以及经济全球化时代的到来，社会生活日新月异。人们面临传统观念的变革、价值体系坐标的选择、新的生活方式的适应等问题，这对人们来说是一种心理上的考验。美国精神分析学家哈内认为："许多心理变态是由于对环境的不良适应而引起的。"当个体原有的心理行为不能随着外界的改变而改变时，那么个体就会承受较大的心理压力。在现代社会中，大学生面临的挑战很多，有来自社会责任的压力，有来自生活本身的压力，有来自竞争的压力、择业就业的压力，有知识更新不断加快所带来的压力等。大学生是社会上最活跃、最敏感的人群，他们常常最先敏锐地感觉到变化和冲击，他们正处在人格和观念的形成期，生理和心理在迅速地变化，处于成熟与不成熟之间，因而这种变化对他们心灵的冲击也最为明显、强烈和动荡。他们欢迎这种变化，但又对某些变化感到迷惑不解，难以适应。如果这种压力感过于沉重，就会出现心理障碍。有关调查显示，当代大学生中有不少人感到"社会变化太大、太快，自己与社会隔离太远"，对学习和就业都有一种无所适从之感。另外，社会变革带来的一些负效应也对大学生心理带来不可忽视的消极影响。如不良社会风气、不健康的社会意识、不文明的大众传播等都会对大学生产生不良影响。

(四) 重要的丧失

在大学生中经常出现的丧失主要有三个方面，即重要的人际关系的丧失、荣誉的丧失和自尊的丧失。这一类问题尽管不占多数，其影响却是相当大的。当然，这其中也会出现丧失亲人、朋友等事件，只是相对以上三种而言更加少见。重要的人际关系主要是指与家人、朋友，特别是恋人的关系。这些人际关系是个体生活中非常重要的，也是十分看重的。这种关系一旦丧失或出现问题，不仅会影响到他们的情绪及学习和生活，更重要的是，它们可能会极大地影响到大学生对自己的看法及对未来的态度。荣誉的丧失目前已成为一个很广泛的问题。

当前大部分高校实行奖学金制，有些学生自以为可以获奖学金但又没得到，或者因为其他原因影响自己的名声甚至未来的前途（如考试不及格、作弊等），这种荣誉的丧失与自尊的丧失一样，对大学生的影响是非常大的，是不可忽视的。自尊的丧失很大程度上与自我重新确认有关，当然与荣誉的丧失和重要的人际关系的丧失也有一定的关系。自尊丧失的结果往往会带来自卑和抑郁，从这一类问题（自卑、抑郁）发生的频率来看，因自尊丧失或其他原因造成的自卑和抑郁是非常普遍的。

总之，无论是什么样的丧失，都会在一定程度上影响到大学生的自尊心，严重时可能会使他们在情感和生活上产生障碍，有的甚至会出现自杀等问题。当然，很多人即使遭遇重要的丧失，也会很快重新调整过来。

(五) 冲突与选择

尽管大学生的生活比较稳定，但他们仍面临着各种各样的冲突与选择。如果按冲突的内容划分，大学生所面临的冲突主要包括专业学习与社会工作的冲突，所学专业与兴趣的冲突，学习、工作与恋爱的冲突，以及将来的计划中不同目标的冲突等。这些冲突对大学生的影响是不同的。对有些人来讲，这些冲突的影响可能很小，而对有些人则可能造成较大影响。当面临的冲突对其影响较大时（如关系到工作的性质和前途时），他们做选择就比较困难了。

当他们面对冲突难以做出选择时，往往是由于其对冲突的性质认识不清、对自我的认识不清。事实上，大学生所遇到的各种冲突，大多都不是非此即彼的，即不是选择其中一个就必须放弃另一个。例如，有些大学生对自己所学习的专业或某一门课不感兴趣，而又对其他的活动非常感兴趣。这样的冲突就不是也不允许做出"非此即彼"的选择。因为既然是学专业，就必须认真学习，而绝不能放弃，同时，对自己的兴趣也不应放弃。当然，大学生也面临许多"非此即彼"的冲突。无论是考研究生还是去工作，是去国营单位还是去合资公司，或是自己开公司，这都需要做出明确的选择，否则将一直影响着他们的生活状态和工作热情。总之，无论什么冲突都向大学生提出了适应环境，取得成功的更高要求，这其中主要是对他们独立分析和解决问题能力的要求，以及自我独立发展的要求。这一问题解决得好坏将直接影响他们的心理健康状况。

大学生正处在由不成熟走向成熟的过程中，面对大学新环境、新角色、新竞争带来的新压力，在其心理发展中出现了各种矛盾：自立与依赖的矛盾、自信与自卑的矛盾、理想与现实的矛盾、感情与理智的矛盾、需要与满足的矛盾、闭锁性与开放性的矛盾、冲动与压抑的矛盾、积极进取与安于现状的矛盾等。这些内在矛盾常常使年轻的大学生处于感情的波涛中，面对各种冲突不知道做何选择。若不及时、合理调适，便有可能破坏心理平衡，影响心理健康。

（六）家庭环境与早期经历

在大学生中，有相当一部分人的问题与家庭环境或早期的经历有关。这些早期的影响往往会以不同的方式体现在新的环境和新的问题中。家庭是社会的细胞，是一个人最早接触到的社会环境。家庭对一个人的性格形成和思想成长、心理发展等都起到至关重要的作用。

调查发现，家庭关系不和睦或家庭结构不健全往往使大学生与家庭在情感方面难以正常沟通，不能满足大学生正常的归属感和爱的需要，影响了其心理健康。如果家庭气氛和谐有序，家庭成员之间彼此尊重、支持、宽容，那么对子女的心理健康成长十分有利；相反，如果家庭的气氛紧张、敌对、冷淡、疏远，家庭生活混乱无序，家庭成员之间互相指责、挑剔，父母对子女的教养方式武断专横或放纵溺爱，那么在这种家庭环境中成长的孩子很容易出现焦虑、自卑、粗暴、对他人缺乏信任等心理问题。

从经济角度看，家庭经济水平较低的贫困大学生更容易产生自卑心理，缺乏信心。除家庭环境的影响外，其他的一些因素也会对个体的人格特点和人际关系产生影响。这种影响到成年后仍然存在，并且极大地影响着他们的人际关系和心理健康。

精神分析理论特别强调心理障碍与早期经历的关系，甚至断言，所有的心理障碍都与早期经历有着直接的关系。这一结论尽管过于武断，但从一定程度上说明了早期经历与心理健康之间的相关性。

在有心理障碍的大学生中，较大一部分人的问题与早期经历有关，如强迫性神经症、适应障碍、人际关系问题、社交恐惧等，甚至学习问题都与早期经历有着密切的关系。

心理健康影片推荐

项目二

"适应：智慧的本质"——大学生适应心理

📋 **学习目标**

知识目标：

1. 了解适应的含义与心理过程。

2. 熟悉适应的方式和目标。

能力目标：

1. 能够掌握大学新生适应常见问题。

2. 能够掌握大学生适应问题的心理调适。

素养目标：

提升大学生的心理调适意识。

任务一 认识适应

一、适应的含义

"适应"一词源自生物学概念，是指生物的结构及其功能适用于该生物在一定环境条件下的生存和繁殖，后被沿用到心理学领域。林崇德等人主编的《心理学大辞典》将适应定义为："个体在生活环境中，在随环境的限制或变化而改变、调节自身的同时，又反作用于环境的一种交互互动的动态过程。个体通过这一过程达到与环境之间和谐平衡状态。"

课件：适应

在大自然中，生物体都有对环境的适应现象。人的适应虽然总体而言也属于生物的适应，但是与其他动植物的适应是有本质区别的。从适应的主体来看，人属于社会性动物，因此，人的适应打上了深深的"社会性"烙印，人在对自然环境的变化进行适应的同时，还必须适应社会环境的变化；从适应的过程来看，人在适应环境的过程中表现出自主性、能动性和创造性的特点，在适应环境的同时，也能优化环境，从而使两者达到协调平衡、相互促进的状态。

人的适应可分为以下几个层次。

（1）感官上的适应。感官上的适应是指在某个个体的同一器官内，刺激物体的持续作用使感受性发生变化的现象，如感官对声、光、味等刺激物的适应。"入芝兰之室，久而不闻其香；入鲍鱼之肆，久而不闻其臭"，说的就是嗅觉适应现象。

（2）认知结构上的适应。根据皮亚杰的认知发生理论，个体因环境限制而不断改变认知结构，以使内在认知与外在环境保持平衡，这可以概括为同化和顺应两种相辅相成的作用。适应则是同化和顺应两种作用之间取得相对平衡的结果。

（3）对社会的适应。对社会的适应是指为了生存而使自己的心理和行为符合社会要求，以及努力地改变环境从而使自身更好地发展，如大学生对学习、生活、社交环境的适应，这是心理适应的核心内容，也是本项目讨论的重点。

二、适应的心理过程

从心理学的角度研究适应，可以看到适应的心理过程包括：第一种是需要（或动机）的存在；第二种是阻止这种需要得到满足的阻挠存在；第三种是个人提供的克服这些阻挠的各种各样的行为反应方式；第四种是反应减轻了紧张，即解决问题的结果。

（一）需要的存在

人在世界上生存，会有各种各样的需要。马斯洛提出，按从低到高的顺序，人有五个层次的需要：生理的需要、安全的需要、归属与爱的需要、尊重的需要、自我实现的需要，每个低层次需要的满足又会产生高层次的需要。人的各种需要如果得到满足，就会产生心理平衡；反之，则会感到紧张、失望、恐惧、不安，产生情绪波动。由于人们的生活环境具有多变性，每个人都会产生适应新的环境变化的需要。因此，在适应的过程中必须是有一种需要存在的，人们便是为了满足需要而去适应的。

（二）阻挠

阻挠是指个体在利用其现有的习惯机制满足需要（动机）时所遇到的阻力。如果人们对某种环境已经建立了某种可以适应的机制，这就是习惯性机制；但是，当环境发生变化，原来的习惯性机制不能解决问题时，就发生了阻挠。面对阻挠，人们会产生不同程度的紧张与焦虑。阻挠大致有以下三种情况。

（1）环境的阻挠。例如，一个人从农村来到城市，面对一个新的生活环境，生活方式、日常生活接触的社会群体和以前有了很大的不同，如果还用以前的习惯就很难适应了。

（2）个人的缺陷。即个人在生理、智力、能力等方面的某些缺陷。例如，一个人很想当演员，但身材、相貌欠佳，使动机的实现受到了阻挠。

（3）一些相反需要的冲动。例如，一个大学新生，一方面需要马上静下来集中精力学习；另一方面又想好好地轻松玩，不愿意认真听课、看书，这种需要相互冲突就会使其产生紧张不安的情绪，需要寻找一种新的适应机制来适应大学生活。

（三）反应

面临新环境，当人们用以往习惯的方式尝试解决问题而失败时，就会主动寻找一种新的能够解决问题的方式，这就是反应。人适应环境的效果很大程度上取决于能否根据变化不断地变更自己的反应。当人们尚未找到一种成功解决问题的反应方式时，常常在情绪上表现出紧张、焦虑、沮丧。因此，在面对不适应时，一方面，要积极尝试，寻找成功解决问题的反应方式；另一方面，要保持一种积极解决问题的心理状态，消极的心态不利于思考和寻找新的解决问题的方式。

（四）适应

从心理学的观点来看，评判一个问题解决的唯一标准就是是否能够减轻紧张。只要任何一个反应能够减轻个体的内驱力所引起的紧张，原来的活动就要结束，这就是一种适应问题的解决。也就是说，经过一番尝试，人们找到了新的解决问题的方式，他们新的需要就可以得到满足，原有行为模式与新的需要之间的矛盾基本上得到了解决，曾经有过的不平衡状态重新恢复了平衡。这意味着，一次不适应的问题已经解决，主体可以重新回到适应状态之中。只是这种状态仍然是短暂的，很快就会被新的不适应现象重新打破。这种"不适应—适应—不适应"状态的循环往复就是适应过程的规律性表现。

三、适应的方式和目标

（一）适应的方式

1. 树立"四个会"的发展观

从发展心理学的角度来分析，大学生心理适应的实质是个体内部人格发展与外部环境之间相互作用的必然结果。根据联合国教科文组织提出的关于现代教育的四大培养目标，即学会做事、学会求知、学会与人共处和学会生存，我国学者提出了大学生适应与发展的任务和要求是学会做人、学会做事、学会与人共处和学会学习。

（1）学会做人。大学生首先要学会做人，适应与发展的目的是使人日臻完善，使人格成熟，不断增强自主性、判断力和个人的责任感；使人拥有正确的人生观、价值观，拥有明确的伦理道德观念和是非观念，能够遵守社会公德，使自己的行为符合新时期大学生的行为规范。

（2）学会做事。大学生要有敬业精神和社会责任感，要有独立的生活管理能力，独立选择、独立决断、独立处理问题的能力，以及应对各种情况和各种环境的工作能力，能够不断积累相关的做事经验，工作富有成效。

（3）学会与人共处。在现代社会中，与人和谐相处，既是一种人际交往技能，也是助人成功的一种人际资源。大学生应当对他人有尊重和真诚的态度，能够接纳他人的长处与不足，能够与他人进行良好的沟通，在沟通中建立亲密的合作关系，在相互交流与分享中促进自我和他人的成长与发展。

（4）学会学习。学习是一个终身的任务。大学阶段的学习有许多区别于中学阶段的特点。首先是从基本通识知识向学科专业知识，从教师灌输式学习向以学生为主体自学方式的转变；其次是学习场所从单一的课室向图书馆、实验室、实训基地和社会实践的转变；最后是从死记硬背的学习模式向创新思维和应用知识的模式转变。因此，大学生要学会自学，学会在书本之外的杂志、试验和社会实践中学习新的知识和职业技能，学会运用专业知识分析问题和解决实际问题，提高创新知识和创新技术的能力。

2. 加快新生角色转变

高校领导和教师应高度重视大学新生适应性教育，采取有力措施，有计划、有步骤地实施科学有效措施，促进大学新生尽快适应高校人文环境和育人管理模式，可以重点从以下三个方面入手。

（1）加强对大学文化和专业学科的认同教育。通过对新生进行有关学校办学历史、杰出人物、专业发展前景的教育，激发其对学校文化的认同感和对专业的学习兴趣，树立远大的职业理想。

（2）加强专业思想教育。包括对不同专业的教学计划、课程模块、人才培养目标、就业前景、学习管理制度等内容的宣讲。让大学生明确自己在大学期间的主要任务和学习目标，提高学习的自主性和主动性，转变学习成才的方式。

（3）加强自我认识和改变竞争比较的标准。从各地出类拔萃的高中生到大学生优秀群体中的普通一员，不少大学新生一时难以适应。可以通过老同学带新同学、同乡会互助等多种方式引导大学新生调整对自我的认识和评价，引导建立多元化的优秀学生的评价标准，如善于公关、会创造发明、能歌善舞、懂管理、擅长体育都是值得赞扬的能力，并非只会学习才是唯一值得骄傲的。要引导大学新生正确处理好全面发展和重点发展的矛盾，克服样样争先进和急功近利的心态，采取"长计划，短安排"策略，坚持朝向自己理想的人生目标迈进。

3. 全面发展自我管理能力

1969 年，奇克林（Chickering）提出了大学生"七向量发展理论"，在西方大学教育领域中被广泛认同。根据这一理论，大学生适应发展的主要任务有以下几个方面：

（1）发展能力。在大学期间，大学生应增进和发展多方面的能力，包括智力、体力、社交能力等，有能力是建立自信心的基础。

（2）管理情绪。大学生每天面对许多挑战，有些来自学习方面，如考试、写论文，还有些来自人际关系、家庭、生活等方面，从而产生各种积极的和消极的情绪，大学生要充分了解自己、认识自己的情绪，并以恰当的方式来处理自己的情绪。

（3）通过自主迈向相互帮助。作为大学生，学习独立生活和自己独立承担责任是十分重要的。同时，也要学习如何相互帮助、相互包容，因为每个行为都会影响自己和他人，在有些情况下需要做出个人牺牲和让步以达成共识。

（4）发展成熟的人际关系。与他人建立关系对大学生的生活有很大的影响，建立成熟的人际关系十分重要：一是要容忍和欣赏他人与自己的不同；二是要有能力与他人发展融洽的关系。维持这样一种亲切融洽的关系需要自我认识、自信心及沟通技巧。

（5）确立自己的角色地位。确立自己的角色地位对于大学生来说十分重要，它既影响自我评价、自尊心、自信心的建立，同时，也影响他人对自己的满意度及接纳程度。从中学到大学，每个大学生都需要重新确立自己在班集体的角色地位。

（6）发展目的。发展目的包括做出计划、定出方向、明确目标，根据目标在以下三个方面定出次序：一是职业上的计划及期望；二是个人兴趣；三是对人际关系及家庭的责任。人生目标的制定往往与大学生自己的价值观及信念有关。

（7）发展整合。大学生的价值信念是引导其行为的方向，也是其为人处世的原则。整合的意思是指使自己的行为与价值观保持一致，同时，顾及他人的利益、尊重他人的意见。

4. 学会积极的应对方式

当环境改变或出现应激事件时，个体就会采取一定的方式对此做出反应。一般认为，应对是指个体为控制、减弱和耐受内部需求在认知和行为方面所做的努力。内部需求反映了认知评价与情感冲突的结果。应对的目标主要有两个，即改善自身与环境的关系或减轻情感痛苦与烦恼。从应激的角度来分析，应对被认为是任何一种健康的或不健康的有意识的或无意识的努力。这种努力有助于预防、消除或减弱应激源或用最小的痛苦来耐受应激带来的效应。

经验表明，首先，个体并不总是使用最合适的应对策略。例如，有人会否定事实以至于完全歪曲事实，或者为了逃避感到有威胁性的社会处境而可能采取不健康的应对方式。

其次，应对策略是用于减少情感上或躯体上的痛苦，而且任何时候处理应激源都要付出一定的代价。个体可能因为具有不良的应对方式与适应不良的行为，使其社会功能受到损害，反复重演而不能自拔；或者个体也可能对自身应对方式的缺陷没有充分的认识，当自己面临适应不良的状况时毫无察觉，或认识后反而进一步出现沮丧、焦虑与绝望，并可能造成恶性循环，使适应不良进一步加剧。因此，培养合理解释、升华等积极的应对方式将有利于提高个体适应环境的能力。

以拉扎洛斯为代表的认知—交互模式理论将应对分为两种类型，即情绪定向的应对和问题定向的应对。

（1）情绪定向的应对方式。情绪定向的应对方式是指个体试图控制和减弱因应激带来的负性情感（如愤怒、受控感和恐惧）。所谓情绪性反应是指当人遭受到挫折困难时，会伴随着不同程度的紧张、愤怒、焦虑等情绪状态和内心体验，还可能产生特定的行为反应。情绪性反应一般是个体在应激状态或挫折情境中，不自觉的、下意识的反应，有时也可能是自觉的、有意识的反应。情绪定向的应对方式与内在防御机制有关，它以情绪体验和情绪表现为特征。常见的消极的情绪性反应方式有攻击、冷漠、退化、固着、幻想、逃避、焦虑、自残等。

（2）问题定向的应对方式。问题定向的应对方式是指个体试图制订出具体的行为与努力计划，尽可能直接地解决问题。问题定向应对的方式以压力事件本身为注意对象，分析问题、思考问题的解决途径，是一种理智的反应。

鉴于生活经验的局限性，有些大学生不懂得采取理智性态度。但理智性反应才能使人们在生活的磨炼中成长，正如戴尔·卡耐基所说："成功者与失败者之间的区别，常在于成功者由错误中获得，并以不同的方式再尝试。"如何面对挫折，在挫折中获得成长与发展？有学者提出了以下自我训练的方法。

1）要正确认识和对待挫折失败所带来的苦恼。这要求人们对失败要有精神准备和正确认识，当遭受挫折时，不要将注意力放在体验自己的痛苦上，应将注意力转移，使挫折感的消极影响大大缩小；要积极摆脱痛苦和消极情绪的干扰，待情绪稳定后，集中精力去认识挫折本身。

2）面对挫折，认清问题，冷静分析。当你敢于面对挫折，正视困难挫折时，它就变得不那么有力了；要搞清楚挫折的程度，有些挫折只是局部的、暂时性的问题，认清了挫折的局部性和暂时性，就会大大激励人们的信心和斗志；需要对挫折进行全面分析，找出失败的主观、客观原因，从而提高个人的认识，利用积极因素，克服不利因素，抓住主要矛盾，找到解决问题的策略和方法。

3）积极行动，寻求转机，或静观其变。面对困难和挫折，不仅需要有正确的态度，更重要的是积极行动，寻求方法，求得解决。找到问题的原因之后，要积极地创造条件加以改善；需要将毅力和正确方法结合起来，既要具有坚持不懈的毅力，又要具有创造能力和正确的方法，才能收到事半功倍的效果；当我们经过努力还不能实现目标时，就不妨换个方向，改变目标，再做尝试，可能会获得新的发展机遇，从现有的条件中找到更适合自己的发展方向，与环境更好地协调起来。

5. 正确处理生活应激事件

大学阶段是大学生的心理走向成熟、人格趋于完善和稳定、确定自我未来的发展目标和职业目标的重要时期。大学生面临的发展任务是多样而繁重的，而且不同年级大学生的发展重点和遭受的应激事件也各不相同。早在1967年，霍尔姆斯（Holmes）等人编制了量表来量化一个人在最近时期所经受的应激事件，这个量表称为社会再适应评定量表（the Social Readjustment Rating Scale，SRRS），包括43项，每项都有相应的生活变化单位分（Life Change Unit，LCU）。如果总分大于300分可以确定有重大生活危机，总分低于150分则可以认为是正常的。

研究发现，在过去6个月中有重大生活危机者比较低生活应激水平者的生理疾病发生率高。总分在150～199分，其以后几个月内的发病率为37%，若在200～299分则为51%，而超过300分时其发病可能性达到79%。与霍尔姆斯不同，理查德·拉扎洛斯（Richard Lazarus）认为应激是许多小烦恼的积累。所谓的小烦恼是一些小的负性事件，这些小的负性事件（小应激）每天都在某种程度上对个体的健康带来消极的影响。拉扎洛斯也编制了一个量表来评估日常生活中的应激程度。拉扎洛斯指出，与生活的变迁如离婚、亲人去世相比，小的应激与疾病的关系甚至大于生活变迁与疾病的关系。

值得指出的是，应激事件的可预见性、可控制性及反馈信息对于是否产生应激反应具有重要的意义。大多数情况下，如果能够控制可预见事情的发生并能对其所造成的影响有反馈信息，便能大大降低应激事件发生的概率。

不同的学者对大学生生活的压力或应激事件有不同的归纳和偏重。综合来说，大学生产生适应问题的外部原因无外乎学业挫折或失败、与同学或教师关系的不协调、恋爱的失败、职业目标的迷惘和求职受挫、经济问题造成的心理负担及家庭的重大变故（如父母的离婚和亲人生病或离去）等。这些生活事件不一定立刻成为应激源，但当这些事件发生的频率到达一定的程度，持续的时间过长，就会使人产生挫折感和心理压力。当这种心理压力超出了人们的心理承受能力时，就会影响身心健康，如出现身体疲劳、睡眠不好、肠胃不适、烦躁、抑郁、焦虑等情况。所以，大学生要对大学期间所面临的各种压力来源有清楚客观的认识和充分的心理准备，破除大学的理想化和神圣化，树立迎接挑战、正视挫折、不断磨炼和发展的理念。只有树立科学的发展观，才能做到有备无患，降低心理的挫败感，采取更为积极主动的行动，更好地适应大学生活。

（二）适应的目标

1. 学会生活

（1）培养良好的生活习惯。

1）早起、早睡，合理安排作息时间。

2）合理饮食，主副食搭配合理，鱼、肉、蛋、奶、蔬菜、水果比例合适。

3）讲卫生、爱整洁，勤洗澡、换衣服，勤晒被子，勤打扫卫生。

4）适当的体育锻炼和文娱活动。

（2）提高个人财务管理能力。

1）计划用钱。先写下自己每个月的收入数额，减去每个月的固定花费，如吃饭、学习用品、生活用品等，剩下灵活支配的钱，列出财务计划清单，尽量每月按计划用钱，减少冲动性消费，量入为出。如果冲动性花费高于灵活性支配的总数，就可能造成经济危机。

2）合理消费。学会消费也是一种能力。合理消费就是要结合自己的需要和自己的实际能力及问题的实际情况等，来综合考虑消费方式和消费水平。记下一个月中所有的花费，对用于学习、生活、娱乐、交友等各种用途的花费进行统计，然后了解自己的钱花在什么地方，需要花在什么地方，再根据财力和实际情况，保证生活、学习等必要的开支，减少不必要开支，把钱用到真正需要的地方，做到合理消费。

（3）做时间的主人。

1）守时。严格遵守作息时间，按时作息，上课、开会不迟到，自习、活动不溜号。守时是每个受过高等教育的人应具有的基本品质。

2）惜时。"一寸光阴一寸金，寸金难买寸光阴"，浪费时间等于浪费青春、浪费生命。大学课余时间较多，可自由支配的时间多，有的学生就利用这些时间玩乐——上网、聊天、玩游戏、谈情说爱、逛街等。由于放松了对学习的要求，不珍惜时间，等到考试时，该看的书没看，该记的东西没记，只能"临时抱佛脚"。

3）追求时间效率。"时间就是金钱，效率就是生命"，大学生要学会高效率地利用时间，追求时间效率最大化。大学生要学会分配时间，善于兼顾学习、生活的各个方面，在全力保证学习时间的前提下，安排好体育锻炼、娱乐休息和社交活动的时间。要根据自己的特点，知道什么事情在什么时间做最有效，什么事情先做、什么事情后做，进行科学合理的安排和有效的管理。这样，学会做时间的主人既能保证学习任务的完成，又能增长见识和才干，促进自己全面和谐地发展。

2. 学会学习

（1）尽快熟悉学习环境。大学新生入学后，首先要了解学习环境，学会利用现有的学习条件和学习资源。大学的教学内容包含的信息量较大，单凭死记硬背是远远不够的，必须通过各种渠道获取信息，充分利用学校的各种教学资源和辅助设施来掌握所学习的知识，增强学习能力。在入学之初，要迅速熟悉学校一切可以利用的教学设备及辅助设施，如教学楼、办公楼、图书馆、电教馆、实验楼、语音室、电子计算机房、多媒体室等，并尽快学会运用。

（2）及时确立新的学习目标。目标是人们活动所追求的预期结果，是激发人们的积极性、使之产生自觉行为的必要前提，目标对人的行为具有定向作用、激励作用和维持作用。没有目标，就没有方向和动力。中学时代，考大学是其追求的目标。一旦考上大学，没有新的目标，就会失去努力方向，出现"动力真空"，失去上进心和学习兴趣。有的大学生终日玩乐，不思进取，做一天和尚撞一天钟，成绩直线下降。大学新生应尽快树立新的学习目标，做好大学四年的学习生涯规划，如继续深造、找到一份好工作等。无论确立了哪一种目标，大学生都要根据自己的实际情况，认真地给自己定位，制订一份详细的大学学习生涯规划，并善于将大目标分解成具体详细的小目标。这样，才能在大学学习和生活中体会到成就感和充实感。

（3）树立发展式学习理念。树立发展式学习理念就是将学习当成个人终身发展的任务，在不同的人生阶段指向不同的目标，建立客观、合理的评价体系，确立自我价值，应对学习中的困难，调节心理冲突，在获得知识、能力的同时，也达到心理上的和谐、统一，保持心理健康的状态。

随着知识经济时代的到来，学习是一个动态发展的过程，学习过程不再会随着学校生活的结束而结束，而是伴随着人的一生，在人生的不同阶段都有相应的学习任务，现代社会要求人们要终身学习，终身接受教育。因而，在大学学会怎样学习，就会为将来的终身学习打下良好的基础。大学的学习在学习内容和形式上都有所不同，要适应大学的学习，就必须客观地认识、了解大学学习的特点和模式，学习应对学业困难的方法和技巧，注意培养创造能力。大学生要想从根本上改善学习状态，从学习中获得乐趣，就必须对学习有深入的理解，真正明白要学习些什么，为了什么而学。只有树立发展式学习理念，懂得学习是发展的一项终身任务，明确个人的发展目标，确立恰当的自我评价体系，才有助于克服困难，取得更多的知识，保持心态的平和。

（4）调整学习方法。大学学习与中学学习相比有很大的差别，这种差别必然导致学习方法的改变。大学的教学模式与中学相比的最大变化是以教师为主导的模式变成了以学生为主导的模式，学生自学能力的培养相当重要。因此，能否养成自主学习的习惯，不仅关系到能否顺利地完成大学学业，而且还会影响到毕业后能否不断地汲取新知识，创造性地进行工作。

自主学习主要包括以下内容。

1）确定学习目标。

2）制订学习计划。

3）安排学习时间。

4）独立完成作业。

5）检查学习效果。

6）查阅资料、检索文献。

7）批判式学习。

8）培养求知、求真、求实精神，积极探索客观事物的发展变化规律。

3. 学会相处

在大学里，大学生要面对的人际关系呈现出复杂化的特点。大学新生往往缺乏交往经验，容易在处理人际关系时出现问题，产生心理负担。那么，大学生应怎样处理好人际关系呢？

（1）接纳他人，求同存异。大学新生彼此是陌生的，相互之间有一种距离感。但大学四年要学习在一起、生活在一起，就要彼此接纳，接受他人的生活方式，适应他人的生活习惯。不接纳他人的人，也无法让他人接纳自己。大学生来自不同的地区、家庭，都有自己的生活习惯、价值观念，有各自的长处，也有缺点和不足。例如，有的人喜欢安静，有的人喜欢热闹；有的人喜欢早睡早起，有的人喜欢熬夜；有的人严谨细致，有的人不拘小节；有的人非常勤奋，有的人非常懒散。这些习惯都是长期养成的，一时难以改变。当他人的言行不符合自己的要求时，要学会求同存异，不以个人好恶作为标准，要承认各人有各人的生活习惯和价值观念，换个角度想问题，不妨想一想：

——他人是如何看待我的"异样"的？

——我这样为人处事，他是不是也很难受？

——如果他看不惯我，一定要我适应他，我会是什么感受？

如果针锋相对，寸步不让，不但于事无补，而且只会把事情弄僵。当然，如果同学的行为确实妨碍了自己，也不必处处忍让、委曲求全。这时，应委婉地提出意见。另外，还可以调节自己的生活方式，如同宿舍的人喜欢卧床谈心，自己不习惯又无法改变，那么就相应地调整计划，或推迟睡觉时间，或看书等。

（2）积极交往，理解宽容。交往的心理和行为是受根本态度支配的。与同学交往的正确态度是诚恳、尊重、宽容。以诚待人，使人产生安全感；尊重他人，使人信赖，获得愉快；对人宽容豁达，赢得真心，增添人格魅力。积极交往，就是在平时的生活中要积极主动，即主动与同学打招呼，主动和同学讲话，主动帮助他人。

理解是人际交往的基本需要，宽容是人际交往的一种美德。学会理解宽容是大学生处理人际关系的一项重要原则。有的人过分看重自我，以自我为中心，言行举止不考虑他人的利益，缺少理解和宽容，这种人在群体中往往不受欢迎，容易被孤立。当然，宽容也是有原则的，对于不良品行和不良习惯就不能听之任之，否则就是纵容，如对于深夜看电视、酗酒、吵闹、随便乱用他人的东西等行为就不能置之不理。

理解宽容的最好注释是：像你希望别人对待你那样对待别人。

——你希望他人肯定你，就去真诚地赞赏对方。

——你希望他人关心你，就去真诚地关心对方，关心他的需要和心理感受。

——你希望他人尊重你，就去尊重他人，即便是非常好的朋友，也要给彼此留有空间，不能把自己的意志强加于人。

——千万不可抱有"我对他人怎样，他人必须对我怎样"的想法。

（3）异性交往，把握尺度。异性之间的交往是大学生人际关系的重要组成部分，也是衡量其交往能力的一个重要标志。社会是由两性构成的，如果大学生不善于与异性交往，或处理不好与异性之间的关系，就会影响大学生活的适应。同学之间的异性交往可以增进相互了解，获得异性的信赖和友谊，还能消除对异性的神秘感，促进男女情感世界的稳定。与异性交往也是青年学生获得真挚爱情的必要前提。

有些人不相信男女之间会产生纯洁的友谊，一看见男生与女生在一起，就认为是在谈恋爱，或是关系不正常。这种看法是错误的，异性友谊不等于爱情，爱情与友谊是有本质区别的。我们提倡大学生建立、发展友谊，把握好友情与爱情之间的界限和尺度。

——端正交往动机，遵循道德原则，发展健康文明的异性关系。

——保持距离，把握分寸。

——关注集体活动，减少不必要的单独相处。

——广泛交友，扩大友谊圈。

——把握好友谊与爱情的界限，以免让对方误解，错把友谊当爱情。

任务二 大学新生适应常见问题

一、生活适应方面

（一）不习惯集体生活

很多学生中学时期没有在学校住宿，没有集体生活的经验。进入大学后，一个宿舍里住 6～8 人，共享同一个相对狭小的空间，每天朝夕相处，同吃同住等成了生活必不可少的一部分，曾经不是问题的事情也成了问题。有些学生习惯了自己一个人住一间卧室，难以忍受宿舍里既拥挤又相互开放的环境。例如，有些学生由于不习惯在室友面前做一些换衣服等比较隐私的事情，产生了很大的心理压力，宿舍里每个人的卫生习惯和作息时间不同，也会对一些学生产生困扰；有的人爱干净，有的人不主动打扫卫生；有的人喜欢宿舍整齐，有的人到处乱放东西；有的人早睡早起，有的人深夜不睡……这样，晚睡的同学开着灯，发出的声音也会影响早睡的同学，干净整洁的同学看不惯生活邋遢的同学，但是每个人的生活习惯一时难以改变，所以有些学生会因为生活习惯相差太多而要求更换宿舍，也有的导致神经衰弱，甚至休学、退学。

（二）独立生活能力弱

进入大学，意味着远离父母和家乡，进入一个全新的环境。但很多学生在中学时期由家长对自己的生活全权负责，安排好了一切。这些学生习惯了父母的照顾，生活能力和经验严重不足，突然需要自己独立生活，生活安排难免会顾此失彼、手足无措。虽然大学教育一直在提倡大学生要自立自强，自主安排学习生活，遇到问题先自己解决，同时培养善于求助他人协助自己解决问题的能力，但实际上，部分大学生仍然不能很好地解决自己的问题。例如，有些大学生每个月回一次家，把自己的脏衣服、床单、被罩带回去给父母洗；有些大学生缺乏基本的营养与健康常识，不清楚怎样吃好一日三餐，导致营养不良或食物中毒等现象。独立生活能力看上去是非常小的事情，但对于大学生是非常重要的，必须学会和掌握。

（三）缺乏良好生活习惯

很多学生饮食习惯不太好，如一日三餐不规律、长期食用垃圾食品、靠点外卖度日等，长此以往会对身体造成一定的危害，影响身体健康和成长。大学生仍处于生长发育期，饮食营养状况直接影响身体健康和学习效率。目前有很多大学生营养状况较差，有些学生为了追求变瘦而盲目节食，导致营养不良；相反，有些学生无节制地暴饮暴食，导致肥胖。除饮食习惯外，有些大学生的不良生活起居习惯同样影响正常的大学生活。中学时期学校有统一的管理和安排，学生的起居习惯都比较合理。然而在大学生活中，由于课程安排差异性较大，可自由支配的时间较多，部分大学新生就会放纵自己。他们在晚上非常活跃，即使熄灯后也要与舍友继续"卧谈"，导致白天精神不好，在课堂上昏昏欲睡。甚至有些大学新生通宵看小说、打游戏，白天逃课在宿舍睡觉。因为把时间都花费在了上网娱乐上，没有时间按时吃饭、看书学习、体育锻炼，长此以往不仅影响学习成绩，更消耗了自己的身心健康。

（四）缺乏理财能力

步入大学，很多学生有了自己的第一张银行卡，有些家长会一次性给孩子一个月或一个学期的学费和生活费，这就需要大学生独立计划如何支配这笔钱。很多大学生由于计划不当，甚至没有计划，有了钱就恣意地买衣服、买化妆品、请同学吃饭、为游戏充值……

还没到月底就早早地成了"月光族"；有的大学生为了在同学面前讲排场、穿名牌、用名牌、吃大餐，过度消费，甚至出现挪用学费、网络贷款等行为。

二、学习适应方面

(一)学习目标不明确

大学新生刚刚步入大学这一人生新阶段，对于是否考研、就业方向等问题还没有深入思考，学习目标不明确。在这种情况下容易出现两类学生：第一类学生每天为了学习而学习，他们的身影经常出现在自习室、图书馆，问他们为什么学习他们也回答不上来，或者他们的答案就是"作为学生当然应该学习"；第二类学生则完全相反，他们的身影永远匆匆忙忙地出现在各种各样的校内活动和校外实践中，或者完全享受生活，逛街购物、上网娱乐，总之他们的生活里没有任何与学习有关的事情。

(二)缺乏学习动机

进入大学后，部分大学新生会产生松懈心理，认为考研和就业都离自己还远，不能及时制定学习目标，并调整学习状态。自控能力和独立自主意识较差的学生，容易受到外界不良因素的影响，出现盲从和厌学现象，导致学习动机不强。例如，有些学生听信网上一些网友鼓吹的"学习无用论"，将不认真听讲、逃课当作自己"能力"的体现；有些学生不知道学习专业知识的意义，抱着"60分足够，61分太累"的错误想法应付大学学习，对所学专业提不起兴趣，也不知道自己学习的原因。

(三)学习成绩不理想

每到期中测试或期末考试，就会有学生因为学习成绩不理想而产生挫败感，加重压力和自卑感。这些学生中的一部分高中时期学习拔尖，但是进入大学后发现身边的同学都有比较强的学习能力，再加上个人学习方法不当或学习自制力差，导致学习成绩不好。面对挂科等学习成绩不理想的情况，有些大学生给自己施加了过多压力，长期超负荷学习，过度用脑，不注意劳逸结合，容易导致精神疲乏，对学习感到厌烦。还有一部分大学生则习以为常，将挂科当成家常便饭，最终无法顺利毕业。

(四)学习方法不当

大学教学课时少、进度快、容量大、专业难度高，所以，课堂教学以提纲挈领为主，教师课堂上的讲解主要围绕重点、难点和疑点展开。课程性质和教学方法的改变令不少大学新生一时难以适应，找不到好的学习方法。还有很多大学生平时没有学习计划，不及时复习课程内容，临近考试通宵达旦、废寝忘食，美其名曰"临阵磨枪，不快也光"。长期"临阵磨枪"的高压式学习，不仅导致学生学习效率低、效果差，而且有损身心健康。

三、人际适应方面

（一）内心压抑

刚进入校园时，大学新生对一切都是陌生的，孤独时仍然会与高中时的好朋友联系，但是由于距离和时间等实际原因，曾经形影不离的好朋友都在不同的新环境中忙碌着各自的事情。大学新生开始面对以前不认识的新同学，大家可能来自不同的地域，有着不同的成长经历和背景，彼此之间不熟悉，交往程度不深。加之大一新生正值青春期，心理上原本就有"闭锁性"的特点，自我保护意识较强，与新同学之间存在心理上的距离感，交往比较谨慎。

（二）自我认知偏差

大学生的自我认知容易出现低认知偏差和高认知偏差两种偏差，会影响学生正常的人际交往。低认知偏差是个体在人际交往中由于某种生理、心理上的缺陷或其他原因导致过低评价自己而产生的消极心理状态。大学生产生低认知偏差的原因有很多，如感觉自身的生理条件、家庭背景、经济条件等不如他人，或者学习、才艺特长、集体活动能力等比较平庸，从而自尊心受损。低认知偏差严重时会导致孤僻、离群，给大学生的学习和生活带来很大的精神负担。高认知偏差是由于高估自己、过分自信而在人际交往中贬低别人所带来的交往障碍。高自我认知者在人际交往中往往不懂得尊重他人，对他人不能以诚相待，只考虑如何炫耀和抬高自己，不考虑交往对象的感受。所以，他们的朋友通常很少，在社交中不受欢迎，容易被孤立。

（三）不善于解决人际矛盾

人人都向往融洽和谐的人际关系，但由于不善于沟通交流、彼此不熟悉、缺乏理解等原因，在与新朋友的人际交往中必然会出现各种矛盾。特别是大学生生活在集体宿舍，每个人的生活习惯、处事方式、目标理想等方面都存在差异，很容易在舍友之间产生摩擦和碰撞。

（四）缺乏人际交往经验

从高中到大学，很多学生在学习上已经具备了很强的能力，但是在人际交往能力上，大学新生本身缺乏独立人际交往的经验，不习惯和周围人交流，因此，他们交往时容易遇到各种问题。大学生活是集体生活，在班级里、宿舍里可能聚集着全国各地的同学，由于地理差异、家庭条件差异、性格差异、生活习惯差异，不是所有同班同学、同宿舍同学都能成为好朋友，并且很多学生习惯了与父母一起生活时父母处处让着自己，到了大学里也仍然以自我为中心，不习惯主动和他人交往。

四、情绪适应方面

许多大学新生在中学时都是学习尖子，是家长、教师和同学眼中的佼佼者，而升入大学后，在人才聚集的新环境中，每位同学都很优秀，一些学生会失去原来"佼佼者"的地位，不再被大家关注。面对这种新环境、新竞争，这些学生原有的优势会被削弱或消失，原有的心理平衡状态也会被打破。一部分学生开始对自己的能力产生怀疑，认为"己不如人"。这种心理容易产生压抑、凄凉、孤独的情绪，严重影响大学生的学习和生活。

五、环境适应方面

（一）生活环境的变化

1. 生活方式的改变

中学生的生活模式基本上是"从家门到校门，以高考为目标，以学习为中心，饮食起居依赖父母"，凡事不用自己操心，只管埋头读书。上大学后，父母不在身边，没有了长辈的呵护和照料，过的是集体生活，住的是集体宿舍，吃的是大食堂；独立地处理自己的事情，衣食住行、经济开支、待人接物都要自己解决。

2. 环境的改变

大学新生面临的第一个巨大变化就是环境的改变。不少同学都是到外地上大学，有的从农村、乡镇来到城市，有的从南方来到北方，有的从西部来到东部，离开了家乡熟悉的一切。一方面，需要面对的是陌生的校园环境、陌生的城市；另一方面，要接纳气候条件、习俗、文化等方面的差异。

3. 生活内容的改变

中学生的生活内容单一，主要是学习，课余时间较少，校园生活相对单调。大学生活内容十分丰富，除学习外，还有广泛的社会交往、丰富多彩的校园文化活动和社会实践活动。

4. 生活习惯的改变

中学生一般住在家里，很多人有自己独立的生活空间，从小到大养成了自己的生活习惯。而大学宿舍是集体居住，每个人的生活习惯不同，作息时间、卫生习惯各不相同；还有的大学生不习惯吃食堂的饭菜，这就需要改变饮食习惯。

（二）学习环境的变化

1. 学习的自主性

中学学习的主要形式是课堂讲授，巩固知识的主要方式是做练习题，一切听从教师的安排。而大学学习课堂讲授时间较少、讲课内容多、速度快、跨度大、更强调启发性、研讨式、自学式教学。尤其是低年级的基础课，大都采用大班授课形式，教师不一定按书本讲，只是提纲挈领地讲思路、讲重点和难点，大部分内容粗线条地讲，重点布置学生自学，看参考书，然后讨论。很多大学新生有这样的感受：教室大、人很多，下课老师难见到，自己复习自己管，茫然无措难把握。大学的学习弹性大，自由空间大，自主性大，更多地靠学生自己去学习钻研，这就要求大学生做到自主学习。

2. 学习方向专业化

中学阶段主要是基础教育，突出普及性和基础性，为升学做准备。大学为社会培养高级专门人才，注重专业性和应用性。

3. 学习内容多元化

中学开设课程较少，学生对学习内容没有选择的余地。大学里的课程纷繁复杂，既有基础课，又有专业课，还有各类选修课；既有自然科学，又涉及人文科学；不仅要学习理论，还要培养实践能力。

六、角色改变引起的适应问题

（一）从学习型到能力型

中学生一般以学习成绩为主要评价标准。学习成绩好，便可处于优势地位。大学生更注重全面发展，不仅看重学习成绩，更看重能力。有许多学生在大学学习成绩优秀，但因缺乏特长，能力较差，反而感觉不如那些学习成绩比自己差而有其他能力和特长的学生受青睐。有的大学生在大学生运动会和文化艺术节后感叹地说："我除了会学习，什么也不会。"因而，也会对自己的认知产生动摇，情绪低落，失去了往日的自信与雄心。

（二）从"佼佼者"到"普通人"

很多大学新生上大学前都是同学中的"佼佼者"，是父母的宠儿，教师、同学眼中的高才生，备受大家的重视和羡慕。到了大学，校园里人才济济，群英荟萃，强手如林。忽然发现"山外有山，天外有天"，过去的佼佼者大多变成了一位普通学生，不再耀眼辉煌，顿时备感失落，优越感荡然无存。

（三）从依赖到独立

大学新生要从过去的依赖转向完全的自我独立。中学时，学生的生活依赖于家庭，学习依赖教师，事事由大人做主，样样不用自己操心。大学生活要完全自理、学习要自主、行为要自制、思想要自立，一切要靠自己独立完成，不可能再由父母、教师包办代替，遇到问题要自己解决。独立生活能力强的人便如鱼得水、应付自如；独立性差的人便一筹莫展、束手无策，莫名的烦恼骤然增多，心里一团糟的感觉总是挥之不去。

任务三　大学生适应问题的心理调适

一、正确认识和评价自我

心理学研究表明：个体对自我的认识和评价越接近现实，自我防御就越少，社会适应能力就越强；过低评价自己或过高评价自己，常常使自己感到焦虑、不安，从而产生心理问题。只有客观评价自己，不苛求自己，不为自己的缺点而沮丧，也不为自己的长处而自傲，能扬长避短、乐观自信、宽容豁达，才能促进个性的发展与完善。

正确地认识自我、评价自我是调整心理不适的关键。西方古希腊学者认为最高智慧就是"认识你自己"。东方也有相同的慧言"仁者他知，智者自知"。认识自我虽不容易，却是必需和可能的。正如马克思所说，"一切真理精华在于人们最终会自己了解自己"。在经历了心理落差之后，大学生要重新审视自我，全面客观地认识自我，明白"我是谁"，总结自己的优点是什么、缺点是什么，自己追求的人生目标是什么，能够接受自我、超越自我、完善自我，坦然地面对各种挑战。

二、正确认识和适应环境要求

对于大学生而言，比物理环境更重要的是学校的人文环境，包括学校的规章制度、语言环境、人际环境等。

（1）大学生进入大学校园不是来生活享乐的，而是要学习成长，因此，大学新生首先要了解所读大学的组织管理和规章制度等，做到遵守校规校纪，在学校允许和支持的范围内促进自己成长成才。

（2）正确认识和适应大学校园的语言环境，保障交流顺畅。在大学校园里，教师和学生都应用普通话进行交流，由于部分地区基础教育薄弱，新生入学时普通话水平不高，还有一些大学生由于地方方言与普通话差异较大，在短时间内难以学习和掌握普通话，这都会在一定程度上阻碍新生之间正常的人际交往，久而久之，容易给学生的自尊心和自信心带来负面影响。所以，普通话交流不顺畅的学生要尽早练习，不断发现错误并及时纠正，不要因此而产生畏难情绪。

（3）大学校园中的人际环境比高中时期更复杂、更独立。刚进入大学时，同学之间彼此都不认识，此时大学新生应主动与他人建立积极的交往，扩大自己在新环境中的交往范围。大学生活中除学习外，还要参加很多社团活动，所以，大学生的交际范围不应仅仅停留在班级同学上，还应该包括高年级的学长学姐、其他专业的同学、兴趣爱好相投的朋友、可以一起用家乡话聊天的老乡等。与各种各样的人建立人际关系，是大学生适应大学生活的必经之路，在这个过程中也有助于大学生提高人际交往能力，提高个人修养水平，做到全面发展。

三、培养独立能力

大学生活是每个学生离开父母、独自成长的开始。青年阶段的主要任务也是实现独立、自立，这是完成从小孩转变为成人的需要。调查发现，家庭环境与大学新生的学校适应能力有密切关系：通常男生的适应能力较女生强，家庭条件相对差的学生学校适应能力强；家庭的亲密度、知识性、娱乐性、组织性与学生学校适应能力呈正相关，家庭的矛盾性、控制性与学校适应能力呈负相关。还有调查发现，大学新生的心理韧性可分为低韧性—支持（19.8%）、中等韧性—低协助（33.1%）和高韧性（47.1%）三个潜在类别，前者在学习适应、专业适应、人际适应和情绪适应等方面均优于其余两组。

大学生要不断学习和培养自己独立面对生活的能力，从照顾自己的饮食起居到完成专业知识学习、专业技能培养；从建立新的良好的人际关系到规划自己的未来职业发展，这些内容都超出了家长和老师可以帮忙做决定的范围，每个学生都要开始考虑为自己未来的人生负责。大学生的独立能力反映了他们对未来生活是积极主动规划的，还是消极逃避的，独立自主能力强的学生在大学生活和毕业后的人生发展中往往都会更顺利一些。

独立生活是一个人成长和成熟的必经之路，经过独自面对各种生活问题的锻炼，大学生会更深刻地理解生活的意义，确定未来的人生规划，增强自信心。

项目三

"认识自我，悦纳自我"——大学生自我意识

📝 学习目标

知识目标：

1. 了解自我意识的含义。

2. 熟悉自我同一性的发展过程。

3. 熟悉自我意识的作用。

4. 熟悉大学生自我意识发展的特点。

能力目标：

1. 能够掌握自我意识的结构。

2. 能够掌握自我意识评估的途径。

3. 能够掌握大学生自我意识的偏差。

4. 能够掌握大学生自我意识调适的策略。

素养目标：

提升、健全并完善自我意识。

任务一　自我意识概述

一、自我和自我意识的含义

（一）自我的含义

在心理学领域，"自我"是由两个不同的英文概念翻译而成的一个概念，原文为 ego，被译成"自我"，它是弗洛伊德精神分析理论的核

课件：认识自我悦纳自我

心概念之一。西蒙·弗洛伊德（S. Freud）在 1923 年《自我与本我》一书中提出人格包括我（Id）、自我（Ego）、超越（Superego）三个结构。自我是指人的个性中从本我分化出来，指导个人适应现实社会生活，使个人行为超越简单快乐的原则而遵循现实原则的个性部分。它是本我和超我的协调者，也是现实与个人的协调者。

米德（Mead）着重研究主我（I）和客我（Me）的关系，他认为客我是自我意识的对象，它是通过其他人（社会）对自我的有组织的态度系统而形成的；而主我是自我动力部分，它能够认识客观现实和自己。米德认为，个人与社会的变化、发展与完善都源于主我的特征。在主我与客我的关系上，米德认为，客我是自我活动的本体结构，它制约主我的活动，而主我是客我变化发展的引导者，前一时期的主我活动将成为后一时期客我的内容。

罗杰斯（Rogers）根据自己的临床实践，提出了与现实自我相对应的理想自我（Ideal-self）的概念。现实自我是指个体对自己各种特征的认识和对自己各种行为的看法。理想自我是指个人根据自己的经验，建构自己所希望达到的理想标准，它引导个体达成理想中的个人自我。罗杰斯发现现实自我与理想自我的差距是诱发神经病的一个原因。

（二）自我意识的含义

意识是人的头脑对于客观物质世界的反映。现代心理学界对意识的理解可分为广义和狭义两种。广义意识概念认定，意识是赋予现实的心理现象的总体，是个人直接经验的主观想象，表现为知、情、意三者的统一；狭义意识概念则是指人们对外界和自身的察觉与关注程度。

广义自我意识是指人对自己的属性、状态、行为、意识活动的认识和体验，以及对自身的情感意志活动与行为进行控制和调节的过程。从哲学层面看，自我意识是主体对其自身的意识，是主体觉知到自身存在的心理历程，是衡量个性成熟水平的标志，是整合、统一个性各个部分的核心力量，也是推动个性发展的内部动因。从心理学角度看，自我意识就是指一个人对自己的认识，即个体对自己的身心状况与特征、自己与他人、自己与周围世界的关系的意识。它是人格结构的核心部分，也是人的意识的本质特征。正是由于人具有自我意识，才能对自己的思想和行为进行自我控制与调节，从而形成完整的个性。可见，自我意识是一种多维度、多层次的心理系统。

红点实验

二、自我意识的结构

自我意识的结构是指自我意识是由哪些心理成分或基本表现形式所构成的。自我意识的结构可以从不同角度、不同标准去认识，是一个较为复杂的心理系统（表 3-1）。

表 3-1 自我意识的结构

标准	内容	具体解释
内容	生理我 心理我 社会我	生理我是指对自己生理状态（如性别、身高、体重、外貌特征和健康状况等方面）的认知。 心理我是指对自己心理状态（如兴趣、爱好、气质、性格、价值观、理想、信念等方面）的认知。 社会我是指对自己所处的时代、国家的认识；对自己在家庭、团体中的地位、角色、权利、义务、责任、力量及人际关系等方面的认知
形式	自我认知 自我体验 自我调控	自我认知是指个体的自我感觉、自我观察、自我观念等。 自我体验是指个体对自己所持的一种态度和评价，包含自爱、自尊、自恃、自卑、责任感、义务感、优越感等内容，其核心内容是自尊。 自我调控是指个体对自己心理活动和行为的自我调节和控制，包括自立、自主、自制、自强、自卫、自信、自律等
社会化	主观我 客观我	主观我是指个体对自己的认知和评价，表示我是谁，我有什么特点，此时的"我"是活动的觉察者、感知者、控制者，处于观察地位。 客观我是指社会上其他人对自己的评价和认知，表示怎样看待我，此时的"我"是被觉察、感知、控制的对象，处于被观察地位
自我观念	理想我 投射我 现实我	理想我是个体从自己的愿望、立场出发对自我形象的认识和追求，是完善自我的境界，是个人追求理想化的自我形象目标。 投射我又称"镜中我"，是想象中他人对自己的看法和评价。 现实我是在自我立场上对自己目前状态的评价和看法
弗洛伊德人格三分结构理论	本我 自我 超我	本我是人格的最低层，是一种原始的快乐欲望，遵循快乐原则。 自我是人与外部世界的媒介，理智思维，遵循现实原则。 超我是人格中最文明、最有道德的部分，是社会道德的化身，遵循道德原则
周哈里窗	公众我（开放我） 背脊我（盲目我） 隐蔽我（隐私我） 潜在我（未知我）	公众我是"自己清楚，别人也知道"的部分，所谓"当局者清，旁观者也清"。例如，我们的性别、外貌，又如，某些可以公开的信息，包括婚否、职业、工作生活所在地、能力、爱好、特长、成就等。 背脊我是"自己不知道而别人却知道"的部分，所谓"当局者迷，旁观者清"。可以是一些很突出的心理特征，比如，有人轻易承诺却转眼间忘得干干净净；也可以是不经意的一些小动作或行为习惯，例如，一个得意或不耐烦的神态和情绪流露，本人不易觉察，除非别人告诉你。 隐蔽我是"自己知道而别人不知道"的部分，与"背脊我"正好相反。就是我们常说的隐私、个人秘密，例如，留在心底，不愿意或不能让其他人知道的事实或心理。 潜在我是"自己和别人都不知道"的部分，有待挖掘和发现。通常是指一些潜在的能力或特性，例如，一个人经过训练或学习后，可能获得的知识与技能，或者在特定的机会里展示出来的才干

三、自我同一性的发展

（一）自我意识的发展模式

个体自我意识的发展呈现一种螺旋式上升的趋势，其发展模式为自我分化、自我矛盾、自我统一。个体经由每次的自我分化、矛盾和在一定条件下的统一，自我意识便不断向前发展。

（1）自我分化：个体进入青春期后，幼时懵懂的"我"的状况被打破，明显地出现两个"我"，即主我（I）与客我（Me）。前者是处于主动观察地位的主体我；后者是处于被观察地位的对象我。

（2）自我矛盾：从这个自我意识发展的逻辑起点开始，自我内心活动变得逐渐复杂，自我观察、自我沉思明显地增多。自我矛盾随着自我的分化不断加深，主我在认识和评价客我时，发觉现实自我与理想自我之间、现实自我与想象自我之间往往有较大的差距，于是出现内心的冲突和不安，甚至是痛苦。自我矛盾既是推动自我发展的内在动力，也可能是导致心理疾病的重要原因。研究发现，自我矛盾的积极一面可以有效调节社会生活中与自我不相一致的历史经验。自我矛盾水平中等和较高的个体的调节能力比自我矛盾水平较低的个体的调节能力低，并且他人对于自我概念清晰但具有一定自我矛盾的人态度最为积极，而对于自我矛盾水平较高和较低的个体均表现出不欢迎的态度。自我矛盾的消极一面是过高的自我矛盾暗示了个体对环境适应不良，易受环境轻微线索的干扰从而轻易激活自我矛盾状态。

（3）自我统一：自我矛盾的产生虽然给个体带来了不安与焦虑，但正是这种矛盾和冲突激发了个体奋发进取的积极性，促使个体去正确地认识自己，实事求是地修正理想自我中某些不切实际的过高的标准，并且学习有效地控制自我，改善现实自我，使理想自我与现实自我互相趋近，求得自我的和谐统一。这种自我认识、自我体验和自我调控的和谐统一的过程就是个体不断个性化和人格成熟的过程。

（二）自我意识的发展特点

1. 自我意识发展的阶段性

我国研究表明：大学生自我同一性的发展呈明显的年级特点，一年级到二年级存在渐进增强的趋势，基本上可以说明大学生的自我同一性有从低级的排他型和弥散型向高级的成就型和延缓型转变的趋势，但到三年级又有重新进入自我同一性危机的趋势。

具体来看，一年级大学生自我意识水平最高，他们对自我的了解、自我反思、自我调整的意识和需求强烈，开始结合自己的心理特征（即我是怎样的人）思考未来的社会角色和自我定位（社会自我的确立）。这可能与进入大学面临的挑战有关，如学习方式发生重大转变、面对更加激烈的竞争、初入大学变得迷茫等。这一切都需要他们自己去探索、去适应、去解决，可能会引发一些矛盾冲突，进而出现一定程度上的同一性危机。二年级大学生更多地开始思考自己、认识自己、确立自己的发展和目标。在这一时期，大部分大学生开始思考未来发展和去向等现实问题，也就是大学生的需求、情感、能力、目标、价值观等特质须整合的一个时期。三年级大学生经过二年级对自我的重新认识和评价之后，逐步完成从"他信"到"自信"的转变，逐渐学会从学业、人际关系、能力等多个方面进行自我评价。但处于这个阶段的大学生又面临学历和就业压力，需要从一个新的层面来重新审视和探讨自己，这在一定程度上给他们带来了很大的冲击，使一些大学生进入同一性考验阶段。

2. 自我认识的矛盾性

大学时期是个人自我意识迅速发展并趋向成熟的关键时期，在这个阶段，大学生会经历一个特别典型的矛盾与整合过程，会显示出强烈的矛盾性特点，主要体现在理想自我与现实自我的矛盾方面。

理想自我与现实自我的冲突，也就是"我应该成为怎样的一个人"与"我现在是怎样的人"之间的冲突。"理想自我"是个人在自己头脑中塑造的自己所期望的自我形象，而"现实自我"是个人通过实践而形成的真实的自我形象。当理想自我高于现实自我时，大学生通常会陷入痛苦之中，不能自我接纳。对此，通常会出现三种情况：第一种是积极面对，努力实现"理想自我"；第二种是重新评估自己，根据情况调整"理想自我"，当大学生发现"现实自我"和"理想自我"之间存在较大差距，而经过努力仍无法实现目标，或者差距不大，但主观自我调控能力较弱，导致"理想自我"无法实现时，就会调整自己的期待和要求；第三种是大学生发现"现实自我"与"理想自我"差距太大，并且无法实现两者的统一时，表现出情绪低落，感觉自己一无是处等心理问题。

3. 自我体验的情绪化

自我体验的情绪化是人对于客观事物是否符合自己的需求而产生的心理体验。处于青春期晚期的大学生的情绪常表现出短暂、起伏、易变等特点，而这些特点也表现在自我意识的各个方面，大学生的自我评价常发生矛盾，对自我的态度经常是波动的。当他们情绪好时，对自我认同度高，自我评价也很高，对自己充满信心；反之，当他们情绪低落或遇到挫折时，自我认同度就会骤然下降，自我判断失准，认为自己什么都不会。可见，大学生对自我的肯定与否定常常随着情绪的变化而变化。

另外，大学生在考虑问题时极易受到各种社会思潮与其他外部环境的影响，容易偏激和冲动，还容易走向极端。他们在面对理想自我与现实自我时经常产生自我肯定、自我否定等矛盾，常表现为心理不平衡，情绪体验较强烈，易振奋，也易失落。

4. 自我调节的中心化

大学生特别关注自我，他们从自己的角度和自我的标准出发，去认识、评价事物和他人，并采取行动，因此很容易出现自我中心倾向。由于自我意识的发展、能力的提高、活动范围的扩大、思维水平的提高，以及知识经验的不断积累，大学生对社会和人生的理解形成了自己的一套观念体系。但是，由于大学生的社会经验不足，对社会现象的认识往往有失偏颇，对事物的评价往往只拘泥于个人的某一个观点、立场，并不善于从他人的立场、不同的角度来分析问题，也不善于理解他人，特别是父母、教师等长辈，再加上他们情绪体验的深刻性和极端性，就表现出了强烈的自我中心倾向。

二十大代表风采录——唐笑宇

任务二　大学生的自我意识与培养

一、自我意识的评估

（一）正确自我意识的作用

俄罗斯心理学家科恩说过："青年初期最重要的心理过程是自我意识和稳固的'自我'形象的形成。""青年初期最有价值的心理成果就是发现自己的内部世界，对于青年来说，这种发现与哥白尼当时的革命同等重要。"

1. 导航作用

雨果说："只要目的正当，纵使走在摇撼的路上，步伐也是坚定的。"大学生的成长必须在正确认知自我的基础上确定合适的目标，有了目标才会有发展方向，才能调动自身潜能，激发强大动力。

2. 自控作用

自我控制是自我意识发挥能动作用的一个重要表现，它是目标的保护神，是成功的卫士。个体在对自我做出正确认识、合理规划的基础上，能够对自己的注意力、情感、道德、行为、时间、精力等加以控制，以实现自己的目标。

3. 内省作用

古人云："吾日三省吾身。"当面临挫折时，个体自我意识就会对自己的认识、情感、意志、能力、行为、社交等方面进行反思反省，努力寻找受挫的主、客观原因，并重新调整原来的认识，形成新的理想自我的内容，使其与现实自我趋于统一。这种内省和归因是一种积极的自我意识。

（二）自我意识评估的途径和方法

1. 明确健全自我意识的标准

（1）一个有自知之明的人，一个自我统合的人。

（2）自我认识、自我体验和自我控制协调一致的人。

（3）积极的、自我肯定的、独立的，并与外界保持协调一致的人。

（4）理想自我与现实自我统一的人，具有灵活性，有积极的目标意识和内省意识。

（5）一个心理健康的人，不仅自己能健康发展，而且能促进社会文明和进步。

2. 健全自我意识评估的途径

（1）正确地认识自我。"人贵有自知之明""知人难、知己更难"。可以从三个方面全面深刻地了解自我：自己与其他人的比较；其他人对自己的态度；用自己活动成果来了解自己。在此基础上准确客观地评价自我，经常地反省自我。

（2）积极地悦纳自我。幸福三要素："接纳自己—被人接纳—爱"。我们可以积极进取、克服困难以获得成功的体验；关爱他人、多行善事以获得道德的体验；热爱生活与艺术以培养美的体验。从这些积极的情感体验中感受幸福快乐，进而悦纳自我。

（3）有效地控制自我。合理定位理想自我，确立合乎自身实际的抱负水平。

1）要敢于树立远大的理想和抱负。

2）要有正确的价值观。

3）不能绝对追求完美。

4）立足现实，协调好理想我和现实我的矛盾。

（4）不断完善自我，超越自我。

人们应培养顽强的意志品质和坚强的性格，不断在实践中通过锻炼增强自尊和自信等。每个人都有巨大的潜能，每个人都有自己独特的个性和长处，并都在通过自己的努力去争取属于自己的成功。

二、大学生自我意识发展的特点与偏差

（一）大学生自我意识发展的特点

1. "理想自我"与"现实自我"的冲突

"理想自我"与"现实自我"的冲突是大学生自我意识最突出、最集中的表现。"理想自我"是个人想要达成的完美形象；"现实自我"是个人头脑中的真实自我形象。进入大学，一方面对未来充满憧憬，富有理想、抱负，希望"我"应该是能言善辩的、多才多艺的、交友广泛的等；另一方面又强烈地封闭自己，不愿意敞开心扉，较少接触社会，不能将理想和现实有机结合，加上自己的现实条件与理想相差甚远，给自我带来很大的苦恼和

冲突。

2. 自卑与自负的冲突

大学生的心理发展尚未成熟，不能对自己有正确的认知，常出现认知偏差。自负是过高地评估自己的长处和优点。自卑是一种自我否定，表现为对自己缺乏信心，对自己不满和否定。自卑和自负紧密相连，自负表现强烈的人往往也是极度自卑的人。与同龄青年相比，大学生在社会群体中会有一些优越感，他们对自己的才华、能力和未来充满信心，自尊心和好胜心较强，更加渴望得到他人的尊重和认可。当遭遇失败与挫折时，如考试失败、恋爱失败等，他们便开始怀疑自己的能力，进而否定自己，甚至自暴自弃，陷入强烈的自卑中。

3. 独立性与依附性的冲突

大学生处于人生中第二次"心理断乳期"——青春期至青年初期。一方面，心理的成熟使他们渴望独立，以独立的个体面对生活、学习中的问题，希望自强，成为有独立见解、能决定自己命运的人；但是另一方面由于长期的校园生活，他们缺乏社会生活的经验，经济上仍需要家庭的供给，特别是长期习惯依赖父母的大学生，独立性和依附性的冲突会更加明显，无法做到人格上的独立。那些过分独立的大学生，在生活中表现出特立独行，我行我素，往往遇到事情，因缺少强大的社会支持系统，常陷于挫折当中。

4. 渴望交往与心灵闭锁的冲突

渴望友谊和情感交流是大学生心理的一个重要特点。不少大学生常感到孤独、寂寞、无聊，没人理解自己。一方面，他们渴望爱与友谊，渴望交流与分享，但又缺乏人际交往的技巧，不善于表达自己的情感和思想，也不善于了解他人的情感和思想，缺乏共同的兴趣和爱好等；另一方面，由于更在乎自己在其他人心目中的地位和形象，他们会有意无意地将自己的心灵深藏起来，对其他人存在戒备心理，没有理解什么是真正的友谊。正是这种渴望交往与心灵闭锁的矛盾冲突，使大学生常常陷入人际关系紧张的苦恼之中。

（二）大学生自我意识的偏差

大学生处于自我意识发展的关键时期，自我认识能力不断增强，自我体验日益丰富、深刻，自我调控能力也不断强化。但与此同时，其自我意识也会出现分化，自我体验受环境刺激的影响而表现出波动性，自我调控能力仍具有矛盾性。在主我与客我、理想自我与现实自我、个人目标与他人要求、学校环境与社会环境之间的碰撞和冲突下，大学生也可能会出现自我意识的偏差，这些自我意识偏差可能会导致大学生适应不良，或者引起各种心理问题。

1. 过分追求完美

追求完美是人类健康向上的本能，是一个人上进心强，严格要求自己的表现。生活中许多人都有追求完美的倾向。适度追求完美意味着有较高的目标，挑战自我，突破自我，并能根据实际情况调整目标，不惧怕失败。然而，过分追求完美，时时事事都要求完美，势必会生活在失望和痛苦之中，承受无尽的烦恼和困扰。

大学生过分追求完美具体表现为：对自己过高期望、过分要求，希望自己尽善尽美。没有缺点和不足；行为上因追求完美，害怕出现错误和失败，时时处于焦虑和担忧之中，对他人和环境的要求苛刻，人际关系紧张，很少有幸福感，累己也累人。

2. 自尊、自卑与自负

自尊是指一个人尊重自己，对自己持肯定态度的情绪体验。心理学家马斯洛认为，自尊是人类的一种高级需要，当自尊需要得不到满足时，人们可能会感到渺小与自卑。自卑心理是个体由于自我认知偏差等原因而形成的自我轻视和自我否定的情绪体验。自卑可以成为每个人的成长动力，使人追求补偿以促进自我的发展。然而，过度的自卑则有可能把人压垮，不但不能促进自我的发展，还将成为心理健康的重要障碍。自卑始终是自卑者的一个心结，就像一根刺，让人备受煎熬，永远不能自己。因此，克服自卑，彻底从内心剔除这种情绪，才是一个人真正做自己、真正轻松洒脱的开始。

自负是一种过度自信。俗话说"人贵有自知之明"，自负的人常常缺乏对自我的"自知之明"，对自我、他人和世界的认知还很局限，以为整个世界都以自我为中心，往往把错归结到其他人身上，把自己的意识强加在其他人身上，不能和身边的人和睦相处，其实自负表现强烈的人也是极度自卑的人。

3. 过于以自我为中心

大学是自我意识发展最强烈的阶段，也是大学生进行自我探索最集中的时期。他们在自我分化的基础上，体验到各种各样成长的烦恼。在不断地探索、认识自我的过程中，努力寻求自己独特的处事风格，或多或少地都会有一点以自我为中心。这是下意识的情况下发生的，也是可以接受的，完全不同于自私。但是过度的以自我为中心会扭曲自我，阻碍大学生心理成长，也影响他们适应社会。

大学生过于以自我为中心具体表现为只关心自己，遇事先替自己打算，不顾及其他人的感受和需要。为人处世都以自己的兴趣和需要为中心，认为自己是最重要的、最优秀的、神圣不可侵犯的。

4. 自我控制力低

自我认知和自我体验决定自我控制。心智正处于发展阶段的大学生往往缺乏坚强的意志力，自我控制的能力比较差。很多学生虽然深知"我应该做什么""我应该成为怎样的人""我可以选择如何去做"等自我控制的核心内容，但无法成功地激励自己果断地付出行动。

大学生的低自制力主要表现在：无法按照学期计划安排规律的作息，自主学习往往坚持不了一个星期就放弃，缺乏自我约束；无法鞭策自己为阶段目标付出持久的努力；无法抵御外界的诱惑，缺乏内在的行为准则，意志行动力差，如复习阶段被室友怂恿打游戏；

无法控制和调适自己的情绪波动，对挫折耿耿于怀，产生强烈的自卑感等。

三、大学生自我意识调适策略

（一）自我评价过高的调适策略

1. 学会正确的比较方法

比较是人们常用的思维方式，但只有坚持正确的比较方法才能得出正确的结论，帮助个体正确认识自我。我们可以采用纵向比较法，即将现在的自己与以往的自己进行比较，看看自己在哪些方面有所进步；也可以采用"见贤思齐焉，见不贤而内自省"的横向比较法，通过比较变得更加谦虚谨慎。任何比较都会有价值观的渗入，持不同的价值观会有不同的比较结果，全面的比较可以是多层次、多角度的。或以不同的价值观进行评价的换位思考。比较也不能只是想象的，而应在多种社会实践活动中去检视自己。

2. 自我优缺点的翻转练习

将一张白纸左右进行对折，在纸张的左面列出自己认为的优点和特质，在纸张的右边列出自己认为的缺点和不足，再与心理咨询师一起分析这些优点、缺点。事实上，经验表明，自大的人自以为是地将他人并不喜欢的特质当成了自己的优势和长处，而自卑的人则常将其他人喜欢的人格特质当成缺点而自责。心理咨询师可以引导当事人做如下翻转练习：将当事人自以为是缺点的"老实"翻转为"诚实"的品格，将自认为的优点"擅于言谈"翻转为"夸夸其谈"的缺点等。

3. 积极利用他人反馈认识自我

自我评价过高的个体如果能够在人际交往和学习工作中积极主动地利用他人对自己评价的反馈信息纠正或补充自我认识，将有助于避免自我认知的偏差。首先，要处理好自知与知人的关系。老子曰："知人者智，自知者明。胜人者有力，自胜者强。"可见只有知己知人，内外明智，才是真正的聪慧强大。其次，要学习处理好自尊与尊人的关系。自尊心过强的人容易自以为是，认为自己什么都比其他人强，不愿意倾听和尊重其他人的意见。事实上，自尊和尊重他人是相辅相成的，只有尊重他人的人，才会受到他人的尊重，才有自尊。

4. 学会换位思考

无论是自负，还是嫉妒心强的人，都应该学会换位思考或进行"角色置换"的练习。试想，如果我是一个听众，我愿意听一个自负的人自顾自地夸夸其谈吗？我愿意与这样的人做朋友吗？你会相信他所说的所谓的道理吗？如果你真的什么都比他人强，他人还会不认可你吗？事实上，嫉妒只会给你带来同学的疏远，失去友谊。

（二）自我评价过低的调适策略

1. 悦纳自我

悦纳自我就是对自己的出身、性别、爱好、身材相貌、性格等各个方面的优点缺点和过去经历的接纳。接受自己的过去就意味着对待失败和挫折要学会正确归因，接受自己的失败或挫折，但不自责贬低自己，丧失自信心。

悦纳自我也意味着在欣赏自己的长处的同时，还要接受自己的不足。但是，悦纳自我不代表安于现状，而是能学会用正确、积极的心态去面对和接受自己的不足与短处，并能寻找到实现自我的方式。悦纳自我也意味着能肯定自己独一无二的存在价值。亚里士多德说过：世界上没有两片完全相同的树叶。同样，世界上也没有两个一模一样的人，我们没有必要按照其他人的道路要求自己，做好自己，不辜负自己就够了。生活就是不断地体验和新的创造，人生重要的意义不在于拥有和结果，而是经历的过程。

2. 建立属于自己的成长坐标

设立合理的人生目标。具有目标指向是人类行为的重要特点之一，目标能够诱发人的动机，强化人的行为，驱动人维持行为的方向，所以相比之下，有目标指向的行为更有成就感。确立正确的自我发展或自我实现的目标，关键是要按照社会的需要和个人的特点来进行合理设计。古诗云："天生我材必有用。"不必苛求自己去做一个十全十美的人，也不必过分强制自己事事胜过他人。只有你觉得自己和他人一样重要，你才能做到不骄不躁、不亢不卑，悦纳他人，不嫉妒，不疑惧。积极心理学坚信：每个人的生命中都蕴藏着积极的、美好的人性品质和积极的心理品质，这是人的生命变得更加美好幸福的内在基础和动力，每个人都应该最大限度地发掘自己的潜力，并以此努力获得幸福美好的生活。

3. 学习循序渐进地表现自己

自卑感往往是在表现自己的过程中，由于受到挫折，对自己的能力发生怀疑而造成的。自卑者不妨多做一些力所能及、把握较大的事情，有了更多的小成功后便会收获一份喜悦和对自信心的强化，而自信心的恢复是克服自卑的关键。当然，自信心的恢复需要一个过程，切不可着急。应从一连串小小的进步开始，循序渐进地锻炼自己的能力，通过不断的小的成功来表现自己和确立自信，消除对自己能力的怀疑。

4. 寻找东边不亮西边亮的补偿

补偿法是指通过个人的努力奋斗，以某方面的成就来补偿在另一方面的缺陷。例如，身体残疾受限，可以通过发展心智才艺来补偿，而所谓"勤能补拙"就是通过比他人更多的付出，来补偿自己在才智方面的落后。数学家华罗庚说："勤能补拙是良训，一分辛苦一分才。"每个人都有自己的长处和短处，要学会取长补短。只要找到正确的补偿目标，就能克服自身的缺陷或从另一方面得到心理补偿。

（三）逆反心理的调适策略

1. 对逆反心理的因势利导，将逆反心理转变为批判思维

从某种意义上说，逆反心理在一定程度上反映了青年学生独立意识、怀疑和批判意识的发展，在不同语境下具有不同的意义，有些具有一定的积极意义，对此可以加以引导。例如，对一些陈旧落后的教育教学观念和说教、对一些现象的刻板的理论解释的逆反心理，有助于大学生怀疑与批评思维的发展和刺激创新意识的启动；对社会上的不正之风和社会治理之弊有意见而引起的逆反心理，有助于促进大学生的社会正义感和社会责任的启蒙。

2. 学习全面系统和辩证看问题的方法

逆反心理定式的人常有社会经验不足、阅历不深，思维片面、偏激、偏执的特点，应引导他们培养观察、分析社会现象的系统思维、历史思维和辩证思维，启发他们从历史、政治、经济、文化等多个方面全面观察和辩证分析社会事件的能力。

3. 通过参加社会实践检视自己的观点

社会经验在人类的认知、心理发展中具有重要的意义。所谓经验体系包括经验的获得、经验整理、经验的"心象表征"及经验启动方面。经验体系的每个过程都为个体的自我评价和体验提供着内在的依据。观察表明，理论和言语上的争论与说理并不能有效地改变逆反者的心理定式，事实上，鼓励青年人多参加社会实践活动，获得自己的经验，并通过经验的分享、经验评价和经验的整理总结得出新的认识的方法较为可行。

4. 学习正确的归因方式

一般来说，逆反心理者看到的社会现象虽然是客观的，但问题在于如何分析看待这些现象产生的原因，他们往往缺乏正确的方法。例如，可以将一个人挫折失败归因于当事人自己内在的（如性格）和可控的因素（如自己努力不足），也可以归因于外部的因素（如社会上的某些潜规则）和不可控的因素（如社会竞争），但逆反心理者习惯于采取与众不同的归因模式。事实上，几乎任何社会事件的发生总有内外因的联合作用，应该结合具体情况，采取内因和外因相结合的归因平衡模式，对成败原因有合理的认识。

项目四

"我，颜色不一样的烟火"——大学生人格发展

学习目标

知识目标：

1. 了解人格的含义。

2. 熟悉健全人格特点的不同理论。

3. 熟悉人格障碍的不同类型。

4. 熟悉大学生的人格特征。

能力目标：

1. 能够掌握气质与性格的关系。

2. 能够掌握大学生人格发展异常的表现。

3. 能够掌握大学生人格发展异常的评估方法。

4. 能够掌握大学生人格塑造的策略方法。

素养目标：

提升大学生塑造健康人格的意识。

任务一　人格概述

一、人格的含义

从词的来源分析，人格（Personality）一词源于古希腊的"Persona"，意指古希腊的戏剧中演员所戴的面具，它代表了演员在戏里所扮演的角色和身份，相当于我国京剧表演中的脸谱。我国古代汉语中只有"人性""品格"一类的词，没有"人格"一词，而现代汉语

课件：人格

的"人格"与西方心理学的"人格"内涵相差甚远，其意思为"个人的道德品质"或"按照法律、道德或其他社会准则享有的权利或资格"。

心理学意义上的人格是从 20 世纪 80 年代以来，我国学者逐渐接受西方心理学的"人格"概念，并尝试用"人格"一词取代"个性"一词，人格和个性的含义相同，是指一个人区别于他人的、在不同环境中一贯表现出来的、相对稳定的、影响人的外显和内隐行为模式的心理特征的总和，它包括能力、气质和性格等。能力是个体顺利、有效地完成某种活动所必须具备的心理条件；气质是心理活动动力特征的总和，即表现在心理活动的速度、强度和稳定性方面的人格特征；性格是表现在对事物的态度和习惯化了的行为方式上的人格特征。

对人格的概念，可以从以下几个方面加以理解。

1. 人格是品质和行为的相对一贯表现

人格具有跨时间反应的稳定性和跨情境行为的一致性的特点。因此，人格的内在品质和行为具有相对的一贯性。我们预期：一个今天活泼开朗的人，明天也是活泼开朗的；在学习中喜欢竞争的人，在工作中很可能也喜欢竞争。

2. 人格是一个综合的整体

人格并非单一的概念，它是一类概念的综合体。它是对人的整体描述，而不仅是对人的某一方面的描述，反映了人的整体性。它既包括需要、动机和特质单元，也包括认知、情感和行为系统；既包括一个人的态度和看法，也包括他的信念和价值观。因此，研究者将人格视为一个复杂的组织或系统。

3. 人格是一个内在的动力组织

人格结构不仅是一个素质结构，也是一个动力结构。它具有能量，具有使个体发出某个行为或从事某种活动需要的人格推动作用。人格的动力性是由其构成的单元，如需要、动机等决定的。按照马斯洛的需要层次论，个体从出生到成熟，其需要从最低级的生理需要到高级的自我实现需要得到满足的过程，实则是人格形成和发展的过程，已形成的人格反过来又促使个体寻求更高一级的需要的满足。

4. 人格是有特色的

人格是人的独特的心理结构，其复杂的内在组织和多种因素的相互作用，使一个人成为有别于他人的独特个体，表现出各自的特色。

二、气质与性格的关系

人格的结构包括以下两个方面。

（1）个性心理特征：这部分有较强的稳定性，主要包括气质、性格和能力。

（2）个性倾向性：包括动机、兴趣、理想、信念、价值观，这部分构成了个体活动的动力。

相对来说，人格与气质和性格关系最为密切。

（一）气质

人格中的气质是个人与生俱来的，在生活早期，气质就表现出稳定的个性差异，即那些由遗传和生理决定的心理与行为特征，这些心理与行为特征基本上一生都不会改变。它与人们平常说的"禀性""脾气"近似，是形成个性或人格的"原料"之一。生活中，人们稍加留意就可以发现，有的婴幼儿温顺听话，有的婴幼儿不安分、爱哭闹，这就是气质的表现。

早期的气质理论提出人体内有四种液体，即血液、黏液、黄胆汁和黑胆汁。每种液体和一种气质类型相对应：黄胆汁——胆汁质，血液——多血质，黏液——黏液质，黑胆汁——抑郁质。从现代的观点来看，用四种体液来解释气质类型是没有科学依据的，但四种气质类型的用语一直沿用至今。根据神经活动的强度、均衡性和灵活性，研究者将动物和人类的高级神经活动类型分为四种，即兴奋型、活泼型、安静型和抑制型，与之相对应的分别是胆汁质、多血质、黏液质和抑郁质（图4-1）。

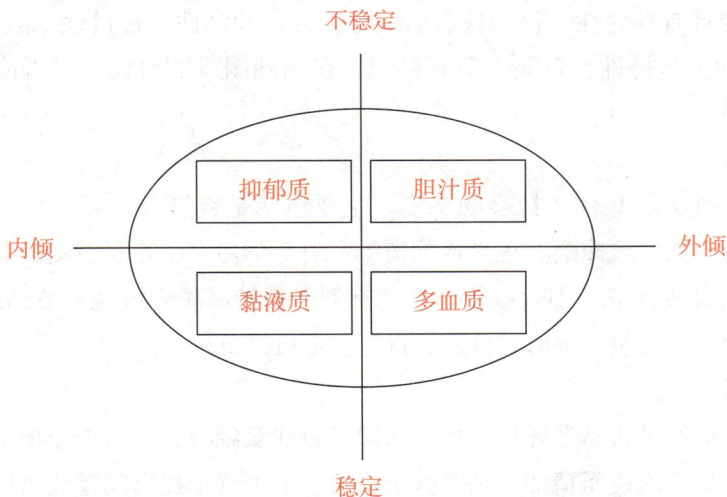

图 4-1　气质类型

（1）胆汁质的人能坚持长时间工作而不会感觉疲劳，精力旺盛；直爽热情，情绪兴奋性高；但心境变换剧烈，脾气暴躁，难以克制自己。

（2）多血质的人活泼好动、语言行动敏捷、反应迅速，注意力易转移；适应变化，善于交际，不怯生，易接受新事物；兴趣多变，情绪不稳定。

（3）黏液质的人反应速度慢，情绪兴奋性低而平稳；举止平和，做事有条不紊、踏实，容易循规蹈矩；注意力容易集中，稳定性强；但不善言谈，交际适度。

（4）抑郁质的人多疑多虑，内心体验深刻；敏感多虑，注意细节，做事认真仔细，动作迟缓；胆小孤僻，寡欢，爱独处，不爱交际。

在现实生活中，纯粹属于某一种气质类型的人为数极少，更多的人往往是以一种为主，兼有其他一种或两种的混合型。气质本身没有优劣之分，心理学家认为，不同气质类型各有所短、各有所长，气质也不能决定一个人活动的社会价值和成就的高低。因此，人们要正确对待自己的气质类型，接纳和控制自己气质的消极品质，发扬积极品质，从而有利于形成良好的个性。

（二）性格

当说起某一个人时，我们喜欢用"是什么样的性格"来描述。性格是个性的重要组成部分，是个体在后天形成的对人、对己、对事的较稳定的态度和习惯化的行为方式中表现出来的人格特质。例如，一个人在各种场合总是表现出对他人热情诚实、与人为善。性格不同于气质，它受社会历史文化的影响，有明显的社会道德评价的意义。一个人的性格是在后天实践中逐渐养成的，性格作为个人社会行为的特征，会以各种方式表现出来。

1. 意志方面

例如，是否具有独立性、目的性、组织纪律性、冲动性、盲目性、散漫性等。又如，是否具有主动性、坚持性、自制力等。再如，在遇到困难的时候，是否冷静、勇敢、顽强、持之以恒等。

2. 态度方面

例如，对待他人、集体、社会的态度，主要包括是否热衷人际交往，人际关系的亲疏、忠诚或虚伪、同情或冷酷、正义或狡猾等；对待学习、工作、劳动的态度，主要包括勤奋或懒惰、认真或马虎、细致或粗心、富有创造精神或墨守成规、节约或挥霍浪费等；对待自己的态度，主要包括自信、自强、自尊、自负、自卑等。

3. 认知方面

例如，认识事物是否易受环境干扰；认识是否注意细节，是否善于概括，能否进行持久性认识判断，是否敏锐而精细，是否善于想象，是否善于提出问题或借用现有答案，是否爱好分析或综合他人意见等。

由此可见，人格中气质是先天的，是体质和遗传的自然表现，很难改变，无好坏之分，而人格中的性格是后天形成的，是社会文化的刻印，有可能改变，也有好坏之分。在很大程度上，对人格的塑造和完善就是对良好性格的培养。

三、健全人格的特点

健全人格也称完美人格、理想人格，是生物进化所赋予人的本性在充分发挥时所能达到的境界，是个人最佳心理和行为的有机整合，也是人类应该追求的价值目标。自

20世纪50年代以来，西方很重视研究人的潜能，这给心理学领域带来又一次重大变革，并因此越来越重视对健全人格等方面的研究。很多心理学家根据他们的临床经验，运用心理测验等方法，对高健康水平的人进行了研究，提出了不少健全人格的特点。

（一）精神分析理论

弗洛伊德的精神分析理论认为，人格是由自我、本我和超我三部分组成的一个整体结构。

（1）自我是指协调本我和超我关系的人格部分，自我遵循"现实原则"，根据现实的可能性，在本我和超我之间进行协调，以便实现和满足个体的需求。

（2）本我存在于潜意识的深处，是人格中最原始的部分，本我遵循"快乐原则"，代表人的生物性、非理性和破坏性的本能冲动，包括性本能和攻击本能（后来他又将其概括为生本能和死本能），本能构成了人格中的内驱力。

（3）超我是指人格中由后天社会化过程中形成的伦理道德部分，超我遵循"道德原则"，按社会期望与规范要求对个体的动机行为进行监督管制和调节。

该学说认为，三种人格成分相互联系、相互作用，处于动态中，若三者彼此之间交互调节、和谐运作，那么人格健全；若三者失去平衡，长期冲突，则会导致人格异常或变态。

（二）人本主义理论

人本主义理论特别强调个人的意志和尊严，主张人应该对其行为负责。这一理论的代表人物包括马斯洛和罗杰斯。

（1）马斯洛提出的"自我实现"的人格标准如下。

1）能对现实采取客观的态度。能理解并接受自然、他人和自己。态度自然、单纯和坦率。思维和行动能以问题为中心，而不是以自我为中心。

2）有独处和独立的需要；自主而不依赖环境；能欣赏生活，有持续的新鲜感；经常产生高峰体验；关心社会，同情和帮助他人。

3）能发展与他人的深刻关系。有民主作风，待人平等，虚心学习。能区分手段和目的，认为目的比手段更重要。富有哲理和幽默感；富有创造精神；持非奉承的态度，能坚持自己的正确观点。

4）有自我实现的效能感。自我实现是指一个人力求变成其能变成的样子。虽然自我实现者也并非没有缺点和不足，但他们更能敏锐地察觉和自觉克服自己的弱点，朝向自我实现的目标前进。

（2）罗杰斯提出的"机能健全人"的标准如下。

1）能接受一切经验。机能健全的人对任何经验都持开放的态度，认为一切经验都不可怕。他们不拒绝失败的经验，一切经验将正确地被符号化，并用以充实意识，因而，他们的人格更广泛、更充实、更灵活。

2）自我与经验和谐一致。机能健全的人的自我结构与经验相协调，并且能够不断地变化，以便同化新经验。机体在评定事物的价值时，总是以自己的经验为根据，不太容易被外界力量所左右。

3）积极发挥个性因素在行为中的作用。机能健全的人较多地依赖对情境的感受，常常根据直觉来行动，他们的行为既受理性因素引导，也受无意识的情绪因素制约。

4）有自由感。机能健全的人能够接受一切经验，他们的生活充实，信任自己，因而有选择如何行动的自由。他们相信自己能够掌握自己的命运，在自己的生活中有很多选择的余地，对如何实现自己希望的一切具有较高的自我效能感。

5）具有较高的创造性活力。机能健全的人表现出活跃的创新思维和创新性的活动取向，强调在创造性活动中实现自我的价值。

6）能与他人和睦相处。机能健全的人愿意给他人以无条件的关怀，同情他人，能与其他人保持和谐的关系，也容易受到他人的接受和欢迎。

(三) 行为主义理论

行为主义理论特别强调后天环境对个体人格形成的影响。早期的行为主义重视外显行为的强化，后期的理论更加关注个体的内隐认知和社会行为。其中，行为主义的学习理论主要从学习的视角探索人格的形成。

早期学习论的开创者主要有巴甫洛夫、桑代克和华生，他们从动物的外显行为中发现和讨论这些行为是如何形成的，并提出了经典的条件反射理论、操作性条件反射与强化理论及刺激反应理论等。

随着科学的进步，人们对传统的行为主义提出了质疑，并逐渐关注行为学习的内部机制的研究，传统的行为主义由此开始向社会学习理论转变。班杜拉的社会认知理论打破了以往行为主义理论中个体是被动接受者的观念，强调个人、环境和行为的相互作用，即交互决定论。至于是什么影响什么，这取决于每个变量的强度。如有的大学生在选择专业时，可能对某个专业很感兴趣，但是该专业就业很受限，学生在综合考虑后很有可能会放弃这个专业进而选择一个就业选择多的专业。

另外，观察学习是社会认知理论的核心。观察学习又称为替代学习或模仿学习，是指通过观察榜样的行为从而学会某种行为。班杜拉将观察学习的过程分为注意过程、保持过程、动作再现过程、强化动机过程四个阶段。同时，他对学习和表现做了区分，认为通过观察学到的行为并不一定需要表现出来，这取决于人们对结果的预期，而这种预期的判断则来自自我效能感。自我效能感是社会认知理论中的重要概念，班杜拉对自我效能的产生条件及其对行为的影响进行了大量的研究，认为行为的成败经验、替代性经验、言语劝说、情绪的唤起及情境条件等因素影响着自我效能的形成。

行为主义理论创建了可观察、可操作的理解人格形成的方法，尤其是后期社会认知理论的兴起大大扩展了行为主义解释的现象范围。

（四）人格特质理论

美国心理学家高尔顿·威拉德·奥尔波特（Gordon W. Allport）的人格特质理论（Theory of Personality Trait）认为，特质（Trait）是决定个体行为的基本特性，是人格的有效组成元素。所谓特质是指个体所具有的某种神经特性，换而言之，是具有使许多刺激在机能上等值，并发动等值形式的（意义恒定的）适应和表现行为的神经心理结构。

人格特质理论认为，每个人属于一定的人格类型，而人格类型是由一组特质所决定的。特质为人类所共有，不同强度的特质可能有不同情况的组合，由此形成了每个人独特的个性。人的行为主要是由个人所具有的强度不同、种类广泛、稳定的人格特质所调节的。特质组成了一个人的人格结构。奥尔波特将人格特质分为共同特质和个体特质两种。

共同特质是指全社会成员都具有的特质；而个体特质是指个体所具有的特殊的特质。世界上没有两个具有相同特质结构的人，只有研究个体特质才能了解某一个体。而且并非所有的个人特质都对人格起同样的作用，因此，他将特质又区分为首要特质（或枢纽特质）、中心特质（核心特质）和次要特质。首要特质是指个人生活中具有渗透性和占优势的特质，几乎渗透和影响个体活动的所有方面；中心特质（核心特质）是指具有相当概括性的重要特征；次要特质是指一些不甚明显、一致性和概括性都较差的人格特质。

美国心理学家卡特尔（R. B. Cattell）继承和发展了奥尔波特的特质理论，又将特质划分为表面特质和根源特质。他认为，表面特质是表面可观察到的行为；而根源特质则隐藏其后，是制约表面特质的潜在基础和人格的基本因素。一个表面特质都是由一个或多个根源特质引起的，而一个根源特质也可以影响几个表面特质。根源特质普遍存在于每个人身上，但各个根源特质在每个人身上的强度是不同的。根源特质必须通过表面特质的中介，通过因素分析的方法才能发现。卡

卡特尔的16种
人格特质

特尔运用因素分析的方法，最终归纳出16种根源特质，并据此编制了著名的16种人格因素问卷，这个人格测评的工具已广泛应用于心理学界、教育界和职业选择等领域。

奥尔波特以心理健康水平较高的杰出人士作为研究对象，从他们身上概括出成熟、健全人格的特征，具体如下：

（1）有自我广延发展的能力。人格健全的人主动积极地参加各类社会活动，自觉发展自己的各种潜能，兴趣爱好广泛，对环境变化和工作变化适应能力强。

（2）与他人关系融洽。人格健全的人具备对别人表示温暖、同情、理解和爱的能力，能与他人发展亲密的关系，但没有占有感，无嫉妒心，能容忍自己与别人在价值与信念上

的不一致。

（3）情绪上有安全感和自我认可。人格健全的人在内心可以接纳自己的一切，能耐受挫折、恐惧和不安全的情绪冲击，经得起不幸的遭遇，并且对自己也具有积极的意象。

（4）认知具有现实性。人格健全者能够准确、客观地知觉现实，并且能够实事求是地接受现实。

（5）具有自我客体化的表现。他们对自己的优点和缺点都十分清楚与准确，理解真正的自我与理想自我之间的差别，也知道自己看待自己与他人看待自己之间的差别。

（6）有一致的人生哲学。人格健全的人形成了个人专有的技能和能力，能着眼于未来，有长期的奋斗目标和工作计划，对工作有使命感，而且全身心地投入本职工作，努力使自己在某项工作中做出突出的成绩。他们有一种一致的定向，为一定的目标而生活，有主导的愿景和价值观。

（五）认知与社会认知理论

每个人由于都有自己独有的认知加工模式，面对同样的生活情境可能会有不同的行为反应。认知与社会认知理论就是从认知差异的角度讨论人格的相关理论。

认知与社会认知理论中的个人建构理论是由美国心理学家凯利提出的，他认为个体对客观存在的认识及其经验、观念等是影响人格形成和发展的重要因素。其中，个体对事件的预期引导其内在的信息加工过程，进而推动行为的发展。这种预测就是"构念"。构念是个人建构理论的核心，人们用它来解释自己的经验。如果由构念产生的预测与经验判断相符，那么这个构念就是有效的；如果不相符，则这个构念就需要被修正或抛弃。例如，当刚进入大学时，我们可能根据之前的经验，认为"大学里的学习是轻松的"，若之后的学习体验与"轻松的"这个构念相符，那么此构念就被证实，你就会继续使用这一构念；反之，若你在大学里的学习并不轻松，那么你就会放弃之前的构念，用其他构念来重新建构大学的学习生活。凯利认为这些构念往往是两极化的，我们倾向于用"不是……就是……"形式加以区分，当我们放弃"大学里的学校是轻松的"这一构念时，"大学里的学习并不轻松"这一构念已经随之建立起来。

对于我们所面对的事件，个体往往是运用过去的经验来组织和预测未来的情况，并决定哪些信息应该被注意，哪些可以被忽略，这样的组织性产生了个体差异，也体现着人格的特性。当然，我们的每次建构不可能都是成功的，多数时候需要形成新的构念来取代原来不合适的构念。因此，凯利认为健康人格应该是愿意评价自己的构念并验证自己对他人的知觉，及时抛弃、修改自己的核心构念系统，愿意扩展自己的构念系统。

丰子恺：不宠无惊过一生

四、人格障碍

人格是个体社会化的结果。所谓人格障碍是指因为多种原因造成的个体的人格正常发展过程出现偏差所导致个体性格、认知方式和行为模式明显偏离社会常态的一种异常状况。如果人格障碍是由脑病、脑外伤等躯体疾病所导致的，或继发于各种精神障碍的情形，一般称为人格改变。《中国精神障碍分类和诊断标准》（第三版）及美国《心理障碍的诊断和统计手册》（第四版）指出，可将人格障碍分为三大类：第一类以行为怪僻、奇异为特点，包括偏执型、分裂型人格障碍；第二类以情感强烈、不稳定为特点，包括冲动型、表演型、反社会型、攻击型人格障碍；第三类以紧张、退缩为特点，包括回避型、依赖型和强迫型人格障碍。

人格障碍者偏离主流文化的行为大多从青少年时期就开始显露，并缓慢长期持续发展至终身；人格障碍者的行为偏离大多涉及个体行为认知、情感、冲动控制、人际关系的多个方面，并具有稳定和长期的特点；患者对自己的人格缺陷和偏离行为大多无清晰的自知力，即使当事人感到痛苦，但很少有主动求医的动机；药物和心理辅导对于人格障碍者的治疗效果也十分有限；人格障碍者出现自杀和其他违纪越轨的行为较多见。

（一）偏执型人格障碍

偏执型人格障碍以无端猜疑和固执己见为特点，异常表现多始于成年早期。对挫折和遭遇过度敏感，对侮辱和伤害不能宽容，且长期耿耿于怀；多疑，容易将他人的中性或友好行为误解为敌意或轻视；思想、行为固执死板。常有病理型嫉妒，即无根据、怀疑恋人或伴侣不忠，具有过分自负和自我中心的倾向，无端夸大自己在家庭和社会上的重要性，把由于自己的错误或不慎产生的后果归咎于他人，从来不信任他人的动机和善意，认为他人存心不良，总感觉自己受到他人的压制和迫害，因人际关系紧张而常上告、上访和诉讼他人，而且不达目的不肯罢休。这种性格的人与家人不能和睦，在外不能与朋友、同事和谐相处，对人抱有敌意和过分警惕，他人只能对他们敬而远之。

（二）依赖型人格障碍

依赖型人格障碍在情感、决策和生活上极度地依赖他人。即使有较好的工作能力，但由于缺乏自信，自觉难以独立自主，不时地需要家人或他人的帮助。行为缺乏果断性，也缺乏自主的判断力，总是依靠他人为自己做出决策或指出方向。过分服从于他人的意志，感到自己无助、无能或缺乏阅历；经常把危机和责任推给他人，以应对逆境。

（三）强迫型人格障碍

强迫型人格障碍以过分的谨小慎微、严格要求、完美主义及内心的不安全感为特征。

有强烈的自我控制和自我束缚感。过分注意自己的行为是否正确、举止是否适当，行为死板、缺乏灵活性。自己给自己设置过多的规矩，极度地墨守成规，对任何事情都谨小慎微，顾虑多端，怕犯错误。有时给他人一种工作态度十分认真的错觉，他们还常要求家人或他人按照他认定的方式行事。本障碍男性多于女性，约70%的强迫症患者有强迫型人格障碍。

（四）焦虑型人格障碍

焦虑型人格障碍以一贯感到紧张、提心吊胆、不安全感强烈为特征，总是需要被人喜欢和接纳，对拒绝和批评过分敏感，除非得到保证被他人所接受和不会受到批评，否则拒绝与他人建立较深的人际关系。习惯性夸大日常处境中的潜在危险，而有回避某些活动的倾向，但无恐惧性回避。因常处于"不稳定"和"不安全"的焦虑情绪中，所以，患者对自己的生活方式和活动范围有诸多自我限制。

（五）反社会型人格障碍

反社会型人格障碍有行为不符合社会规范，经常违法乱纪，对人冷酷无情、仇视、易激惹、情绪暴躁、行为冲动的特点，缺乏同情心、缺乏责任感、缺乏羞耻心、缺乏愧疚悔改之心，也不会从中吸取经验教训，常把责任归罪于他人。往往在童年或少年期就出现品行问题，有长期和严重的不负责任的行为，无视社会规范和义务，常侵害公众利益，工作责任心差，经常旷课或旷工；经常说谎和欺骗他人，偷窃，有暴力行为倾向，常反复挑起或参与斗殴。对挫折的耐受性低，对他人漠不关心，不愿意承担经济义务，不赡养父母和子女，不能维持与他人的长久的关系，包括夫妻关系；常有虐待动物的行为。

（六）表演型人格障碍

表演型人格障碍又称癔症性人格障碍，以过分的感情用事或夸张的言行吸引他人的注意为主要特点。这种人富于自我表演性、戏剧性和夸张性的表达情绪，但情感表现肤浅和易变；爱慕虚荣，追求刺激和以自我为中心、自我放纵的活动；善变，爱挑逗；依赖性强，易受暗示，过分关心自己躯体的性感；经常需要别人的保证与支持；有时也善于玩弄或威胁他人。

（七）分裂样型人格障碍

分裂样型人格障碍以观念、行为和打扮装饰奇特、情感冷漠及人际关系明显障碍为特点。性格明显内向、孤独、被动和退缩，与家庭和社会疏远。行为怪癖而偏执，表情呆板，情感冷淡，不通人情，不能自然表达对他人的关心、体贴或愤怒。有明显的社会化缺陷，缺乏亲密的、信任的人际关系，几乎没有朋友，不参加任何社会活动，缺乏愉悦感，对他人的批评或鼓励毫无感觉。具有强烈的自我向性思维，但一般还能认知现实；有繁多的白日梦和幻想，但一般与实际不脱节。他们在表达攻击和仇恨上也显得无力；在面对紧张和遇到灾难时，反而表现得超然和满不在乎。

（八）冲动型人格障碍

冲动型人格障碍以情感爆发、伴有明显行为冲动为特征，易与他人发生争吵和冲突，有突发的愤怒和暴力倾向，对导致的冲动行为不能自控，故又称为攻击型人格障碍。对事物的计划和预见能力明显受损，不能坚持任何没有即刻奖励的行为，具有不稳定的和反复无常的心境，容易产生人际关系紧张或不稳定的情感危机，容易发生自杀、自伤行为。冲动型人格障碍男性明显多于女性。

（九）其他类型的人格障碍

1. 边缘型人格障碍

性格和行为举止怪异且不合群，但严重程度稍轻，社会功能受到一定的影响。

2. 被动攻击型人格障碍

虽然对领导或他人的仇视情感与攻击倾向十分强烈，但又不敢直接表露于外，虽然牢骚满腹，但表面又很依赖权威。对他人表面上唯唯诺诺，背地里却不予合作。以被动的方式表现其内心的攻击倾向，例如，故意晚到、故意不回电话和回信息，故意拆台使工作无法进行，顽固执拗，不听从调动，拖延时间，暗地里破坏和阻挠任务的完成。

3. 自恋型人格障碍

过分地自我关心、自我中心和自夸自尊。对无限的成功、权力、荣誉、美丽或理想爱情有非分的幻想。期待他人的欣赏，总希望有人特别对待自己，不能接受他人的建议和批评。以极端的眼光看人，喜欢指使他人，认为自己应享有他人没有的特权；缺乏同情心，很难理解他人的苦处和难处，有较强的嫉妒心。

任务二　大学生人格发展与塑造

一、大学生的人格特征

一般认为，大学生健康人格包括正确的自我意识、良好的情绪控制能力、积极进取的精神品质、不断创新的能力和和谐的人际关系。具体而言，大学生的健康人格应该包括以下几个特征。

（1）正确的自我意识。正确的自我意识是指能够了解自己、接纳自己，拥有合理的自我评价，自信乐观，不苛求自己。

（2）良好的情绪控制能力。良好的情绪控制能力是指具有调节和控制情绪的能力，经常保持愉快、满意和开朗的心态，对消极情绪能够合理地宣泄、表达和升华。

（3）积极进取的精神品质。积极进取的精神品质是指具有积极乐观、勇敢果断的品质；具有较强的意志力和坚韧不拔的精神，不断锐意进取、不断提高等。

（4）不断创新的能力。不断创新的能力是指善于思考、注重完善知识结构，努力培养想象力和独立思考的能力，逐步具备创造性的思维方式和能力。

（5）和谐的人际关系。和谐的人际关系是指具有与人交往的能力，能够与他人建立亲密关系，能理解他人、容忍他人与自己的差异和不同。

二、人格发展异常的表现与评估

（一）大学生人格发展的异常表现

大学生中的一些常见不良人格品质包括孤僻、自我中心、嫉妒、依赖、偏激、自卑等，这些不良的人格品质会影响大学生的心理健康，严重的还会导致心身疾病，危害社会。

1. 孤僻

大学生群体中或多或少存在着一部分较为孤僻的大学生。孤僻多见于性格内向的大学生，其主要表现是不合群，不喜欢交往，对周围的人怀有戒备心理或厌烦情绪，平时喜欢独来独往，疑心较重，神经过敏。孤僻的大学生不喜欢向同学和朋友倾诉自己的不良情绪，当这些情绪不断积聚起来之后就容易引起严重的心身疾病。

2. 自我中心

自我中心是指个体优先倾向于自己而非他人的人格特点。"以自我为中心"的大学生做事情完全从自己的角度和自身的需要出发，而不会去考虑他人的需要和感受，主要表现为自私和自负。自私的人在处理事情的时候往往首先考虑这件事情对自己有没有利益，好处大不大，而对同学和朋友遇到的困难、烦扰，对集体的事情漠不关心。自负的大学生一般表现为自以为是、任性固执，听不进他人的意见，甚至蛮不讲理。他们总是认为自己是正确的、没有缺点的，总觉得他人总是和自己过不去，和自己作对。

3. 嫉妒

近年来，由于一些大学生无法正确处理嫉妒心理而引发的事故越来越多，使学界对大学生嫉妒心理的研究越来越广泛。嫉妒者总把他人在才能、地位、境遇或相貌等方面的优越视为对自己的威胁，因而感到忧虑、愤怒和怨恨，于是，往往采用贬低甚至诽谤他人的手段来维护自己的自尊心和虚荣心，以求得心理上的平衡。嫉妒心有严重的危害性，嫉妒常潜藏在个体的内心，嫉妒者总是有意无意地掩盖它，结果使嫉妒者终日处在被揭露的焦灼不安、备受折磨的痛苦中。

4. 依赖

部分大学生身心发展不平衡，心理成熟落后于生理成熟。多数大学生在大学期间开始逐渐摆脱对成人的依赖，成长为独立的个体。但是，部分大学生依然存在着依赖心理，在生活上无法独立，在心智上还没有走向成熟，更不要说在经济上对父母的依赖了。

5. 偏激

偏激在认识上的表现是看问题绝对化，片面性很大，要么就全好，要么一无是处；在情绪上的表现是根据个人的好恶和一时的心血来潮去论人论事，缺乏理性的态度和客观的标准；在行动上的表现则是莽撞行事，不顾后果。偏激在大学低年级学生中更为常见。

6. 自卑

大学生的身心发展处于一个敏感时期，他们会因为学习、生活、家庭、外貌、性格和人际关系等方面受到挫折而产生自卑心理。对大学生自卑心理的一项调查发现，从性别来看，女生的自卑程度高于男生；而从年级来看，大三学生的自卑感程度最强。自卑这种消极的自我评价或自我意识，对心理健康和个性发展危害很大。怀有自卑心的人，对自己的能力和品格评价过低，看不到自己的长处或优势，处处觉得低人一等。有较强自卑感的人，往往悲观失望，总觉得他人瞧不起自己，丧失信心，处世消极。

任何人都不是十全十美的，大学生作为正在趋于成熟的优秀群体，其人格特质的一些方面也或多或少地存在问题。大学生只有充分地了解自己的人格特征，了解自己人格特性方面存在的问题，才能针对自己的不足和缺陷，在生活实践中不断加以改造和完善。

（二）大学生人格发展异常的评估

为了评估大学生人格发展的异常，心理学家常常研制一些工具，这就是心理测验。从内容上讲，心理测验主要有智力测验和人格测验。好的人格测验与一种好的智力测验一样，都需要有较高的信度（Reliability）和效度（Validity）。但需要强调的是，智力测验在评定人的智力差异时可以对不同的人做出高低不同的评价，人格测验则不能对不同的人的人格做出价值高低的评价，而只能就不同的人在同一人格维度上进行程度上的评价，例如，在卡特尔16PF测验中的乐群性上得高分者意味着乐群外向，得低分者意味着沉默孤独，但这不意味着高分者的人格高于低分者。

心理学家通常根据测验方式将人格测验分为自陈式测验和投射式测验。

1. 自陈式人格测验

自陈式人格测验是一种问卷式的人格量表，测验中有很多陈述性的题目，测验者根据题目中的陈述选择适合自己的选项。自陈式人格测验的陈述方式多为第一人称，相关内容均为假设性的行为或心理状态。常用的有卡特尔16因素人格测验（16PF）、MBTI职业性格测验、大五人格量表（NEO）、艾森克人格问卷（EPQ）等。

（1）卡特尔16因素人格测验（16PF）。卡特尔16因素人格测验（16PF）在高校新生普测中应用较为广泛，它也是伴随着卡特尔的人格特质理论发展起来的。卡特尔认为，人的行为之所以具有一致性和规律性就在于每个人都具有根源特质，他运用因素分析的方法最终得到了乐群、聪慧、自律、独立、敏感、冒险、怀疑等16种人格特质。卡特尔认为这16种特质代表着人格组织的基本构成。该测验除聪慧性量表的测题（采用二级记分，答对给分1分，答错给0分）外，其他各分量表的测题采用三级记分，各有a、b、c三个答案，可按0、1、2三等记分，最终得出各因素的原始分，再将原始分按常模表换算成标准分。1～3分为低分特征，8～10分为高分特征，可由此得出受测者的人格因素轮廓图。16个人格因素或分量表上的得分和轮廓图可以反映受测者人格中16种特种的情况及其整体的人格特点。同时，16PF也可以作为心理临床诊断的工具，反映受测者性格的内外向型、心理健康、人际关系、创造能力等方面的情况。因此，与其他类似的测验相比较，该测验是真正的多元人格量表。

（2）MBTI职业性格测验。MBTI职业性格测验在职业人格评估领域广泛流行，其测验结果可以帮助解释为什么不同的人会对不同的事物感兴趣并擅长不同的工作。MBTI职业性格测验以瑞士心理学家荣格划分的8种类型为基础并加以扩展，形成四个维度，每个维度有两个方向，共计八个方面，分别是外向（E）和内向（I）、感觉（S）和直觉（N）、思考（T）和情感（F）、判断（J）和知觉（P）。这四个维度两两组合就形成了16种人格类型。MBTI揭示了性格类型的多样性和由此导致的不同个体之间行为模式、价值取向的差异性，受测者可以根据性格类型找到最佳的职业定位并据此规划未来的职业发展。

（3）大五人格量表（NEO）。大五人格量表基于大五人格理论，由美国心理学家科斯塔和麦克雷在1987年编制而成，主要用于人力资源管理。这五种人格因素包括外向性、宜人性、尽责性、情绪稳定性、开放性。其中，外向性包含极端外向和极端内向两个方面；在宜人性分量表上得分高的人富有同情心、乐于助人，而得分低的人则为人易猜疑，常常对人抱有敌意；尽责性分量表则关注个体如何自律、控制自己，得分高的表明做事有计划性并能持之以恒，得分低的往往行为粗枝大叶，容易见异思迁；情绪稳定性分量表上得低分者表现出良好的自我情绪调适能力，不容易出现极端反应；开放性得分高者更喜欢独立思考，尝试新事物，由于大五人格量表的构件基础包含了有关品格的词汇或行为表现，因此，可以看到测试结果中对人格特点和行为描述有好坏之分，且无法解释人们为什么会有如此表现。因此，大五人格量表很少用于职业生涯规划管理。

（4）艾森克人格问卷（EPQ）。艾森克人格问卷有成人问卷和儿童问卷两种格式。其包括内外倾向量表（E）、神经质量表（N）、精神质量表（P）和效度量表（L）四个分量表。内外倾向量表分数高表示人格外向，好交际、爱冒险，情感易冲动；分数低则表示人格内向，好安静，喜欢按部就班的生活方式，情绪较稳定。神经质量表关乎情绪，分数高则可能反映焦虑、担心等强烈的情绪，有可能出现不理智的行为。精神质量表分数高可能表现出孤僻、不近人情等特点，喜欢寻衅搅扰、做奇特的事情，难以适应外部环境。效度量表测定的是受测者的掩饰性，这本身代表着一种稳定的人格功能。最终根据受测者在各量表上获得的总分换算出标准分 T 分，便可分析其个性特点。具体而言，各量表 T 分在 43.3 ～ 56.7 分为中间型；T 分在 38.5 ～ 43.3 分或 56.7 ～ 61.5 分为倾向型；T 分在 38.5 分以下或 61.5 分以上为典型。

2. 投射式人格测验

自陈式测验的施测过程和记分都较简单而客观，使用方便而经济，并可利用计算机来施测、记分和解释，但受测者可能会受到自己或社会期望的影响，按照自己或社会认为好的标准来回答，而不是按照自己的实际情况回答，而且受测者的回答依赖于其自身的意识，而人格有很多当事人自己不能觉察到的方面，自陈式测验就难以反映出来。为此，心理学家就设计了投射式人格测验。以下介绍两种影响最大的投射式人格测验。

（1）罗夏墨迹测验。罗夏墨迹测验（Rorschach Inkblot Test）是由瑞士精神医学家罗夏（Hermann Rorschach，1884—1922）于 1921 年编制的。该测验由 10 张不同的墨迹图片构成。当初制作这些图片时，是将墨汁滴于纸片中央，然后将纸对折使墨汁蔓延，形成对称但意义含糊的各种图形。罗夏用这些图片去试测不同的人，包括正常人和精神病患者，将那些能引起被试不同反应的图片保留，其余的舍弃，这样从数千张图片中选定了 10 张作为正式的测验之用（图 4-2）。测试时按照一定顺序，每次由主试出示一张，并问被试："你看这张图像什么？""它使你想到什么？"被试可以转动图片，从不同角度去看同一图形。测试以一位主试对一位被试的方式进行，主试是经过专门训练的人士，根据一套标准针对被试对图形的反应来记分和解释。评分主要依据以下三个方面。

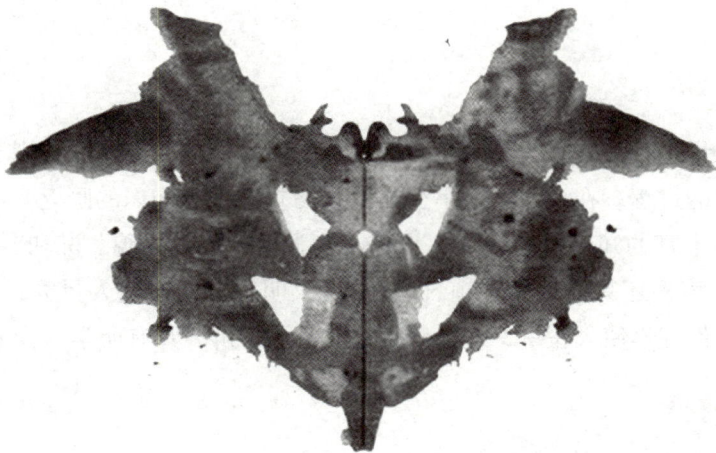

图 4-2 罗夏墨迹测验图片示例

1）部位，即被试反应的是整个墨迹还是一部分墨迹。

2）关键点，即影响反应的墨迹特征，是形状还是颜色，或是明暗、质地等。

3）内容，即被试将墨迹看成什么事物。

（2）主题统觉测验。主题统觉测验（Thematic Apperception Test，TAT）是由美国心理学家莫瑞（H. A. Murray）和摩根（C. D. Morgan）于1935年编制的一种投射测验。所谓统觉在这里是指根据先前的经验以一定的方式去观察和理解事物。主题统觉测验就是要求被试者根据自己的统觉来解释含义不明的图画。TAT由30张具有情境但主题不确定的图片构成，要求被试者根据卡片上的情境编故事，故事内容应包括以下几项。

1）图中显示的是一种什么样的情境，即发生了什么事情？

2）什么原因导致此情境的发生？

3）可能会有什么样的结果？

4）当事人的思想感受如何？

测验设计者认为，被试者在看图编故事时，通过描述和解释不确定的社会情境，就会不知不觉地将其内在的人格表露出来。

投射测验虽然有很详尽的评分手册，并且由专业人员来施测和解释，但评分仍然带有相当的主观性或直觉性，有关投射测验的信度和效度的研究结果还是不太令人满意。即便是两位专业人士也会对同一测验做出不同的判断。但投射测验仍然是有用的，只是应该将投射测验与个人生活史、其他测验的数据和行为观察联系起来解释。有经验的专业人员往往使用投射测验对被试的人格做出尝试性的解释，然后根据其他资料来决定接受还是抛弃这种解释。

三、大学生人格塑造策略方法

（一）丰富知识

高尔基曾经说过，人的知识越广，人的本身也就越臻完善。学习知识、增长智慧的过程也是人格优化的过程。在现实中，不少人的人格缺陷源于知识的匮乏。例如，无知容易粗鲁、自卑，而丰富的知识则容易使人自信、坚强、理智、礼貌、谦和。正如培根所说，知识就是力量，培根还具体地阐述道："读史使人明智，读诗使人灵秀，数学使人周密，科学使人深刻，伦理学使人庄重，逻辑修辞之学使人善辩，凡有所学，皆成性格。"

（二）锻炼意志

意志在人格特征中占有非常重要的地位。坚强或软弱的人格特征主要是以意志的发展水平为标志。因而，培养坚强的意志是人格塑造的重要内容和途径。不仅如此，意志的锻炼还可以直接促进其他人格特征的培养。无论是择优还是汰劣，都是一个艰苦、长期的过程，在这个过程中，意志力的强弱对人格塑造起着促进或阻碍的作用。只有坚持才可能成功，而"三天打鱼，两天晒网"终将一事无成。

（三）融入集体

人格发展和塑造的过程是人社会化的过程，是人与人、人与集体、社会互相作用的过程。人格在集体中形成，在集体中呈现。正如马克思指出的那样："只有在集体中，个人才能获得全面发展其才能的手段，也就是说，只有在集体中才可能有个人自由。"集体是人格塑造的土壤。

集体是一个人展现其人格的舞台，同时，也是一个人认识自己人格的一面镜子。通过个体与集体的交互作用，自己的某些人格品质受到赞扬、鼓励或受到指责、压制，个体会通过不同的社会认知进行调整，从而实现择优汰劣的过程。同时，集体能够促进彼此之间集思广益、互相帮助，促进个体优良人格的培养。因此，集体是锤炼人格品质的熔炉。

（四）从小事做起

春秋时期著名的思想家老子说过："合抱之木，生于毫末；九层之台，起于累土；千里之行，始于足下。"（译文：合抱的粗木，是从细如针毫时长起来的；九层的高台，是一筐土一筐土筑起来的；千里的行程，是一步又一步走出来的。说明万事起于细微，量变引起质变。）人格优化要从眼前的每件小事做起。一个人的言行往往是其人格的外化；反之，一个人日常言行的积淀一旦成为习惯就是人格。

小事不仅有塑造人格的丰富意义，而且无数良好的小事可聚沙成塔，最终形成优良的人格。如一个人的坚韧、毅力、细致、开明、热情、乐观，都是长期积累的结果。这就是荀子所说的"不积跬步，无以至千里；不积小流，无以成江海"。

（五）确定人格塑造的导向

人格塑造是为了优化人格（品质的优化和结构的优化），以促进人格健全。

人格塑造有两种基本方法：一是择优；二是汰劣。

（1）择优就是选择某些良好的人格品质作为自己努力的目标，如自信、开朗、勇敢、热情、勤奋、坚毅、诚恳、善良、正直等人格特征常被人们称颂，可作为人格塑造的依据。

（2）汰劣则是针对自己人格上的缺点、弱点，如自卑、沉郁、胆小、冷漠、懒散、任性、粗心、急躁等，大学生可以通过自己的努力，逐渐减少这些不良好的人格特质对个体的影响。

在多数情况下，择优与汰劣往往是同时进行的，择优的过程就是弥补不足的过程，而汰劣也是在培养优点。

（六）把握好人格塑造的度

人格发展和表现的度是十分重要的，否则会过犹不及。列宁指出："一个人的缺点仿佛是他的优点的继续，如果优点的继续超过了应有的限度，表现的不是时候，不是地方，那就会变成缺点。"因此，在人格塑造的过程中应该掌握好度。具体地说，应该是坚定而不固执；勇敢而不鲁莽；豪放而不粗鲁；好强而不逞强；活泼而不轻浮；机敏而不多疑；果断而不独断；稳重而不寡断；谨慎而不胆怯；忠厚而不愚笨；老练而不世故；忍让而不软弱；自信而不自负；自谦而不自卑；自强而不自骄；自爱而不自贵。

人格"度"的根据除某种人格品质应健康地发展，避免偏向外，还表现在不同性质的人格品质要协调地发展，即刚柔并济，对于"刚"者应多发展一些"柔"，对于"柔"者应加强"刚"，这样才能形成合理的、和谐的人格结构。另外，还要因人、因时、因事、因地表现人格特征，有时表现"刚"比表现"柔"更好，而有时则相反，有时应多表现自信，有时应多谦恭。也就是说，个体塑造出来的人格应有韧度，有较强的应变、适应能力，这样才能游刃有余，百折不挠。

人格健全的过程就是心理健康和心理成熟的过程。从某种意义上说，心理卫生的目标正是培养出具有健全人格的人。

项目五

"我的情绪我做主"——大学生情绪管理

📝 **学习目标**

知识目标：

1. 了解情绪的定义、分类与功能。
2. 了解情绪的分化和发展。
3. 熟悉大学生情绪特点。
4. 熟悉大学生中常见的情绪问题。

能力目标：

1. 能够掌握情绪 ABC 理论。
2. 能够掌握大学生常见情绪问题的产生原因。
3. 能够掌握情绪管理的内容。

素养目标：

培养大学生调适消极情绪和养成积极情绪的意识。

任务一　初探情绪

一、情绪的定义

　　情绪就字面上的意义而言可参考牛津英语大字典的解释："心灵、感觉或感情的激动或骚动，泛指任何激动或兴奋的心理状态。"在我国，以前的古代汉语中一般只用"情"字，到了南北朝以后，才出现"情绪"这个词。绪是丝端的意思，表示感情复杂多端如丝有绪。情绪表现在人们身上，它的形式有数百种，其间又有无数的混合变化与细微差别，因此，情绪是一个非常复杂的概念。

对情绪的解释，不同的心理学教材对此有不同的理解和认识。我们认为，情绪（Emotion）是人类对于各种认知对象的一种内心感受或态度。它是人们对于自己所处的环境和条件，对于自己的工作、学习和生活及他人的行为的一种情感体验。因此，情绪的概念又与情感的概念相对应。"情绪可以既用于人类也可用于动物，情感只用于人类。"事实上，情感（Feeling）是情绪过程的主观体验，是情绪的感受方面。情绪总是由某种刺激引起的，如自然环境、社会环境及人自身。引发情绪刺激的前提条件是这些刺激必须是认知的对象，由于认知对象会引发人的需要，进而就产生了人对认知对象的不同感受或态度。因此，情绪与需要总是相关的。需要的是情绪产生的重要基础。根据需要是否获得满足，情绪具有肯定或否定的性质。凡是能满足已激起的需要或能促进这种需要得到满足的事物，便引起肯定的情绪，如喜爱、愉快等；相反，凡是不能满足这种需要或可能妨碍这种需要得到满足的事物，便引起否定的情绪，如憎恨、苦闷、不满意等。

情绪总是在一定的情境中产生的，在不同的情境中情绪会表现出不同的体验特质。仅就情绪体验的性质而言，情绪表现为强度、紧张度、快感度和复杂度等几个维度。其中，情绪体验的强度主要取决于对象对人所具有的意义、人的需求状态和对自己的要求，它由此表现出不同的等级程度；情绪体验的紧张度通常与活动的紧要关头及最有决定性意义的时刻相联系；情绪的快感度是情绪体验在快乐或不快乐的程度上的差异；情绪体验的复杂度依从于快乐、悲哀、恐惧、愤怒等几种原始情绪的组合情况。

大学生紧张情绪测试

二、情绪的分类

（一）基本情绪与复合情绪

人们从生物进化的角度可将情绪分为基本情绪和复合情绪两类。基本情绪又称原始情绪，顾名思义，基本情绪是先天的，为人类与动物所共有，有着共同的原型或模式，拥有独立的神经生理机制、内在体验和外在行为表现，并有着不同的适应功能；复合情绪由不同的基本情绪组合而成。达尔文的《人类和动物的表情》提出人类存在六种基本情绪，即悲伤、气愤、快乐、厌恶、恐惧和惊奇。它们分别与特定的躯体状态相对应。而笛卡尔同样认为人类有六种原始情绪，分别是悲哀、恨、愉快、爱、欲望和惊讶，其他情绪都只是这六种情绪组合的结果。

很多心理学家都对基本情绪进行了分类，但普遍认可的是四种基本情绪，分别是快乐、愤怒、恐惧和悲哀。快乐指的是当一个人愿望实现和目标达成后内心的情绪体验，而愿望无法实现、达成目标受阻时会产生愤怒。当一个人试图摆脱、逃避某一危险情境但又无力应对时会产生恐惧情绪，而当失去心爱之物、理想破灭等，体验的则是悲哀情绪。这四种基本情绪的不同组合，形成不同的复合情绪。因而，复合情绪的种类繁多，一些可以进行命名。例如，恐惧、内疚、痛苦、愤怒的复合情绪可以命名为焦虑。

(二)积极情绪与消极情绪

按照情绪的体验性质和对人的活动影响来看，情绪可分为积极情绪和消极情绪两类。积极情绪包括快乐、热爱、欢喜、骄傲等情绪，由于积极情绪与满足个体的某种需要相联系，所以，会伴随着一种愉悦的主观体验，并能增强或提高人的积极性和活动能力；而消极情绪，包括恐惧、厌恶、悲哀、悔恨等情绪，由于消极情绪与无法满足某种需要相联系，所以总伴随着一种明显不愉悦的主观体验，并能减弱或降低人的积极性和活动能力。情绪状况对人的健康影响很大。中医中就有"余知百病生于气也，怒则气上，喜则气缓，悲则气消，恐则气下，寒则气收，炅则气泄，惊则气乱，劳则气耗，思则气结"(《素问·举痛论》)和"怒伤肝，喜伤心，思伤脾，忧伤肺，恐伤肾"(《素问·阴阳应象大论》)的观点。现代医学研究也发现，乐观者的机体免疫功能更好，乐观者的心脏受损概率较低，而悲观情绪者患心脏病的概率增加两倍，生活满意度与高血压发病率成反比，罹患疾病后无望感越高者，死亡风险则越大。

(三)心境、激情与应激

按照情绪发生的速度、强度和持续时间的差异，情绪还可以分为心境、激情和应激三类。

(1)心境。心境是指一种使人的整个心理活动都染上某种色彩的、微弱而持久的情绪状态。心境的突出特点是具有感染性。当一个人处于某种心境时，他会以同一种情绪倾向去看待他所遇到的事物和他所从事的活动，仿佛所有事物和活动都染上了同一种情绪色彩。例如，"感时花溅泪，恨别鸟惊心"就是诗人对消极心境下感知变化的绝好写照。

(2)激情。激情是指一种爆发性强烈而短暂的情绪状态。激情在极短的时间内突然笼罩着人的整个身心，个体常出现失去理智的激动和伴有剧烈的外显行为反应，但持续时间比较短暂。例如，暴怒和狂喜都是激情的表现。

(3)应激。应激是指在出乎意料的紧迫情况下，个体产生的快速的、不自觉紧张的情绪反应。心境、激情和应激也是个体对环境变化做出的相应的适应性反应。例如，应激有助于个体在突如其来的危机情境下做出迅速的保护性反应——逃跑或反抗或呼叫，机体瞬间调动了全部的力量以应付，如急中生智、当机立断都是适宜的应激反应；而目瞪口呆、手足无措、语无伦次，甚至大小便失禁或晕厥则是不适当的应激反应。

三、情绪的功能

人们的生活充满着情绪，有时欣喜若狂、有时焦躁不安、有时孤独恐惧、有时满腔怒火、有时悲痛欲绝、有时舒适愉快等。这一切使人们的生活时而阳光灿烂、时而阴霾密布、时而晦涩呆板，形成了一个纷繁复杂的心理世界。

情绪主要有动机功能、适应功能、信号功能、组织功能四种功能。

（一）动机功能

动机功能的关键词是"激励人的活动，提高活动效率"。既然是动机，就有高低之分，太高或太低都不利于活动效率的提高。同时，动机的作用还体现在心理与生理两个方面。心理动机可以使人产生适度的情绪兴奋，使身心处于最佳状态。动机与行为效率之间呈倒 U 形曲线的关系。生理动机对于生理内驱力有放大信号的作用，例如，人在缺氧的情况下，产生了补充氧气的生理需要，这种生理内驱力可能没有足够的力量去激励行为，但是，这时人的恐慌感和急迫感就会放大和增强内驱力，使之成为行为的强大动力。

（二）适应功能

适应功能的关键词是"有机体适应生存和发展"。有机体可以分为两类，即人和动物。动物在遇到危险时会发出恐惧的叫声，就是动物求生的一种适应生存的手段，对于这点不做赘述。

人的适应功能表现在通过各种情绪、情感，了解自身或他人的处境与状况，适应社会的需要，求得更好的生存与发展，人的这种适应功能在婴儿时期表现得最为明显。

婴儿出生时，不具备独立的生存能力和言语交际能力，这时主要依赖情绪（明显的情绪表现是哭泣）来传递信息，与成年人进行交流，得到成年人的抚养。

（三）信号功能

信号功能也称为社会功能，其关键词是"传递信息，沟通思想"。这种功能是通过情绪的外部表现，即表情来实现的。例如，当某人暴怒时，你可能会躲避，或碍于其身份而压抑自己的消极情绪，不表露出来。

综上所述，情绪是人们生存适应的第一心理手段，各个功能之间既有联系又有区别，但不是绝对的非此即彼的关系。了解情绪的功能和作用可以帮助人们更好地调节自己的情绪，更好地适应社会的生活。

（四）组织功能

组织功能是四种功能中比较抽象的一种，其他功能基本可以从名称中理解其作用，组织功能的关键词是"对其他心理过程的影响"。既然是影响，就有好有坏，同样地，积极情绪具有协调作用；消极情绪具有破坏和瓦解作用。

这里需要与动机功能进行区分：动机功能主要表现在驱动功能上，可以理解为正向驱动；组织功能主要分为促进和破坏两个方面，正负方向都包含。例如，当人们处在积极乐观的情绪状态时，容易注意事物美好的方面，其行为也会比较开放，愿意接纳外界的事物；而大部分人们处在消极的情绪状态时，容易失望、悲观，放弃自己的愿望，或者会产生攻击行为。

四、情绪的分化和发展

用生物学观点来解释情绪的历史最为悠久。早在 1884 年，詹姆士就开始尝试用外周神经系统的变化来对人们的情绪反应进行解释。

后来陆续有心理学家对情绪的早期生物学观点进行了修正，其中，20 世纪 70 年代伊扎德等提出的分化情绪理论成为当代生物学取向的典型代表。该理论强调情绪是一系列先天的神经过程，人们所有外在的情绪表达、内在的情绪体验都有着特定的神经生理基础。

20 世纪中期，人们广泛认识到认知对情绪发挥着建设性作用，相关理论观点也相继出现，如情绪心理学家阿诺德提出的评定兴奋学说、拉扎勒斯提出的认知三评理论。其中，拉扎勒斯的情绪理论将认知对情绪的作用发挥到了极致，认为认知评价是情绪产生的充分且必要条件，这个过程需要经过以下三个阶段认知评价。

（1）初评阶段：个体需对外在事件与自身的利害关系及其程度进行核实。

（2）次评阶段：个体需对自己是否能控制外在事件进行判断。

（3）再评阶段：个体需对外在事件对自身产生的情绪和行为反应的适宜性与有效力进行再核实。在这个理论中，情绪完全被解释为认知的结果，在这三个阶段认知评价中个体的情绪能力得以不断增长。

20 世纪 80 年代，情绪研究领域中开始盛行机能主义观点。人类无法直接观察内部的情绪体验，而且研究发现这一情绪体验与可观察的神经生理变化之间的关系并不一致，这一发现使机能主义者开始思考情绪并非简单的生理反应或行为表达，情绪能够帮助个体适应环境等，具备着进化论意义上的功能。机能主义观点认为情绪是一种行为准备状态，由多种心理过程组合而成，具备特定的、将个体和其所处情境联系起来的适应性机能。人们会发现，在户外遇到野狗，独自行走在漆黑的小路上，甚至是想象有个孩子独自走在漆黑的小路上都会倍感恐惧。虽然以上情境不同，人们的行为反应也不同，但人们都希望能改变自身与当前环境之间的关系。这正体现了情绪对个体与环境之间关系的适应性机能。

还有一种观点是社会建构理论对情绪的解释，这是对认知和机能主义两种理论观点的深入解释与整合、综合。它进一步提出：一方面，情绪是个体自身的内部建构过程，该观点与认知观点类似；另一方面，情绪更是个体之间的建构过程，该观点又与机能主义观点类似。弗格尔等提出的社会过程理论为情绪社会建构观点的典型代表。该理论认为情绪产生于个体从事某特定活动时所发生的一些动态过程的自组织的社会建构。这体现出情绪不再是个体内部的主观体验，不是零碎的生物模块的产物，而是由"情绪代言者"的交互作用，产生动态的社会建构的连续体。这里的"情绪代言者"是指一些富含情绪色彩的行为表现，个体通过这些行为表现与其他行为相互影响，进而保持或改变机体与环境之间的关系。例如，当父亲陪伴孩子玩耍、将其逗笑时，孩子微笑并会注视父亲的行为，期待着接下来会继续嬉戏等，发生在这一亲子互动中的行为都是情绪代言者，亲子互动的动态过程就是一个自组织的社会建构。

五、情绪 ABC 理论

合理情绪疗法是美国心理学家艾利斯创立的。他认为，每个人既有合理的思维，又有不合理的思维，人的情绪是伴随思维过程而产生的，由思维产生的认识和信念可以决定情绪的性质。人们大部分的情绪困扰都来自非理性的、不合逻辑的思维与信念。人们长期在内心对自己重复这些不合理信念时，就会导致越来越严重的不良情绪和不适应行为，最终导致心理障碍。艾利斯将人类普遍表现出的不合理信念归纳为以下三类。

（1）绝对化的要求。绝对化的要求是指人们从自己的主观意愿出发，认为事物"必须"或"应该"。例如，"我必须表现优秀""他人必须处事公正""生活必须完美无缺"。一旦现实与个人绝对化的要求不相符合，人就会感到沮丧，从而陷入不良情绪当中。

（2）过分概括化的倾向。过分概括化的倾向是一种以偏概全的思维方式，只凭个别事实就判定自己或他人的整体价值，每当出现不好的结果时，倾向于将自己或他人评价得一无是处、毫无价值，从而使个人经常陷入不良情绪中。

（3）糟糕至极的评价。糟糕至极的评价即只要有一件不好的事情发生了，就认为此时此刻便是最坏、最可怕、糟糕至极的时候，把自己逼到毫无回旋余地的绝境，陷入不良的情绪状态之中，难以自拔。艾利斯提出了 ABC 理论来解释人的情绪困扰和不适应行为的产生。

其中，A（Activating-events）是指诱发性事件；B（Beliefs）是指个人在遇到诱发性事件后产生的相应的信念，也就是他对这件事的看法、解释与评价；C（Consequences）是指在特定情境下，个人的情绪体验及行为结果。艾利斯指出，情绪（C）不是由某一个诱发事件本身（A）所引起的，而是由经历了这一事件的个人对这一事件的解释和评价（B）所引起的。因此，A 只是 C 产生的间接原因，B 才是 C 产生的直接原因，是 B 决定了 C 的性质。

例如，两个同事一起上街，遇到他们的总经理，但对方没有与他们打招呼，径直走过去了。这两个同事中的一个认为："他可能正在想其他的事情，没有注意到我们。即使是看到我们而没有理睬，也可能有什么特殊的原因。"而另一个却有不同的想法："是不是上次顶撞了老总一句，他就故意不理我了，下一步可能就要故意找我的碴了。"两种不同的想法就会导致两种不同的情绪和行为反应：前者可能觉得无所谓，而后者可能忧心忡忡，以至无法平静做好自己的工作。从这个简单的例子中可以看出，人的情绪及行为反应与人们对事物的想法、看法有直接关系。在这些想法和看法背后，有人们对一类事物的共同看法，这就是信念。前者在合理情绪疗法中被称为合理的信念；而后者则被称为不合理的信念。合理的信念会引起人们对事物适当、适度的情绪和行为反应；而不合理的信念则相反，往往会导致不适当的情绪和行为反应。人们坚持某些不合理的信念，长期处于不良的情绪状态中，最终会导致情绪障碍，也就是 C 的产生。

❯❯ 二十大速递

林丹："我是军门社区的女儿"

声音沙哑但铿锵有力，年过古稀仍热情不减，荣誉等身却低调务实，这就是党的二十大代表、"七一勋章"获得者——福建省福州市军门社区党委书记林丹。

从 1972 年到社区居委会工作至今，74 岁的林丹为社区居民奉献了大半生。她表示，自己所做的一切，是为了让群众生活和办事更方便、表达诉求的渠道更畅通、感觉更平安、更幸福。

不久前举行的社区居民恳谈会上，林丹开门见山地说："个别小区飞线充电屡禁不绝，加装电动车充电桩迫在眉睫。"居民代表及公安民警等在会上畅所欲言，对加装充电桩的数量、位置等达成共识。仅仅 3 天，新加装的充电桩就投入使用。

林丹创新设立的居民恳谈会固定在每月 10 日左右召开。翻开她的社区工作日志，小到一家一户的生活难题，大到社区治安、基础设施的改造，林丹都邀请人大代表、政协委员、政府工作人员、居民代表等协商解决。

"前两年我住的楼栋经常停水，林丹书记把这个问题拿到恳谈会上研究，经过与自来水公司反复沟通，终于圆满解决，大伙儿都很感激。"社区居民江婉芳说。

"一老一小"群体，涉及千家万户，关乎民生福祉。林丹整合各方资源，建立起了长者食堂、托管中心、养老照料中心，把社区打造成温暖的家。

临近中午，长者食堂内饭菜飘香，档口里摆放着炖堤鱼、玉米三鲜、红烧茄子等菜品。92 岁的林瑞珍老人来了，林丹端起一份搭配好的饭菜迎上前，搀扶老人坐好用餐。

军门社区现有 60 岁及 60 岁以上老人 1 200 多人，吃饭是不少独居老人的"头疼事"。长者食堂投入使用后，老人只需要交 10 元钱就能吃到一顿两荤两素的热乎饭。

每天上午 11 时许，林丹都会提前来到长者食堂，帮助行动不便的老人端菜。

待老人陆续吃上饭后，林丹又快步来到社区托管中心，放学的孩子们一声声"林奶奶好"让林丹喜笑颜开。家长每个月交 880 元，孩子每天就可以在托管中心吃午餐和晚餐，还有 4 名兼职教师辅导课业，这样，"一站式"解决了孩子接送、就餐难题。

"只要用心用情，就能把工作做到群众心坎上。"林丹说。

入党 37 年，从事社区工作 50 年，林丹先后获得全国优秀共产党员、全国五一劳动奖章、全国劳动模范等荣誉，建党百年之际她被授予"七一勋章"。林丹表示："我是军门社区的女儿，党和人民给我这么重的褒奖，就是要我当好居民的服务员。"

"一名党员，就是一面旗帜。"光荣当选党的二十大代表后，林丹深感重任在肩："这是党组织交给我的一份新考卷。""社区工作没有最好，只有更好。"林丹说，"我会永远以'赶考'的状态去工作。"

任务二　大学生情绪特点及其影响

一、大学生情绪特点

大学生正处于青春期向青年期的过渡时期，在生理发育接近成熟的同时，心理上也经历着急剧的变化，尤其反映在情绪上。相对于中学生来讲，大学生的情绪内容趋于深刻和丰富，情绪的表达趋于隐

课件：我的情绪
我做主

蔽，情绪的变化也逐渐趋于稳定。主要表现为：一是大学生随着自身的成长与发展，情绪状态逐渐趋于成熟，并接近成人；二是大学生在情绪上仍然存在着许多尚不成熟的方面；三是大学阶段，在情绪上所表现出的一些特殊的情绪反应（如矛盾性、两极性和想象性）。

具体而言，大学生情绪主要表现出以下几个特点。

（1）冲动性与爆发性。大学生的情绪特点还表现在情绪体验上特别强烈和富有激情。对任何事情都比较敏感，有时一旦情绪爆发，自己则难以控制，甚至表现为一定的盲目狂热和冲动。在处理同学关系、师生关系的矛盾时，在对待学业生活中的挫折时，常常容易走极端，给自己及他人带来伤害。

（2）波动性与两极性。大学生的情绪年龄正处于未成年人与成年人的转变阶段，在情绪状态上反映出两种情绪并存的特点。一方面，相对于中学阶段，大学生的情绪趋于稳定和成熟；另一方面，与成年人相比，大学生的情绪带有明显的起伏波动性，容易从一个极

端走向另一个极端。情绪有时会表现为大起大落、大喜大怒的两极性。

（3）矛盾性与复杂性。大学阶段正是大学生面临着许多重大选择的时期，常常会呈现出一种矛盾和复杂的情绪状态。例如，希望自己具有独立性和希望依赖于他人的需要同时存在；对自己既不满，又不想承担责任；既希望得到他人的理解，又不愿意接受他人的关心等复杂矛盾的心态。

（4）内隐性与掩饰性。大学生的情绪表现，虽然有时也会喜形于色，但已经不像青少年时期那样坦率、直露，不少大学生常会隐藏和掩饰自己的情绪，体现为外在表现与内在体验并不一致。这也无形中给大学生同学之间的相互交流带来障碍，使一些学生出现孤独和苦闷的情感困惑。

（5）想象性。有时大学生的情绪体验，还会出现陶醉于以前的某一特定的愉快情绪状态，或沉湎于某种负性的情绪状态之中，甚至会陷入某种想象的欢乐或忧虑之中而不能自拔。例如，有的大学生在一次运动会比赛中失利，而感到无地自容，后来竟然泛化想象为周围人都在轻视自己，产生了"处处都不如人"的不良心态。

（6）情绪延迟性及趋向于心境化。情绪心境化是大学生情绪的重要特点。中学时代的青少年的情绪特点，往往是受制于外界情境，随着情境的变化，情绪反应来得快，消失得也快；而大学生的情绪反应的发生，往往不会随着外界刺激环境的改变而随即消失，而是表现为一定的延迟性，趋向于心境化。

（7）情感体验更加深刻，更加丰富。大学生的情绪体验更加丰富多彩，并随着自我意识的不断发展，以及各种需要和兴趣的扩展而表现为更加丰富、敏感、细腻和深刻，更加带有社会内容的情感体验。

（8）外向、活泼、充满激情。大学生整体水平而言，在情绪特点上，表现为乐观、活泼、开放、热情、精力旺盛、积极向上、充满着朝气和激情。

情绪九宫格

二、大学生中常见的情绪问题

大学生由于人生阅历少，心理还没有完全成熟，当面临学业、情感、就业等来自社会和家庭等方方面面的压力时，会产生一定的消极情绪，如自卑、嫉妒、冷漠、抑郁、愤怒、焦虑等。

（一）自卑

自卑是一种消极的情感体验，是个体由于某种生理缺陷或心理缺陷，或其他原因所导致的消极自我认知体验。这也是大学生常见的情绪问题，主要源于自我评价过低、自信心不足、担心他人轻视而给予内心的消极心理暗示，一般伴有悲观失望、自暴自弃等情绪。

大学生的自卑主要表现：对自己的能力和品质评价过低，过分夸大自己的缺陷；对失败经验耿耿于怀、难以自拔，怀疑自己的能力；对他人的评价过于敏感，自我封闭；逃避现实，放弃本来可以达到成功的努力等。导致大学生产生自卑情绪既有主观方面的因素，也有客观方面的因素。

（1）客观因素主要体现在大学生自身成长环境和文化背景、经济条件存在的差异，个人先天条件的缺陷，家庭环境的不良影响等方面。

（2）主观因素主要体现在大学生理想自我和现实自我之间存在较大差距，自身的交际能力和环境适应能力较差，失恋或单相思等情感困扰等方面。

（二）嫉妒

嫉妒是对才能、名誉、地位等比自己强的人产生的不愉快和怨恨的情绪，是人际交往中普遍的一种心理反应。嫉妒者主观、敏感，整日关注那些超过自己的人，不是想更加努力去弥补差距，而是借助贬低、诽谤、中伤等手段攻击对方，为对方设置障碍，以求心理上的满足。

嫉妒对人身心多方面产生不良影响，使人心跳加速、心情抑郁、食欲减退、失眠梦多、身体消瘦等。由于免疫功能受到影响，嫉妒者往往抵抗力低下，容易患病。小说《三国演义》中，周瑜与诸葛亮才能相当，但周瑜心胸狭窄，嫉妒诸葛亮，千方百计要置诸葛亮于死地，结果被诸葛亮三气而亡，临终留下"既生瑜，何生亮"的感叹。

嫉妒者不但害己，而且害人。李斯因嫉妒同学韩非的才能，向秦王进谗言而将韩非害死于狱中，最终他自己也落得个被杀的结局。

巴尔扎说过："嫉妒者所受的痛苦比任何人遭受的痛苦更大，他自己的不幸和别人的幸福都使他痛苦万分。"嫉妒会严重影响大学生的人际关系，使自己处于烦躁、痛苦的情绪中。为了避免嫉妒，要改变认知观念，学会正确地对待，充实自己的生活，努力缩小差距。

（三）冷漠

冷漠是一种对人对事漠不关心的消极情绪。大学阶段应该是人一生中最多姿多彩、最富有热情的时期。然而，有的学生对一切都不关心，对什么都不感兴趣，不重视学习，不在乎成绩好坏，不关心集体，对同学冷漠无情，对周围的人和事无动于衷。

冷漠情绪的产生与个人的经历和个性特点有关，如长期的努力没有结果、好心受到误解、历经挫折、心灰意冷、思维狭隘、过于内向等。其实，冷漠的人有一种压抑感，他们的内心也很痛苦。

冷漠情绪既不利于身心健康，也不利于个人发展，因此，应消除冷漠情绪。要改变观念，建立良好的人际关系，寻求情感支持。

（四）抑郁

抑郁是指人们无力应对压力而引起的一种持续时间较长，且伴有情绪低沉、忧心忡忡的状态。一般表现为情绪低落、思维迟缓、缺乏活力、兴趣降低、自我评价降低等。

抑郁常常伴随着焦虑，对所有活动失去兴趣，渴望独处，同时，也伴随着个人思维方式的转变，这些认知改变可以是一般性的，如注意力不集中、记忆力衰退或很难做出决定等。在思考中可能有更多的心境转变，消极地看待世界、自我和未来。因此，抑郁的人很难回忆起美好的过去，他们会不适当地责备自己，以消极的心态看待自己，以及与自己相关的事，对未来感到悲观。与此同时，还伴随着身体症状，如经常感到乏力、起床变得困难，更严重时睡眠方式都会发生改变，睡得太多或早晨醒得太早，并且不能再次入睡。也可能出现饮食紊乱，吃得过多或过少，随之而来的是体重激增或剧减。抑郁是一种持续时间较长的低落、消沉的情绪体验，它常常与苦闷、不满、烦恼、困惑等情绪交织在一起。

一般来说，抑郁情绪多发生在性格内向、孤僻、敏感多疑、依赖性强、不爱交际、生活遭遇挫折、努力长期得不到报偿的人身上。那些不喜欢所学专业，或遭遇人际关系处理不当、失恋等问题的大学生也较容易产生抑郁情绪。对抑郁情绪一定要重视，长期处于抑郁状态容易导致抑郁症。

（五）愤怒

愤怒是指当愿望不能实现或未达到目的，行动受到挫折时，人们内心产生的一种紧张而不愉快的情绪反应。心理学研究表明，当愤怒发生时，可能导致人体产生心跳加快、心律失常、高血压等躯体性症状，同时，还会使人的自制力减弱甚至丧失，思维受阻，行为冲动，甚至做出一些后悔不已的事情或造成不可挽回的情况。

大学生正处于青春期，精力充沛、年轻气盛，往往不善于控制自己的情绪，容易激动、容易动怒。有的大学生可能会因一句刺耳的话或一件不顺心的小事情就大发雷霆、恶语伤人；可能因人际协调受阻而勃然大怒；可能因他人的观点或意见与自己不同而恼羞成怒。诸如此类遇事缺乏冷静的分析和思考，图一时之快、逞一时之强的表现，在一些大学生身上时有体现。这种情绪对大学生的影响是非常不利的，会给大学生的身心健康带来很坏的影响。

（六）焦虑

焦虑本身是一种正常的情绪状态，是人在面临不良处境时的一种紧张状态，可以视为人的一种行为内驱力和具有自我保护功能的适应性行为。适度的焦虑是正常的，可以成为推动个体行为的动力。作为一种情绪障碍而出现的焦虑，一般指的是过度焦虑而引发的失常情绪，伴随有紧张、不安、惧怕、嗔怒、烦躁、压抑等情绪体验。大学生焦虑过度会引发生理、心理、行为和认知等层面的症状。例如，在生理上表现为自主神经功能失调，出现呼吸困难、出汗、心悸、发抖、口干、肌肉紧张等症状；在心理上表现为持续性的精神紧张、不安、担忧、恐惧；在行为上表现为容易急躁、过度敏感、逃避行为等状态；在认知上出现注意力分散、思维混乱、记忆力下降、头脑失控等不良反应。引起大学生过度焦虑有多种原因，考试压力、激烈的人际竞争、对自己过高的期望值、对生活环境适应困难、对自己体貌的过分关注都有可能产生过度焦虑。在行为规范中，由于某些失当行为而引起的自责和罪恶感，如考试作弊被抓、陷入情感纠纷、不良竞争等，也容易引发焦虑。

三、常见情绪问题产生的原因

（一）个性等心理原因

个性对人的情绪情感反应强度和模式具有很重要的影响。中医早就认识到，即使是受同样的刺激和患同一种疾病，由于人的体质与性格的韧性不同，导致的结果也是不同的。所谓"坚脆不同，坚者则刚，脆者易伤"（《灵枢·五变》）。

一般认为，具有意志坚强、乐观开朗、幽默风趣个性的人对挫折的耐受能力和情绪的自控性较强。有人观察火灾现场发现：15%的人镇定自若，沉着应付；70%的人慌乱紧张，但仍能有效反应；15%的人精神过分紧张，惊慌失措，错误应对，可能导致悲剧的发生。认知心理学试验证明，情绪反应是否启动，以及情绪反应的类型和强度并不取决于刺激事件本身，而是与个体对刺激事件的性质、重要性和"好坏"的判断及预期有关。例如，有研究证明，在体育比赛中，获得铜牌的选手往往比获得银牌的选手更高兴，因为前者庆幸自己获得奖牌，而后者则遗憾没有拿到第一。

丧失是导致大学生情绪问题的一种常见的原因。如失恋，失去本来可能获得的奖学金、奖项、出国机会等，都有可能诱发较强烈的情绪。丧失对于当事人的严重性，并不在于失去的东西是什么，而在于当事人对所丧失的东西的认知评价和态度，在于当事人所赋予该事件的价值与意义。心理冲突也会导致情绪障碍，例如，专业选择自愿与服从分配、想退学复读与害怕父母不同意和给家庭带来经济压力等心理矛盾都会令个体处于痛苦、焦虑、抑郁等消极情绪之中。

（二）生物原因

研究显示，遗传因素影响个体的情绪反应模式，但又不是简单的对应关系。有关双生子的研究证明，具有某类遗传基因的个体对环境中的刺激较为敏感，容易诱发出较强的精神反应。出生仅两三个月的婴儿，其气质和行为特征具有明显的区别。在一项对141名从出生到5岁的儿童的纵向研究中，2/3的研究对象表现出三种一般的情绪活动模式：约40%的对象表现出适应性、积极的心境和正常的身体功能；而10%的对象在新环境中显得退缩，对环境变化的适应慢，表现出紧张反应，伴随身体功能的紊乱和消极的心境；约15%的对象对新环境适应慢，心境相当消极，活动水平极低。

情绪还与机体的神经递质、内分泌激素，甚至胃肠道菌群有关。神经递质的类型和数量对个体体验到何种情绪是一个非常重要的影响因子。神经递质有许多类型，根据它们的作用可分为"刺激"或"抑制"两种类型，如肾上腺素就是兴奋性神经递质，可以刺激机体更加兴奋紧张，γ-氨基丁酸和血清素等抑制性神经递质可以使机体降低焦虑感。边缘系统—下丘脑—垂体—肾上腺轴（LHPA 轴）是一个对于情绪情感变化具有直接影响的内分泌系统。研究发现，抑郁症患者的血浆皮质醇浓度分泌增加，失去了正常人夜间自发性分泌抑制的节律。性激素和甲状腺素对情绪的影响也非常显著。最新的研究发现，微生物—肠—脑轴不仅对人的食欲和新陈代谢有影响，而且会影响人的行为、思想和情绪。调节肠道菌群是治疗抑郁和焦虑的潜在方法。

（三）家庭社会原因

研究表明，家庭社会化过程及其生活经历极大地影响着大学生情绪情感的发展。在温馨和谐的家庭中，个体容易养成良好的情绪反应模式；而父母家族成员关系紧张，过于苛求或放纵的教养模式则会影响孩子的情绪唤起方式、程度和持续时间。例如，家庭缺乏应有的亲情氛围，家长不善于向孩子表达自己的爱，或家长之间也很少当着孩子的面表达爱意，会导致孩子缺乏对同理心、爱心的学习和模仿。情感匮乏就是指个体在童年生长环境中得不到亲情的对待而影响情绪行为发展的情形，以致个体丧失随情境需要而适度表达各种情绪的能力。虽然"问题家庭"的大学生并非都会出现情绪障碍，但有情绪障碍的大学生，大多可以找到家庭因素不利影响的烙印。

社会压力是导致大学生情绪问题的重要因素。压力是指一个人觉察到的某种真实的或想象的心理威胁，并且觉得自己无力应对时所产生的生理心理反应。适当的压力可以激发个体的斗志和积极学习的动机，但持续的或过强的压力将导致个体身体的疲惫和心力的耗竭。诱发大学生情绪情感问题的社会心理压力主要有学校人际关系不适应、学业压力、就业竞争压力、经济压力等。

任务三 情绪管理

一、认识情绪

随着现代解剖学和神经科学的发展，人们发现情绪来自大脑，各种情绪的产生有着各自的生理基础。总体来说，人类的大脑可分成两个部分：一部分叫作大脑皮层，主要负责思考、决策、计划等这些高级的认知功能，该部分也被叫作"理性的大脑"；另一部分叫作边缘系统，包括杏仁核、扣带回、下丘脑和海马等，主要负责情绪、记忆和学习等功能，这个部分被叫作"情绪大脑"。

人们的情绪是由边缘系统和大脑皮层共同产生的。边缘系统可以迅速产生本能情绪，而大脑皮层则负责理性判断，然后用理性去干预本能情绪。随着年龄的增长，大脑发育逐渐成熟，尤其是负责控制冲动、理性判断的大脑前额叶，要到25周岁左右才发育完全。因此，小孩会因为饿肚子或不高兴一直哭，而成年人会理性控制自己的情绪和行为。

一个完整的情绪体验过程包含生理唤醒（生理层面）、主观体验（认知层面）和外部表现（表达层面）三个层面。

（一）情绪的生理唤醒

心理学家发现，当人产生情绪体验的时候，身体也会有相应的反应。例如，紧张时，人会呼吸急促、心跳加快、血压升高、交感神经兴奋；抑郁时，人的心率和血流速度减慢。

（二）情绪的主观体验

例如，一个人的心情从兴高采烈到低落，再到烦躁，最后后悔得想哭，这个情绪变化过程，就是人的主观感受。

（三）情绪的外部表现

情绪的外部表现包括面部表情、肢体语言和言语表现。例如，一个人用语言对其他人表达抱怨时，如果当时我们在他身边还可能看到他生气的表情或烦躁不安的肢体语言，这些都是情绪的外部表现。

情绪的产生是这三个层面共同作用的结果，并且这三者是有一致性的。例如，一个假装悲伤的人，只有伤心的外部表现——面部表情或语言，却没有真正的内在主观体验和生理唤醒。

二、识别情绪

当前的大学生常常利用网络流行语"无语""裂开""丧""佛""emo"等词语来描述自己的情绪，这些表达提供了一种快捷的共情方式，使我们不需要投入真正的察觉和思考便可以收获一种广泛的情绪共鸣。与此同时，人们真正想表达的东西不知不觉地被隐藏在这些网络流行语的后面了。当人们用这些词语来描述情绪时，其实是将情绪一笔带过，不去深思自己在该情境中到底有什么样的感受或想法，更不会去探究这些感受或想法背后的原因，我们就这样错失了一个精准表达自己、向内探索自我的机会，从而无法从经历中获取经验。那么，如何做到识别情绪呢？我们先来了解一个概念——情绪粒度。

情绪粒度是指一个人区分并识别自己具体感受的能力。个体在情感体验和陈述上具有差异，高情绪粒度的人能将情绪区别得更细致入微，而低情绪粒度的人则相反。

一个人的情绪粒度可分为两个部分来理解：一是对情绪的感受，高情绪粒度的人，对情绪的体验更丰富、更细致入微，能更好地感受自己的情绪；二是对情绪的表述，高情绪粒度的人拥有更强的情绪表达能力，能够准确地描述自己的感受，而低情绪粒度的人相对无法精确地描述自己的感受。

例如，在遇到突如其来的自然灾害时，一类人会说："我感到很糟糕、很烦，说不清楚，就是糟透了的感觉。"而另一类人则会说："地震突然发生了，我一开始感到难以置信，然后看到多人受伤甚至有人当场死亡，我感到很痛苦、很难过；后来面对满目疮痍的家园，我觉得很无力，想哭又哭不出来。"前一种人是低情绪粒度的，他们并不能准确地描述自己经历了什么，而是用笼统的词汇来表达，如"开心""难过"；而后一种人则是高情绪粒度的，他们能用具体的情绪词汇来清楚地描述自己体验到的感受，而且能根据情绪发生的不同层次和顺序进行表述。

心理学家普遍认为，能识别自己的情绪并给它们打上准确的标记是情绪管理的开始，这也是提高情商的关键。如果你的大脑能够自动建构许多不同的情绪并细致地区分它们，那你的大脑就更能根据情况调整你的情绪，你也可以更快速地感知他人的情绪。当情绪发生时，你需要知道自己经历了什么，才能把握好自己可能出现的生理、行为反应，继而有的放矢地去应对每一种具体的情绪。你知道的情绪词汇越多，你对他人的情绪表述就越细致，越接近对方的真实情绪，在人际交往中也就能更加理解他人。

三、接纳情绪

由于受到很多客观因素的影响，很多人不愿意承认自己应有的情绪。例如，一个男人小时候受欺负，悲伤地哭了，周围的人会安慰他："男孩子要勇敢，男儿有泪不轻弹。"以后当相似的事情发生时，就迫使他隐藏起这种悲伤的情绪。可是生活中能引发悲伤情绪的事件太多，长期隐藏，极容易把这种悲伤情绪转换成其他的形式，如暴躁、易怒等。

四、表达情绪

表达情绪是一门高情商的技术，情绪表达不是问题，不合理的情绪表达才是问题。运用好情绪表达，不但可以缓解自身的压力，还可以拉近人与人之间的关系。人们在交往过程中会因为交往内容和方式的改变而体验到各种情绪，将这些情绪正确地表达出来，可以在表达自己感受的同时，增进彼此的了解，营造和谐的人际关系氛围；反之，错误的情绪表达将取得与之相反的效果。例如，我是一个小团队的领导者，当工作压力袭来时，会感到特别烦躁，如果我朝着团队里的人大发雷霆、狂轰滥炸，之后，团队里的每个人都好像看了一场戏，对开展工作没有任何帮助，这就是表达方式不合适。

常见的不合理的情绪表达主要体现在"情绪化"地表达情绪，这时的理性脑被情绪脑控制，情绪的强度非常大，以至于人更多是在歇斯底里地进行情绪宣泄，而不是恰当地表达情绪。所以，人们提倡表达情绪而不是"情绪化"地表达。

情绪管理要求人们在知己知彼的基础上合理地、恰当地表达情绪，建立良好互动的人际关系。合理的情绪表达包括接纳、分享、肯定等，即对他人的情绪做出及时反馈，与对方分享各自的感受，认可并有效引导他人的情绪。具体来说，情绪表达需要注意：什么时候表达？在哪里表达？对谁表达？如何表达？

总之，情绪表达的原则：非伤害性表达，时机恰当，评估对方当前的接受程度；只谈感受，不争道理；只表达自己，不评价他人；谁的情绪谁负责，不找替罪羊。

五、调控情绪

人的情绪发生改变时往往伴随着生理变化。例如，人在恐惧时会出现瞳孔放大、口渴、出汗、脸色发白等一系列变化。长期不愉快、恐惧、失望会抑制胃肠运动，从而影响消化机能。情绪消极、低落或过于紧张的人往往容易患各种疾病。同时，消极情绪会抑制人的行为能力，阻碍人们获得成功。鉴于消极情绪的严重危害，可以采用以下方法调控消极情绪的影响。

（一）转移法

转移法是通过主观努力将注意力从消极或不良的情绪状态上转移到其他事物上的一种自我调节方法。有研究表明，当个体发生情绪反应时，大脑会有一个较强的兴奋灶，此时如果建立一个或几个新的兴奋灶，便可抵消或冲淡原来的中心优势。当消极情绪出现时，听喜欢的音乐有助于放松心情，个体可能在快乐中忘记那些不愉快的事情，或者可以到户外去欣赏大自然的美景，在优美的景色中愉悦身心、陶冶情操，舒缓被压抑的心情。

（二）宣泄法

宣泄法是指采用一定的方法和方式，将个体的情绪体验充分表达出来。情绪的宣泄是平衡身心的重要方法，如果情绪得不到适当的宣泄，一直积压在心里，就会影响身心健康。从心理健康的角度看，不仅消极情绪需要宣泄，愉快的情绪也需要宣泄。当你遇到挫折或感到气愤时，你可以到野外或在不妨碍他人的场所尽情地大喊大唱、大笑大哭，还可以找一些事物作为发泄的对象。一些心理咨询和治疗机构会用布做成各种各样的人偶，当有些人因对他人不满而忧虑并前来咨询时，心理医生就让他们将那些人偶当成自己不满的对象，与这些人偶进行模拟对话，宣泄自己的情绪。这种方法取得了很好的效果。在校大学生可以通过跑步、唱歌等方式宣泄自己的情绪。另外，还可以通过写日记、谈心的方法将压抑在内心的苦闷发泄出来。

（三）自我暗示法

对每个人来说，不可能所有的需要都能得到满足。为了消除挫败感和由此而带来的不良情绪反应，要学会找出合乎情理的原因来为自己辩解。当情绪低落时，人的敏感性往往会增强，总感觉所有人都在与自己作对。在这种情况下，我们可以暗示自己："这几天我的情绪周期可能正处于低落的阶段，过几天自然会好起来。"考试失败时，可以用"胜败乃兵家常事"来进行自我安慰。有时候自我暗示是一种自欺欺人的行为，偶尔使用对缓解紧张情绪具有积极作用，但经常使用可能导致当事人不能正确认清现实、评价自我，也是不足取的。

（四）冷静分析法

遇到挫折时冷静分析，从客观、主观、目标、环境条件等方面找出受挫的原因，采取有效的补救措施。例如，要正确看待自己，遇到挫折时应先从自身去寻找原因。在战胜挫折时，要坚信"人无完人"，每个人都有长处和短处，要学会扬长补短。

（五）音乐调节法

听音乐是人们调节情绪的最常见方式之一。越来越多的研究表明，在大多数情况下，听音乐可以引发积极的情绪变化。

不同类型的音乐具有不同的功能。如果你想放松，可以听一些舒缓的古典乐曲；如果你想在体育比赛前给自己打气，最好听一些快速的电子音乐或嘻哈音乐；如果你想发泄怒气，可以听一些重金属音乐。

有研究发现，舒缓的音乐可以激活副交感神经系统（负责休息和消化的系统，与情绪有着密切关系，可抑制体内各器官的过度兴奋）。这将导致血压和心率的下降，同时促进重要器官的血液流动；令人愉快的音乐有助于减少身体疼痛和不适的感觉。

据古典音乐爱好者所说，巴赫抗躁动、海顿抗抑郁、莫扎特抗失眠、贝多芬抗萎靡、柴可夫斯基抗饥饿、马勒抗瞌睡、拉赫玛尼诺夫抗寂寞。

放松情绪 50 法　　　饮食与情绪

总之，音乐是一种很好的放松方式，它能让人们的身体处于一种更安静、更有活力的状态。

六、培养情商

情商主要是指人在情绪、情感、意志、耐受挫折等方面的品质。总体来讲，人与人之间的情商并无明显的先天差别，更多与后天的培养息息相关。情商是心理学家们提出的与智力和智商相对应的概念。情商的主要因素有以下五个部分。

（一）自我激励

自我激励依赖于完成任务的动机水平、兴趣和意志的影响，以及人生的基本信仰、明确的生活目标、乐观与自信的生活态度。自我激励的实质在于抱着希望想问题。因此，善于自我激励的人，能保持高度热忱完成任务。这种人做任何事情效率都比较高，因为自我激励是一切成就的动力。

（二）自我意识

自我意识是指认识自身的情绪。它是 EQ 的基础。自我意识的本领在于自我认知感觉、自我体验感受与自我监控情感。不了解自身真实感受的人必然沦为感觉的奴隶；反之，掌握感觉才能成为生活的主宰。掌握感觉是指客观判断自己的情绪，把握潜藏在身体内层的感受，并在感受基础上做出相应的反应和调整。

（三）人际沟通

人际沟通包含认知他人情绪，并能管理好人际关系。其中同情心是基本的人际沟通技巧，具有同情心的人较能从细微的信息中察觉他人的需求。同样，站在他人角度了解他人感受也能实现人际沟通。人际沟通还需要在交往过程中保持互利互惠的思想维系友谊，消除分域。一个人的人缘人际和谐程度是与领导管理能力直接相关的，充分掌握人际沟通能力的人常常是社会上的佼佼者。

（四）情绪控制

情绪控制的核心在于妥善管理情绪。情绪管理有赖于自我认识，并需要做出意志的努力。因此，情绪控制必须建立在自我意识和自我激励的基础上，它需要自我安慰、摆脱焦虑和不安。人每天在生活中免不了会出现好情绪和坏情绪，但关键是要看如何保持情绪的平衡，不致冲动，情绪控制就在于克制冲动。克制冲动既可以用"深呼吸"和"沉思"（即集中思索于某一令人愉快的环境）一类放松技术，又可以采用"重建"（即有意识地用建设性的态度对情况重新解释）与"冷静"（当思路理不清的时候，平息怒气，减轻沮丧和焦虑）的方法来处理。

（五）挫折承受能力

对失败的承受能力也是 EQ 的一个重要内容。这一内容在国外不作为 EQ 的指标，但在我国，情况有所不同。中国儿童受中国传统社会文化家长制的影响，独生子女从小养成依赖思想，在以后的学习、生活与工作中，失败的机会可能要比成功的机会多，在这种情况下，从小培养挫折承受能力就显得尤为必要。事实上，能承受挫折的人往往把失败归因为可以驾驭的因素，能从每次失败中总结经验，吸取教训。相反，消沉、萎靡、挫折承受力差的人则更容易把失败归因为不可控制的因素。因此，在日常生活中遇到的挫折比较多，这就要求我们从小就要培养好学生的挫折承受能力，使其尽快适应生活、适应社会，做生活的主人。

心理学家们认为，情商水平高的人具有以下的特点：社交能力强，外向而愉快，不易陷入恐惧或伤感，对事业较投入，为人正直，富有同情心，情感生活较丰富但不走极端，无论是独处还是与许多人在一起时都能怡然自得。专家们还认为，一个人是否具有较高的情商，与童年时期的教育培养有着密切的关系。因此，培养情商应从小开始。

项目六

"和谐人际的艺术"——大学生人际交往心理

知识目标：

1. 了解人际交往的内涵。
2. 了解人际交往的原则。
3. 熟悉大学生人际交往的特点与困惑。
4. 熟悉大学生人际交往的心理问题。

能力目标：

1. 能够掌握人际交往的重要意义。
2. 能够掌握人际交往中的心理效应。
3. 能够掌握大学生人际交往心理问题的原因。
4. 能够掌握大学生人际交往能力提高的方法。

素养目标：

提升大学生处理人际关系的意识。

任务一 认识人际交往

一、人际交往的内涵

人际交往是指人们在社会生活中交流信息、沟通感情、相互作用和相互知觉的过程。它主要表现为人与人之间交往关系的深度、亲密性、融洽性和协调性等心理方面联系的程度。

课件：和谐人际的
艺术

人际交往作为人们在情感上的相互沟通，的确是一个错综复杂的网络。根据形成交往的不同原因，可以将人际交往划分为以下四种类型。

（1）血缘关系。由于血缘关系和姻亲关系，如亲子、祖孙、夫妻、婆媳、叔侄、甥舅等关系，促使了人际交往的发生。血缘性的人际交往是最基本、最直接、最普遍的交往。

（2）地缘关系。共同的地理环境、历史文化和传统习惯，使生活在一起的人们形成共同的感情和性格，交往相对密切。地缘性的人际交往对社会的影响十分广泛。

（3）业缘关系。共同的专业、职业、行业、事业，如同学、同事、同行、战友等关系，使得人们为同一目标而交往奋斗。业缘性的人际交往在整个人际交往中占比最大，对社会的影响也最大。

（4）趣缘关系。由于共同的观念，包括相同的世界观、人生观、价值观、对事物一致的看法，或由于共同的兴趣爱好，如知己、朋友、模友等，人们相互理解，趣味相投而使得双方乐于交往。

无论何种类型的交往，都常常需要经历四个阶段，即定向阶段、情感探索阶段、情感交流阶段、稳定交往阶段。刚进入大学校园，每个大学生都会接触很多新朋友，与其交往过程中就会经历这四个阶段，并在各个阶段中慢慢形成好朋友、一般朋友等不同结果。

（1）定向阶段。定向阶段包含着对交往对象的注意、选择和初步沟通等多方面的心理活动。我们并不是要同所有人都建立良好的人际关系，而是有选择性的。在通常情况下，只有那些具有某种能引起我们兴趣的特征的人，才会引起人们的特别注意。在一个团体中，人们在人际关系方面会将这些人放在注意的中心。

注意也是选择，它本身反映着某种需要倾向。例如，在选择恋人时，某些与人们理想的情人形象相接近的异性，尤其会引起人们的注意。

与注意不同，选择是理性的决策；而注意是自发的、非理性的。人们究竟要将谁作为交往对象，并与之保持良好的人际关系，往往要经过自觉的选择过程。只有那些在人们的价值观念上具有重要意义的人，才会选作交往和建立人际关系的对象。

初步沟通是人们在选定一定的交往对象之后，试图与其建立某种联系的实际行动。目的是对他人有一个初步的了解，以便确定是否可以与之进一步交往，从而使彼此的关系发展获得一个明确的定向。初步沟通实际上是试图建立更深刻关系的尝试，因此，尽管人们所展露的个人信息是最表面的，但我们都希望在初步沟通过程中给对方留下良好的第一印象，以便使以后关系的发展获得一个积极的定向。

人际关系的定向阶段，其时间跨度随不同的情况而不同。邂逅而相见恨晚的人，定向阶段会在第一次见面时就完成。而对于可能有机会经常接触而彼此又都有较强的自我防卫倾向的人，这一阶段要经过长时间沟通才能完成。

（2）情感探索阶段。情感探索阶段的目的是双方探索在哪些方面可以建立真实的情感联系，而不是仅限于一般的正式交往模式。在这一阶段，随着双方共同情感领域的发现，双方的沟通也会越来越广泛，自我展露的深度与广度也逐渐增加。但在这一阶段，人们的话题仍避免触及对方的私密领域，自我展露也不涉及自己根本的方面。尽管在这一阶段双方关系已经开始有一定程度的情感卷入，但双方的交往模式仍与定向阶段相类似，具有很大的正式交往特征，彼此还都仍然注意自己表现的规范性。

（3）情感交流阶段。人际关系发展到情感交流阶段，双方关系的性质开始出现实质性变化。此时双方的人际关系安全感已经得到确立，因而谈话也开始广泛涉及自我的许多方面，并有较深的情感卷入。如果关系在这一阶段破裂，将会给人带来相当大的心理压力。在这一阶段，双方的表现已经超出正式交往的范围，正式交往模式的压力已经趋于消失。此时，人们会相互提供真实的评价性的反馈信息，提供建议，彼此进行真诚的赞赏和批评。

（4）稳定交往阶段。在这一阶段，人们心理上的相容性会进一步增加，自我暴露也更广泛深刻。此时，人们已经可以允许对方进入自己高度私密的领域，分享自己的生活空间和财产。但在实际生活中，很少有人能建立这一情感层次的友谊关系。许多人与他人的关系并没有在第三阶段的基础上进一步发展，而是仅仅在第三阶段的同一水平上简单重复。

大学生人际关系
测试

二、人际交往的重要意义

人际交往能力是现代社会人才应具备的重要素质，也是衡量一个人能否适应社会的重要标志。对于大学生而言，积极主动开展人际交往活动对于促进社会化的进程、个性发展与自我完善、身心健康发展、事业顺利都具有重要的意义。

（一）人际交往是大学生个性发展与完善的条件

人际交往活动是大学生个性发展和完善的条件。大学生在人际交往中加深对自己的认识，获得更多展示自己的机会，进而使自我得到发展和完善。正如法国作家巴比塞所说的："个性和集体配合起来，不会失去个性，相反，只有在集体中，个性才能得到高度的觉醒和完善。"大学时期是人生发展的关键期，是人的个性定格期，积极的人际交往有助于大学生培养良好的个性。和谐的人际关系将对大学生今后的家庭生活及个人事业的发展提供帮助。

（二）人际交往是大学生事业成功的保证

美国著名成功教育学家戴尔·卡耐基将专业技术称为硬本领，将处理人际关系的能力称为软本领，他认为，一个人事业的成功，只有 15% 是由于其专业技术，而另外的 85%

要靠人际关系和处事技巧。这也就是说，机遇偏爱有关系的人，一个人获得事业的成功，真才实学自然是必不可少的，但他人的帮助和支持也是不可或缺的。社会各界的成功人士大都有一个共同点，就是拥有良好的人际关系，并善于处理人际关系。人际关系是人与人之间信息与情感的传递过程。无论是组织还是个人，都需要和谐的人际关系。

（三）人际交往是保持大学生身心健康的重要保证

心理学家认为，人类的心理适应最主要的就是对人际关系的适应，人类的心理变态与人际关系的失调直接相关。良好的人际关系使人获得安全感和归属感，给人精神上的愉悦和满足，会促进心理健康；不良的人际关系使人感到压抑和紧张，承受孤独与寂寞，身心健康就会受到损害。所以，人际交往的时间越长，空间越大，人的精神生活就越丰富，得到支持与帮助的机会就越多，也就越能保持心理平衡。特别是大学生，通过与同学的交往，诉说各自的喜怒哀乐，能够增强相互之间感情的交流，得到理解、支持和关爱。亲密的交往和真挚的友情可以增大学生的自尊心，增强战胜困难、抵抗挫败的信心，减少内心的孤独感，缓解内在冲突。

（四）人际交往是促进大学生社会化进程的重要途径

人际交往有助于促进大学生社会化的进程。所谓社会化，是指个体经过与社会环境的交互作用而实现的发展自我、改变自我的过程。这是一个自然人成长为一个社会人的过程，每个人都会经历从一个只会吃饭、睡觉、哭闹的婴儿，到学会走路、穿衣、说话，再到学会社会所需要的知识、技能和规范的过程，不同层次的人际交往活动贯穿这个过程，推动着人的社会性的发展。人际交往是人社会化的起点，如果一个人长期处于与他人隔离的环境，被剥夺与人交往的权利，将会失去心智及人性。

三、人际交往的原则

人的行为都是在一定的观念指导下进行的。积极、全面而良好的交往认知是健康交往的基础。为了使自己的交往行为引起交往对象良好的反应，引发积极的交往行为。在交往中应该遵循以下原则。

（一）适度原则

一个人的人际关系不和谐，原因可能是多方面的，其中往往与其交际方式太死板、不留余地有关。因此，我们需要在交际中建立一个"弹性隔离带"，使自己、对方或双方都能获得更大的回旋空间，以减少或避免一些不必要的摩擦或伤害，这也就是人们平时所说的"适度"。适度原则主要包括以下三个方面的内容。

1. 与异性交往要适度

正常的异性交往有助于学生的身心健康、人格发展，能促进学习进步，而过分沉迷于与尚不成熟的异性交往，则会给学习和生活带来不良的影响。因此，与异性的交往要适度。

2. 交往的时间要适度

在人的社会性需要中，除交往、友谊外，还有工作、劳动、学习、事业等内容。学生的主要任务是学习，应将主要精力和时间放在学习上，防止过于重视交往而投入太多的时间和精力。

3. 交往的程度要适度

有的同学在交往中，关系好时形影不离，不分你我，一朝不和，即互相攻责，老死不相往来，这对双方的心理健康和人际关系都不利。对于人际交往，不必短期全线出击，炙热烫人；也不必利益稍有冲突，霎时势成水火。应该疏密有度，在交往中要保持一定的距离，把握一定的交往程序，发展健康良好的人际关系。

大量实践表明，为自己的交往增加一些弹性，给自己和他人都留有余地，有助于人际关系更加和谐。

（二）宽容原则

《尚书·陈君》上说："有容，德乃大。"苏轼说："匹夫见辱，拔剑而起，挺身而出，此不足为勇也。天下有大勇者，卒然临之而不惊，无故加之而不怒，此其所挟持者甚大，而其志甚远也。"雨果说："世界上最广阔的是海洋，比海洋更广阔的是天空，比天空更广阔的是人的心灵。"

天下没有两片相同的树叶，也没有两个完全相同的人。俗话说："尺有所短，寸有所长。"人的性格、特长各有差异，在处理人际关系中不能强求一致。人与人要和谐相处，就要有求同存异、相互谅解，不求全责备的宽广胸怀。既然自身都不完美，又怎能苛求他人完美无缺呢？在人际交往中，我们对他人的要求不要过分，不要强求于人，而要能让人时且让人，能容人处且容人。人非圣贤，孰能无过？一旦对方犯了错误，也不要嫌弃，应给他人提供改过的宽松条件，原谅他人的过失，帮助他人改正错误。古语说，"海纳百川，有容乃大""水至清则无鱼，人至察则无徒"。在工作和生活中，人们总是喜欢和那些宽容厚道的人交朋友，正所谓"宽则得众"。

（三）互利原则

在现实生活中，人与人的关系之所以会出现不和谐的音符，产生一些矛盾和摩擦，其中就与一方某方面的利益受损有关。因此，要有效地化解矛盾，消除摩擦，就不能太自私、"吃独食"，而应坚持"互惠"，追求"双赢"。如在交际心态上，不要只想自己享受，不让他人舒服，更不能以损人利己为快乐；考虑问题时不能只为自己着想而不为他人考虑，只顾眼前的利益而不考虑长远的利益；在双方意见不能统一时，可跳出"思维定式"，谋求一个折中方案；对利益有争议时，双方要坐下来诚恳地协商，必要时不妨都做出一定的妥协。人际关系要达到和谐，必须保持一定的平衡，任何一个好的关系都是双方受益，如果一方长期受损，这种关系是长久不了的。在交际中，只要人们肯让自己先退一步，肯为对方着想，肯在自己的底线上留有一定的弹性，肯与对方利益共享，共谋发展，那么，就一定能取得沟通的最佳效果，也一定能使人际关系变得更加和谐。

(四) 平等原则

每个人在人格上都是绝对平等的，交往双方必须以平等、尊重的态度与人交往，这是维持良好人际关系的前提，也是人的基本需要。同学之间不要因为家庭背景、成长经历和经济条件等方面的差异而对他人另眼相看，也不要因为学习成绩、社交能力、长相等方面存在差异而看不起他人。在公众场合，我们一定要给同学留面子，不能做有损对方颜面的事情。我们要尊重他人的"空间"，不能放纵自己强烈的控制欲而剥夺他人的自由空间。大学生处在生理和心理发育的特殊阶段，会比其他群体需要更多的关注和尊重，在心理上也需要获得更多的认同感，所以，平等尊重原则对他们来说显得尤为重要。

(五) 诚信原则

诚信原则是指在人际交往中诚实守信，言行一致。我国对交往中的诚信原则向来看得很重。如"一言既出，驷马难追""言必行，行必果"等，都强调了信用的重要性。人们最不能容忍的就是别人对自己的欺骗。没有诚信，人际交往无法深入，人际关系无法维持和发展。有人认为，在现代社会里，守诚信是一种愚蠢，其实不然。现代社会的交往更加广泛，更加追求互利性，同时，也具有暂时性和片面性。例如，现代社会生活中每天都在频繁地进行各种商品交易会、订货会、展览会、酒会等活动，使成千上万本来没有可能交往的人聚集在一起，使之发生交往。这种交往主要不是以感情为基础，而是靠诚信来维持。现代社会的人际交往更加依赖诚信的作用。

(六) 理解原则

理解原则，即学会"换位思考"。在现实生活中，人们总是习惯于从自己的主观判断出发为人处世，因而常导致一些误会的发生。所以，要达到彼此的认同和理解，避免误会和偏见，我们就要学会"换位思考"。所谓"换位"，即俗话说的"板凳调头坐"，就是要善于从对方的角度和处境认知对方的观念，体会对方的情感，发现对方处理问题的个性方式。只有设身处地多为他人着想，才能够最大限度地理解他人，从而找到相处的最佳途径及解决问题的恰当方法。孔子有言："己所不欲，勿施于人。"意思是自己所不想要的，不要施加到他人身上。也正如一位哲人所说："你希望别人怎样对待你，你就先怎样对待别人。"因此，交际中只要少一点自以为是，多一点换位思考，就会少一些误解和摩擦，多一些理解与和谐。

（七）尊重原则

渴望受到尊重是每个人的基本心理需求。在人际交往中，我们对所有的人，无论其地位高低，都应该给予应有的尊重。我们不仅要尊重他人的人格、个性习惯、地位、情感兴趣和隐私，还要尊重彼此存在的外显或内在的心理距离，不要轻易地去突破它、破坏它，否则就是对对方的冒犯，势必造成对方的戒备、反感和疏远。自尊心是人的心灵里最敏感的角落，一旦挫伤他人的自尊心，他们就会以十倍的疯狂、百倍的力量来与你抗衡。其实，做到尊重他人并不难，有时只需一个微笑、一句问候、一声敬称、一对善于倾听的耳朵、一张不刨根问底散布流言蜚语的嘴巴，就会给他人带来阳光和温暖；当然也会为自己带来真挚的友谊与和谐的交际。

四、人际交往中的心理效应

在人际交往中，交往的效果往往受到交往双方的交往技巧和交往方法的影响，也受到交往双方的个性、背景、价值观、态度的影响。同时，在人际交往中还有许多有趣的心理效应。

（一）首因效应

首因效应一般是指人们初次交往接触时各自对交往对象的直觉观察和归因判断，在这种交往情景下，对他人所形成的印象就称为"第一印象"或"最初印象"。首因效应对人的印象的形成起着决定性的作用。初次见面，人们会根据对方的表情、体态、仪表、服装、谈吐、礼节等，形成对方给自己的第一印象。

第一印象一旦形成，要改变它就不那么容易，即使后来的印象与最初印象有差距，很多时候人们会自然地服从于最初印象。在现实生活中，首因效应所形成的第一印象常常影响着人们对他人以后的评价和看法。有时人们会听见朋友抱怨："坏就坏在没有给他留下好的第一印象，印象已无法改变。"

由于首因效应的存在，第一印象在人际交往中具有重要的作用，因此，人们应该重视与人交往时留给他人的第一印象。为了塑造良好的第一印象，首先，人们应该注意仪表，衣服要整洁，服饰搭配要和谐得体；其次，应注意自己的言谈举止，锻炼和提高自己交谈技巧，掌握适当的社交礼仪。

初次印象是长期交往的基础，是取信于人的出发点。我们不仅要学会一些技巧，同时，与人交往是一件地久天长的事情，无论什么人都有可能成为好朋友，为了保持这份长久，最重要的是都应有一颗真诚的心。

(二) 近因效应

第一印象产生的"首因效应"，一般在交往初期，即双方还彼此生疏的阶段显得特别重要，而在交往后期，也是双方已经彼此十分熟悉的情况下，近因效应就发挥了很大的作用。

所谓近因效应，是指在多种刺激一起出现的时候，印象的形成主要取决于后来出现的刺激，即在交往过程中，我们对他人最近、最新的认识占了主体地位，掩盖了以往形成的对他人的评价。因此，也被称为"新颖效应"。多年不见的朋友，在自己的脑海中的印象最深的，其实就是临别时的情景；一个朋友总是让你生气，可是谈起生气的原因，大概只能说上两三条，这也是一种近因效应的表现。

在交往过程中，可用近因效应整饰自身的形象。例如，双方感情不和，在提出分手的时候，主动向对方示好甚至歉意，会出乎意料地博得对方的好感，甚至将以往的"恩怨"化解。

(三) 晕轮效应

晕轮效应也称光环效应，是一种以偏概全的认知信差现象，主要是指人们在与他人交往的过程中，常常从对方所具有的某个或某些特征出发，推论到其他方面特征的心理效应。在人际交往过程中，因为对方的一个优点或缺点而形成整体认识，就是一种晕轮效应。晕轮效应常会使人变得盲目，分不清楚对方的优点或缺点，无法全面客观地认识，会给人际交往带来一定的负面影响。因此，人们在与他人交往时，要经常提醒自己，从较为客观的角度去评价他人，尽量避免以偏概全。同时，也可以利用晕轮效应增加自身的吸引力。例如，与人交往时，可以让对方首先了解自己的优势，从而获得以肯定为主的积极评价。

(四) 投射效应

古代一位喜欢吃芹菜的人，总以为其他人也会像他一样喜欢吃芹菜，于是一到公众场合就向他人热情地推荐芹菜，成为一个众所周知的笑话。但是，生活中每个人都免不了犯类似的错误，"以己度人"在心理学上称为"投射效应"，即在人际认知过程中，人们常常假设他人与自己具有相同的属性、爱好或倾向等，常常认为他人理所当然地知道自己心中的想法。

美国的一位心理学家做过一个有趣的疤痕试验研究，即通过化妆将参与者画成了一个面目丑陋、脸上有一个长长疤痕的人，给参与者一面镜子，让他们看清楚自己。然后，研

究者把镜子搬走，对参与者说要在他们的脸上涂上一种定型药水，之后参与者被派到医院的走廊里，扮演候诊的病人。一段时间后，心理学家让参与者来评价过往的陌生人看到自己之后的反应，参与者们普遍的反应都是有些人看到他们的疤痕后窃窃私语，脸上还露出了鄙夷的神情等，这时研究者重新取出镜子，参与者惊奇地发现，其实他们脸上什么都没有。所谓的定型药水，只不过是研究者用湿布擦去妆容。但是参与者将自己对自己的厌恶投射到他人身上，认为他人的一言一行都与自己的疤痕有关。

"以小人之心度君子之腹"就是一种典型的投射效应。当他人的行为与我们不同时，我们习惯用自己的标准去衡量他人的行为，认为他人的行为违反常规；喜欢嫉妒的人常常将他人的行为动机归纳为嫉妒，如果他人对他稍不恭敬，他便觉得他人在嫉妒自己。

为了克服投射效应的消极作用，我们应该正确地认识自己和他人，做到严于律己，客观待人，尽量避免以自己的标准去判断他人。对方并不一定如我们所想象的那样，只有尝试了才会知道。

（五）定型效应

定型是人们对某一类人或某个社会群体所形成的一种概括而固定的印象，即刻板印象。定型效应则是指在印象形成过程中，刻板印象会使人们有意无意地对他人做类化认知，从而对总体印象的形成产生很大的影响。

人具有许多特性，如种族、民族、国籍、籍贯、年龄、性别、学历、职业、党派、宗教信仰等。在上述特性上相同的人们，由于长期生活在同一社会环境和自然环境中，心理与行为方面总会表现出一些共同性和相似性，这些相同或相似的特点被概括地反映到人际认知中，就形成了各种刻板印象。例如，人们通常认为，山东人豪爽不羁；江浙人温和细腻。商人精明世故；学者脱俗清高。

刻板印象在一定程度上反映了某一类人、某个社会群体成员心理和行为特点，具有一定的合理性和真实性。因此，它有助于人们简化认识过程，使人们有可能在获得少量信息时就对他人进行认知判断，形成印象和做出行为预测，为自己迅速适应人际交往环境提供一定的便利。但是，刻板印象的负面效应也是很明显的，最主要是准确性不高。因为它往往是在信息不充分、不全面的情况下形成的，难免"以偏概全"。它还忽视了同一类人或同一群体中人与人之间的差异，导致过度概括的错误。而且，刻板印象还具有较高的稳定性，很难随现实的变化而发生变化，这样就阻碍了人们接受新信息，从而产生成见。由于定型效应的影响，人们所形成的对他人的总体印象与该人的真实面目之间可能会出现很大的偏差。

（六）缺点效应

缺点效应是1978年美国社会心理学家阿伦森等人的一个经典研究，他们请一批学生对四个对象进行评价，四个对象情况分别为：第一个才能杰出、完美无缺；第二个与第一个大同小异，只是有点紧张打翻了咖啡杯；第三个表现平平；第四个与第三个基本相似，又和第二个一样打翻了咖啡杯。最后，请学生们对这四个对象进行评价，结果发现大家最喜欢才能杰出而且会犯错误的第二个人，其次才是完美无缺的第一个人，最不喜欢平庸还犯错误的第四个人。

人际交往中最讨人喜欢的是那些成功而带有一些缺点的人，而完美无缺的人未必讨人喜欢。所以，在交往中我们不必在意自己是否表现得完美无缺，不经意间暴露的一些小毛病、小缺点不仅不会影响我们的交往，反而让人觉得我们也和其他人一样，也会犯错误，也有平凡普通的一面，使人感到好接受，缩短人与人之间的距离，产生交往的安全感。

（七）互酬效应

互酬效应是指生活中那些相互帮助的人之间，总是交往比较密切，关系比较密切。在人际交往中，能力比较强的人，一般总是比较容易成为人们交往的对象；那些乐观、幽默、热情、豁达大度、乐于助人的人总是受人欢迎；同情他人、关心他人、能够听别人的倾诉、善于安慰别人的人往往朋友比较多；见识广、知识面宽、掌握信息多的人往往成为人们喜欢交往的对象。这是因为他们给人带来了帮助，带来了快乐，带来了感情上的满足和补偿，让人觉得与他交往有收获，能开阔眼界。但是要切记，单方面的"酬"，只能表现为单方面的受欢迎，只有双方的"互酬"，人际关系才能在密切的互动中逐渐深化。

任务二 大学生人际交往的特点和内容

一、大学生人际交往的特点

（一）交往内容多样

大学生交往的内容除专业知识外，还涉及文学、艺术、体育、政治、人生、理想、爱情和社会问题等各个方面。另外，大学的社团活动、聚餐、体育、娱乐活动及其他一些集体活动也丰富着大学生的交往内容。

（二）交往意识独立

大学生的独立意识普遍增强，不仅能理性地思考、判断、处理自身的问题，也会关心社会，批判地接受知识和看待其他事物，有着强烈体现个性的见解。在自我意识和社会关系相互协调的基础上，大学生开始树立个性，有自己的主张，用独立的人格和态度为人处世，积极自主地开展人际交往活动。

（三）交往范围广泛

大学生积极参与社会交往，以此来增长和积累社会经验。大学生跨过了"两耳不闻窗外事，一心只读圣贤书"的中学阶段，进入大学校门后，生活面扩大，接触的人也多样化，与社会的接触相比中学时更加频繁与密切，人际交往呈现出前所未有的开放趋势。

（四）交往能力增强

大学生开始学会在人际交往中运用温和的方式，主动适应各种性格的人，提升自己接受不同意见的能力，而且对社会、同性和异性的鉴赏能力不断提高，善于使用多种交往方式来扩展交往范围。大学生的交往对象由以前的家人、同学扩展到在社交场合认识的其他人，但生活的特性也决定着大学生的交往对象主要还是在校园里，通常围绕学习、娱乐、思想交流、感情沟通展开。

（五）交往愿望迫切

随着身心的成长和成熟及自我意识的增强，大学生人际交往的愿望变得迫切。他们力图通过交往丰富阅历、扩展眼界、充实知识、学习处世，并增加展示和锻炼自己的机会，希望通过交往获得他人的理解、关心和尊重。相对于中学，大学的课程较为轻松，因此，大学生有充裕的时间去思考和与人交往。

二、大学生人际交往的困惑

大学生青春洋溢、充满活力，他们往往有着强烈的交往愿望，希望能够与其他人一起分享自己的体验和感受，同时，也非常希望自己的友谊能够长久。但是，由于多方面的原因，大学生在人际交往中往往存在一些困惑。

（一）不愿与他人交往和相处

一些大学生受到成长环境的影响，自高自大、孤芳自赏，他们瞧不起人人，很少顾及他人的感受，也缺乏与他人合作的精神。他们通常以自我为中心，对周围的人和事从不关心。还有的大学生由于自卑、害羞、多疑、敏感等，从小就不善言辞，总觉得与人交往是比较麻烦或困难的事情，对他人缺乏必要的信任与理解，总希望独来独往。人与人只有相互帮助、相互支持才能生活得更美好。不愿意与人交往和相处也势必会给他们的身心健康及个人生活带来问题。

（二）缺乏交往的技巧和方法

人际交往是一门学问，也是一门艺术。很多大学生愿意与其他人交往，希望多一些朋友，但是由于缺乏必要的人际交往技巧和方法，往往事与愿违。在与其他人交往的过程中，有的同学过于生硬、刻板、木讷，有的同学不注意沟通的技巧、方法和原则，显得过于热情，还有的同学不注意时间和场合乱开玩笑，对他人不够尊重，甚至过于自我暴露等。他们虽然有与人交往的美好愿望，但是往往无法收获长久的友谊。

（三）缺乏交往的勇气和信心

有些大学生虽然有强烈的与同学交往的愿望，希望自己能够结交到一些知心朋友，但是个性、家庭背景、生活环境等多方面的不同往往使他们缺乏交往的勇气和信心。这些大学生总是担心自己在交往中不会被别人接纳，因此，他们往往在人际交往中处于被动地位，不能主动与同学交流自己的想法、分享自己的快乐。甚至有一些同学对人际交往存在一定的恐惧心理和不同程度的交往焦虑。与同学、教师缺乏正常交往，给这些大学生的学习和生活带来了很多烦恼。

（四）沉溺于网络交往，忽视现实交往

网络交往打破了时空限制，为大学生的人际交往提供了一种新的途径和体验。它扩大了大学生的交往范围，满足了他们多样化的交往需要。网络具有匿名性、虚拟性等特点，这使一些大学生沉溺于网络交往，渐渐忽视现实交往。特别是当一些学生在现实生活中受到挫折和打击时，他们往往不愿意寻求周围同学和朋友的帮助，而是通过网络获得帮助、关心，甚至通过网络发泄以寻求心理的慰藉和平衡。虽然这种形式的交往在一定程度上可以帮助人们渡过心理上的难关，但是长此以往，人们在现实生活中的交往技能将逐渐退化。因此，长期沉溺于网络的同学在现实生活中往往会有一定的人际交往困惑。

三、大学生人际交往的心理问题及原因

（一）大学生人际交往的心理问题及表现

大学生人际交往的心理问题及表现见表6-1。

表 6-1　大学生人际交往的心理问题及表现

大学生人际交往的心理问题	表现
泛化	把对方的某一优点或缺点无原则地加以泛化，所谓"一好（丑）遮百丑（好）"
逆反	对对方的言行不加分析地反抗和抵制，使双方关系紧张
随意	过于放纵自己的情绪，随心所欲，情绪变幻莫测，使人难以适应
自卑	总觉得自己不足太多，优势太少
恐惧	感到紧张、担心和害怕，以至于手足无措，语无伦次
自傲	总觉得自己优于他人，盛气凌人，自以为是，不愿意与人为伍
自恋	过分地自我关心、自我欣赏，抱怨他人不重视自己
害羞	过多地约束自己的言行，表情羞涩，神情不自然，不能充分表达自己的思想感情，比较被动
封闭	将自己的真情实感和欲望掩盖起来，过分地自我克制，使交往无法深入
嫉妒	对他人的长处和优势、荣誉和成绩十分不满，抱有憎恨情绪，冷嘲热讽
孤僻	行为怪癖、偏执，为人孤独，不愿意与人交往
支配	以满足支配欲为目的，拉帮结派，惹是生非，一旦对方不听其支配，便拒绝交往或施以惩罚
自私	以自我为中心，为满足自己的欲望，不顾他人的利益和需求
虚假	对人缺乏真诚，如逢人只说三分话、虚情假意等
敌视	仇视他人，厌恶他人，产生报复和攻击行为
敏感	对他人的言行过分敏感、多疑，往往容易痛苦和焦虑
刻板	喜欢把人按某种类型来划分，而不是根据这个人的本身
投射	"以己之心，度人之腹"，自己善良（自私）就认为他人也善良（自私）

（二）大学生人际交往心理问题产生的原因分析

（1）远离父母的孤独、陌生的环境，使大学生对"人际交往"产生前所未有的渴求。

（2）来自五湖四海的同学、朝夕相处的室友、不同年级的老乡、不同院系学生组织的校内团体，使大学新生的人际交往环境变得复杂多样。

（3）与此同时，分数已不再是唯一的追求目标，学生们思考的内容更为丰富，对人际交往中的细节也更为在意。

（4）近年来很多大学生都是独生子女，属"自我中心型"，凡事都想以自己的意志为转移，不顾及他人感受，缺乏包容心。

（5）在这个崇尚"吸引眼球"的时代，学生们往往过分关注自己的形象，总觉得自己一举一动都会引起旁人的注意，对别人的反应过于敏感。

（6）不能理解他人的交友原则，找不准自己的位置，缺少真诚的沟通与交流，因而觉得他人虚伪。

（7）缺乏交往的方法和技巧。进入大学之前乃至进入大学后，大学生的时间与精力大都倾注在学习上，再加上缺乏相应的环境和锻炼，他们交往技能贫乏，交往方式被动。

大学生在人际交往中存在的这些心理问题需要人们认真分析，合理调适，化解障碍。

人际交往三维理论

任务三　提高大学生的人际交往能力

一、充分有效的沟通

人际沟通是指人与人之间在共同活动中，彼此交流思想、感情、知识等信息的过程。人们通过沟通来表达感情，解除内心紧张，获得对方的同情和理解。

人际沟通不仅是维护和发展人与人之间关系的纽带，而且是个体心理正常发展的基础和必要条件。大学生人际关系中的许多问题都是关系双方缺乏充分、有效的沟通而引起的。生活中很多矛盾冲突刚出现时其实是很轻微的，但矛盾双方却因"面子"及其他一些不必要的顾虑而在彼此之间展开"冷战"，互不沟通，这些不必要的误会导致了矛盾的一步步升级，甚至是关系的最终破裂。如个体在自己的合理利益遭到侵害时，往往担心人际关系变坏而容忍下来，不能主动表明自己的态度。而个体不表态并不意味着他能够接受这种情形，其内心是不平衡的。大学生在遇到矛盾冲突时，一定要利用各种条件，灵活运用各种交流手段促进相互间的意见、情感沟通。只有双方间的误会消除了，才能使彼此之间的人际关系向健康、和谐的方向发展。

近体学

二、增加人际吸引力

我们可以运用一些技巧来增强自己的吸引力。例如，创造条件使双方在时空上更为接近，多找机会接触对方。了解对方的兴趣爱好、文化水平、个性特征、社会背景等各方面的信息，寻找彼此相似的因素，多谈论对方感兴趣的事情，对对方的观点、看法给予适当的支持。了解对方的需要和弱点，善于利用自身的优势满足对方的需要，弥补对方的缺陷。在交往中尽可能地展示自己的知识和能力，让对方感到你是一个知识丰富、聪明能干的人。注意仪表，学会微笑，表情丰富，掌握日常交往的礼仪，举止得体，"站要挺拔，坐要周正，行要从容"。最后，在交往中表现良好的个性品质，如热情待人、真诚关心别人、豁达大度、情绪稳定而愉快、自信开朗等。如果能从以上几个方面去努力，就会成为一个受人欢迎的人、一个有吸引力的人。

三、学会利用人际资源

我们常常感叹知音难觅。的确，从出生到现在，我们除有一些知心朋友外，还有很多点头之交，有些人天天见到，但是从来没有深入交流。但是，我们千万不要无视这些宝贵的人际资源，因为当人们遇到困难的时候，这些"陌生的熟人"很可能会带给人们意外惊喜。例如，求职时，如果你有一位师姐或师兄在你心仪的公司表现较好，而你在面试中又提及了这位师姐或师兄，那么这很有可能为你的表现加分。无论我们从事什么职业，只要学会合理利用人际资源，我们就已经在成功的路上走了很长的路程了。由此可见，拥有并学会利用人际资源对我们的成功非常重要。

在生活中，我们不仅要有几个知心朋友，更需要把握交往机会，不断扩大自己的交际范围，学会合理利用自己的人际资源。首先，我们要学会管理自己的"朋友档案"，不能有事情才想起向他人寻求帮助。平时没有事情时也要与他人多联系、多沟通。长此以往，陌生人就变成了熟人，熟人慢慢就变成了朋友。其次，我们要学会充分了解并合理利用每个人的特点，当需要朋友帮忙时，我们就不会强人所难了，而是会直接向那些真正有能力帮助我们的人求助，发挥这些朋友的特长，提高解决问题的效率。最后，我们与他人交往也不能带有太多功利色彩。如果我们总是一味地考虑他人能为自己做什么，而从来不为他人做任何事情，那么，我们宝贵的人际资源也很难发挥作用，当我们真正遇到困难时，很可能就会孤立无援、束手无策了。因此，在交往中还要把握互惠性这一重要的原则，即有来有往才称为交往。

四、学会解决冲突

尽管人人都期望朋友之间能够和睦相处，但有时往往事与愿违，朋友之间会发生一些不愉快的冲突。大学生学会自己解决冲突也是促进成长的必备环节。解决冲突的第一步在于使冲突各方保持情绪冷静。对冲突本身进行一次全面客观的分析：引起冲突的事件是什么，冲突的起因在哪里，必要时向别人请教自己的观念是否客观；可能的解决办法有哪些，又有什么利弊，选出对双方都有益的最佳办法等。互惠是有效解决冲突的首要原则，寻找将对双方的伤害降到最低、对双方利益最有保障的方法。解决冲突的关键往往在于沟通，学会与冲突的对方恰当、有效地积极沟通，共同协商，以达成相互谅解。学会宽容、学会理解也是有效解决冲突的重要原则。许多冲突都因误解而生，沟通有助于澄清事实，而冲突的最终解决有赖于双方的宽容和理解。

拓展阅读：冲突的管理

项目七

"爱与被爱"——大学生恋爱和性心理健康

学习目标

知识目标：

1. 了解爱情的相关理论。

2. 了解性的含义及性心理的发展。

3. 熟悉大学生恋爱中的常见问题。

4. 熟悉大学生正确的恋爱观。

能力目标：

1. 能够掌握爱情与友情的区别。

2. 能够掌握影响大学生恋爱的因素。

3. 能够掌握爱的各项能力。

4. 能够掌握性心理问题及调适方法。

素养目标：

培养大学生正确的恋爱和性心理健康的意识。

任务一　爱情的含义

一般来说，美好的爱情要经历一个萌芽、开花和结果的过程。男女双方培育爱情的过程，称为恋爱，按进程一般又可分为初恋期、热恋期、恋爱质变期（失恋或结合）。处于恋爱状态的男女双方会产生特别强烈的相互倾慕之情，通常呈现出以下明显的特征。

（1）恋人之间常有眉目之间的传情和语言的沟通。

课件：爱是一种能力

（2）恋人之间有美化对方，只见对方优点而不顾及其他的倾向。

（3）恋人有力图完善自己而与对方协调起来的倾向。

（4）恋人会在日常的一举一动里表达对对方的关心，有"一日不见，如隔三秋"的思念。

（5）恋人常会戒备对方被他人抢走，有独占对方的欲望。

爱情观的类型及
关系特征

一、鲍尔比的爱情依附理论

爱情依附理论将爱情与童年依恋联系起来进行研究。这一理论最早由英国精神分析师鲍尔比提出，他将习性学引入发展心理学的视野中，认为婴幼儿时期与主要照顾者建立的最原始的依附关系，会使个体形成一个持久且稳定的人格特质，这项特质会衍生为后来与依附对象的情感连接，在个体与异性建立亲密关系时自然流露出来。美国心理学家安斯沃斯进一步将依附关系区分为逃避依附、安全依附与焦虑/矛盾依附三种类型，这三种类型的差异表现在依附关系的互动中。美国心理学家哈赞和谢弗发现爱情关系中的许多特征与幼儿依附照顾者的行为非常相似，因此，他们将安斯沃斯的三种依附类型套用于爱情关系上，分出了爱情的三种类型。

1. 安全依附型

在这类爱情关系中，个体容易和他人亲近，可以自在地依赖他人，也愿意让他人依赖。与伴侣关系良好，对伴侣的信任度较高，愿意在沮丧或生病时向伴侣求助。在爱情关系中能够感受到较多的信任、亲密、承诺与满意感。

2. 逃避依附型

在这类爱情关系中，个体对伴侣持怀疑态度，在亲密关系中常感到不自在，对关系不信任，无法给予承诺，与伴侣保持距离，会尽量避免和逃避与他人建立深刻的爱情关系，更倾向于依赖自己。

3. 焦虑/矛盾依附型

在这类爱情关系中，个体常显现出极端的情绪反应，嫉妒感受强烈，想亲近伴侣又担心伴侣会离开自己。沮丧或生病时会求助伴侣，却往往不满意伴侣的回应，使伴侣感到他们太过依赖或严苛。个体在付出后也期待对方给予相同的回馈，希望与伴侣的关系是互惠的。在爱情关系中的信任与满意度都较低，爱情关系倾向于不稳定。

哈赞和谢弗经过研究后发现，三种不同的爱情依附类型在人际互动中会产生重大的影响。当然，这三种爱情依附类型并不是固定不变的，会受到各种因素的影响，例如，焦虑/矛盾依附型者与安全依附型者交往，将有助于焦虑依附型者在爱情关系上的稳定等。

二、斯滕伯格的爱情三元理论

校园里的爱情会有不同的表现，有的人爱得轰轰烈烈、浪漫奢华，而有的人却爱得平平稳稳、细水长流。这难免使人疑惑究竟什么才是爱情。这或许可以用斯滕伯格（Robert J.Sternberg）的爱情三元理论（图 7-1）进行解释。该理论认为，爱情由三个基本成分组成，即激情、亲密和承诺。

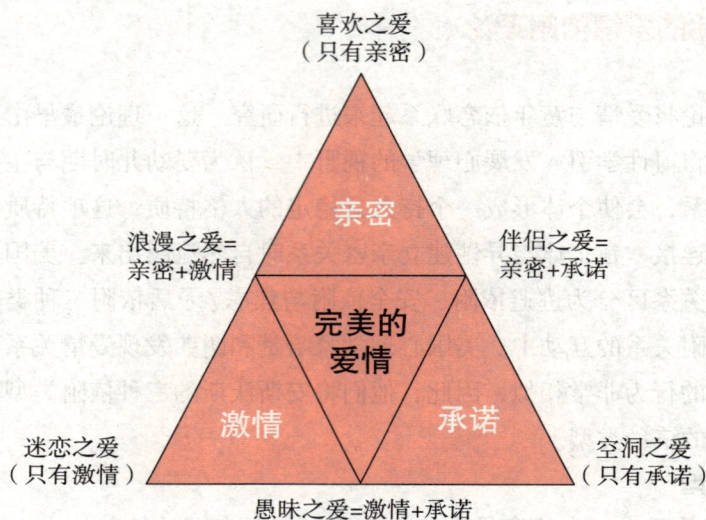

图 7-1　斯滕伯格的爱情三元理论

（1）激情。激情是一种强烈渴望与对方结合的状态。也就是说，见了对方会有一种怦然心动的感觉。性的需要是唤起激情体验的主要方式，如照顾、归属、自尊与服从等也是唤起激情体验的重要因素，属于爱情中的动机部分。

（2）亲密。亲密是指伴侣之间亲近与温暖的体验，是相互契合与归属的感觉，属于爱情中的情感部分。

（3）承诺。承诺是指与对方维持爱情关系的意愿与决定，属于爱情中的认知部分。承诺由短期承诺和长期承诺两个部分组成。短期承诺是做出是否爱一个人的决定；长期承诺是对伴侣之间的亲密关系做出持久性承诺。

斯滕伯格认为，激情、亲密与承诺三个因素在爱情中所占的比例会不断变动。根据这三个因素在爱情中所占比例的不同，爱情可分为 8 种不同的类型。

1. 浪漫之爱

亲密与激情的结合，没有承诺（图 7-2）。这种爱情重在过程，不在乎结果，双方在一起时很甜蜜，分手可能会带来刻骨铭心的痛苦。

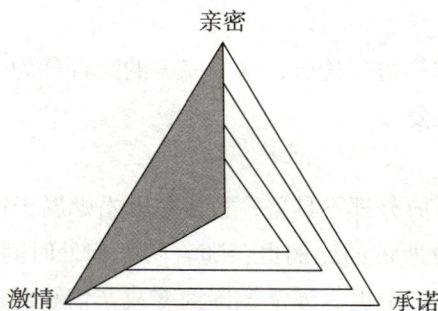

图 7-2 浪漫之爱

2. 伴侣之爱

亲密与承诺结合，没有激情（图 7-3）。双方的感情如细水长流般绵长不断，如长期稳定的婚姻关系，只有权利、义务却没有激情。

3. 愚昧之爱

激情与承诺的结合，没有亲密（图 7-4）。激情过后，双方常常很难继续这段爱情。没有亲密的激情，更多的是生理上的冲动；没有亲密的承诺，则像是爱情的空头支票。

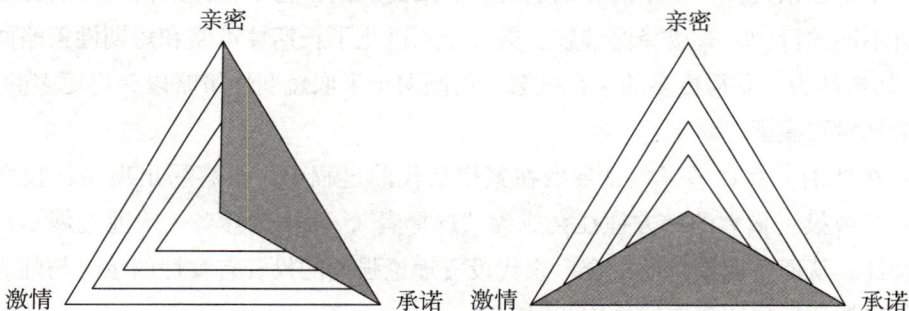

图 7-3 伴侣之爱

图 7-4 愚昧之爱

4. 迷恋之爱

只有激情的成分，没有亲密和承诺，认为对方有强烈的吸引力，对对方了解不多，也没有想过将来，如某些初恋或热恋。

5. 喜欢之爱

只有亲密的成分，没有激情和承诺，是两人之间的一种亲近、温馨的体验，但是缺少激情，双方也不一定愿意厮守终生，如异性之间的友谊。

6. 空洞之爱

只有承诺，缺乏亲密和激情。例如，依照父母之命、媒妁之言而建立的婚姻关系看上去丰满，却缺少必要的内容，大多"金玉其外，败絮其中"。

7. 完美之爱

激情、亲密和承诺构成等边三角形，这个完美的组合称为完美之爱。当然，在现实生活中，人们很难看到完美之爱。

8. 无爱

激情、亲密与承诺三种成分都不具备，很多包办婚姻属于这种类型。

另外，爱情中三个成分所占的比例也会随着两人相处时间的变化而发生变化。例如，两人在一起久了，激情会逐渐消退，爱情逐渐演变成亲情和对家庭的责任感，双方已然习惯了彼此的陪伴与依靠。

三、布卢纳特的进化理论

恩里克·布卢纳特从自然物种遗传进化的角度来分析人类的爱情。其观点主要有性策略、亲代投资模型、好基因模型等。

1. 性策略

性策略是在亲代投资模型的基础上发展而来的。两性为了得到所需要的资源或配偶会出现各自不同的行为方式或择偶偏好。男女分别进化了长期性策略和短期性策略两种"性策略"。如男性为了获得更多的生育机会，更倾向于采取短期性策略以获得更多的伴侣。

2. 亲代投资模型

男女在性别上存在差异，这导致在繁衍后代的过程中，很容易出现亲代投资上的差异。资源多或投资量大的一方往往会成为"选择者"，而被选择者一般通过展示自身优秀的外显特征，从而争取繁殖的机会。亲代投资理论强调的投资有女性的孕育与哺乳、整个成长过程中抚育后代所需要的物质和保护等。

3. 好基因模型

男女双方在择偶的过程中，"好基因"常常作为"生存力指标"，其常常表现为身体具有特定的吸引力。身体的吸引力越强，意味着个体具有更强的生存力。如果一方选择了具有特定身体吸引力的另一方，这意味着后代可能会遗传这种好基因，获得更强的适应性。

穆尔斯腾的爱情阶段论

四、爱情与友情的区别

在现实学习生活中，有不少大学生搞不清楚友谊与爱情，常有同学问：那个男生为什么总是帮助我们占座位、跑腿，总是围着我们转？为什么那个学生会的女生总是对我特别关心？在与异性相处的过程中，对方的一个眼神、一个细微的动作都会被赋予特别的意义，难道这些都是爱情吗？

友情是指朋友之间的交情。所谓"志同道合"才是友也。具有相同的认识、兴趣、爱好、性格特点的人，在相处的过程中，彼此看到对方身上有与自己相近或相似的地方，从而在内心产生更多的喜欢与想接近感，同时，在此过程中获得心灵与精神上的愉悦，这就是友情。此过程可长也可短，可以是两个人，也可以是多个人。友情结束，不会对人的心理造成伤害。

友情不同于爱情，它们的区别如下。

1. 对象的数目不同

爱情的显著特点是排他性。在爱情的世界里，只有男女双方，不允许出现第三方。爱情中的两个人均会不同程度地出现排斥，甚至是抗拒其他同性对自己爱慕对象亲近的心理倾向。此时可能会出现的行为有忌妒、诋毁、诽谤、伤害等。而当两者之间只存在友情时，任何一方都不会因为对方有另外交流或交往的同性或异性对象而烦恼。友情的圈子是开放的，每个成员都处于平等且互不约束的相同地位，可自由加入或退出。

2. 情感体验不同

爱情是一种激烈、深刻、冲动的强烈情感体验。所谓"刻骨铭心"，就是爱情情感体验的写照。古人描写"一日不见如隔三秋，三日不见如隔世"，生动形象地刻画出了热恋之中男女双方的情感力度及强度。与此相对应的是具有平和、深沉情感体验的友谊。即使再要好的朋友，在情感的力度及强度上也很难达到爱情的程度。一对好朋友几日不见，一般也不会出现难以自制的感觉。大学生可以从情感冲动的不同程度和表现形式不同来辨别所遇到的爱情或友情。

3. 爱情具有直觉性

所谓"直觉性"，即人们常说的"一见钟情"。当两人相遇时，在双方的内心往往会产生难以让人琢磨的直觉性，而正是这个直觉性，使彼此内心清楚地意识到能否产生爱情。友情通常是以双方兴趣爱好、性格特点为基本出发点，本着志趣相投、互惠互利的原则，在情感上产生的一种共鸣。友情一般不存在直觉性。

4. 外在表现形式不同

爱情是隐蔽的、私密的行为。恋爱的双方需要独处的空间和时间，不想表现给大众。即使是在集体活动中，也可以建立只有两个人才懂的交流方式，其他成员也会在两者的别样交流（行为）中觉察到他们的特别关系。友情则是一种公开的、没有任何回避的行为表现。在任何场合与活动中都可以淋漓尽致地表现，不会拘泥，不怕被大众观看。

区别友谊与爱情的
五条标准

任务二 大学生恋爱常见问题与调适

一、大学生恋爱中的常见问题

（一）单恋

单恋又称单相思或暗恋，主要表现为对某一特定对象一厢情愿的爱恋。单恋是爱情的准备阶段，但是也可能完全停留在这种状态之中而无法发展。这种单恋的对象既可以是自己生活中熟识的同学、朋友，也可能是萍水相逢、仅有一面之交的人，甚至是某些影视、文学作品中的人物。处于青春期的大学生在相遇时会因为对方的容貌、才华、品德行为、经济条件等产生爱慕，于是，自己有意单方面地点燃爱情之火、编织情网，把对方的举止看成对自己有意求爱的信号，一旦发现对方没有这个意思，往往蒙受失恋的痛苦，昼思夜想，影响健康，有的甚至会患上精神疾病。

单相思最大的心理误区是将心目中暗恋的人过于美化，看成十全十美。爱情应该是双方的事情，单恋虽然不乏真情实意，却是单方面的，得不到任何反馈，这会使某些大学生陷入痛苦的境地。他们通常在心理特征上表现出对单恋对象的强烈关注和幻想，而这一切又是在对双方毫无察觉或得不到对方认可和接受的情况下产生的，单恋者由此而产生强烈、痛苦的心理矛盾和冲突。单恋使某些大学生陷入痛苦的境地，处于空虚、烦恼，甚至绝望之中。如果处理不好，对以后的恋爱及婚姻生活都会产生消极的影响。

爱情错觉是单恋的另一种形式，是指在异性间的接触往来关系中，一方错误地认为对方对自己有意，或者将双方正常的交往和友谊误认为是爱情来临。有的单恋是由所谓的"爱情错觉"引起的，是指错误地以为某个异性爱上了自己。它的产生主要是受对方言行举止的迷惑和自身各种主观体验的影响。产生爱情错觉的人，大多数是由于自己爱上了对方，于是总认为对方也一定会爱上自己。在这样的心理支配下，当事人常常会把对方的言行举止纳入自己的主观需要的轨道来理解，造成对感情的错误判断，这就是人们通常所说的自作多情。这种"剪不断，理还乱"的单恋，会给个人生活带来很大的负面影响。

（二）多角恋

所谓多角恋是指一个人同时被两个或两个以上的异性追求，或自己同时追求两个或两个以上的异性并建立了恋爱关系。引发爱情纠纷的主要原因之一就是多角恋，多角恋实质上比单恋要复杂很多，由于爱情具有排他性、冲动性，因此，任何一种多角恋都潜伏着极大的危险性，一旦理智失控，就会给对方及社会带来非常严重的后果。

导致多角恋的原因有许多，主要原因有四个：一是择偶标准不明确；二是择偶动机不良；三是虚荣心强；四是盲目崇拜。

在两个人的爱情里面，需要双方都专一，多角恋极其容易引起纠纷，也极其容易发生冲突，导致悲剧的发生。由于多角恋本身是不符合道德规范的。所以，大学生选择恋爱对象时，应选择属于自己唯一的、忠于的恋人，善始善终。

（三）失恋

恋爱是幸福的，失恋是痛苦的，但是失恋并不代表失去了整个世界。失恋是指恋爱受挫失败。失恋引起的主要情绪反应是痛苦、悲伤及烦恼。经历失恋时，人们常常需要自己帮助自己，如果实在不能解决，就要寻求外界的帮助，同时提高自己的心理承受能力，增强自我心理的适应性，学会自我心理调节，从而达到心理平衡。

1. 面对

其实失恋不等于失败，而是一种成长测试。作为当代大学生，有理想、有抱负，应该勇敢地正面失恋的现实。互相爱才是真正的爱情，不能是其中一方的一厢情愿，而是应该尊重对方的选择。

2. 倾诉

失恋者被悔恨、遗憾、愤怒、惆怅、失望、孤独等不良情绪困扰，精神备受折磨，往往这个时候，我们更需要主动找朋友倾诉，减轻自我的心理负担。可以约朋友去咖啡店聊天，听一听他们的劝慰和评说，也可以自己写日记，记录自己的心情，这样也可以释放压力。

3. 移情

移情就是及时地、恰当地将情感转移到其他的人、事或物上。例如，失恋后，与好朋友倾吐苦闷，求得开导和安慰；或积极参加体育活动，转移注意力；或多参加实践活动，丰富自己的课余生活。

4. 豁达

失恋后，一定要告诉自己，失恋只是恋爱的一部分，失恋并不能代表什么。爱情不能强求，正如诗人徐志摩对待爱情的态度："得之，我幸；不得，我命。"失恋者要能够坦然面对失恋的现实，认真总结经验，努力完善自我，当美好的爱情再次出现在面前时，能够有准备地迎接。

5. 升华

尽快让自己从失恋的悲伤中走出来，将精力投入学习、工作、生活中，把失恋升华为一种向上的动力。歌德、贝多芬、罗曼·罗兰、诺贝尔等历史名人都曾饱受失恋的痛苦，他们没有被失恋打倒，而是战胜了自我，更新了自我。如果失恋者能正确对待和处理失恋，不仅能从中学习到爱的能力，还能更好地完善自己，提升自己。

恋爱观测试

总之，失恋者要恢复心理平衡，做好感情转移和空间转移，努力做到失恋不失德，不失志。

二、影响大学生恋爱的因素

（一）心理因素

大学生可塑性强、情绪波动大，面对情感问题的两难抉择，在理想与现实的天平上难以保持平衡。另外，人格特质、自我概念等也都是大学生恋爱心理的重要因素。不同气质类型影响着大学生恋爱的表达方式与程度，以及恋爱心理的发展。性格倾向不同的大学生在恋爱情感体验中所表现的也大相径庭。

（二）环境因素

恋爱在当今的大学校园不再是讳莫如深的话题，这是社会大环境和大学小环境共同作用的结果，具体表现在以下几个方面。

（1）大学生活不同于高中生活，大学校园里，少了父母、长辈的"束缚"和"监控"，家庭对于个体的影响也随之减弱，大学生觉得有了更大的自由与自主，对自己的恋爱问题持有相对较大的主见，可以自主地表达自己的喜怒哀乐。

（2）大学生摆脱了高中紧张的学习氛围和面临升学的巨大压力，大学较轻的学业负担和开放、自由的校园环境使他们有更多的时间与异性接触和交往，就会出现恋爱的行为。

（3）大学浓厚的文化氛围，使大学生可从多种渠道（文学作品、影视、网络、报纸、杂志等）获得有关恋爱的诸多信息，现今影视作品大多涉及谈情说爱的内容，而互联网上的信息更是鱼龙混杂。大学生通过电视、计算机、手机获取这些信息，不禁渴望尝试恋爱的滋味。

（4）在大学校园中，大学生朝夕相处在一起学习、生活，这既为大学同学之间深入了解对方提供了近距离和长时间的机会，也为他们发展友谊和培养感情创造了条件。

（5）同学中的恋爱相互影响，使恋爱心理相互感染，活跃了大学生的恋爱心理。高年级学生的恋爱行为会影响到低年级学生。因此，大学生恋爱之风似一股潮流席卷大学校园。

（三）生理因素

一个身心健康的人迟早都会对异性产生倾慕爱恋之情，生理动因是大学生恋爱心理产生发展的自然因素。我国当代大学生年龄一般在18～22岁，正值青春发育成熟期，即性萌发到成熟的时期，不仅是生殖系统，即性器官和内分泌系统在发育成熟，而且大脑中的性控制中枢与情绪中枢也正逐步成熟，这个时期大学生性本能欲求具有很强大的推动力，男女同学之间相容相悦，对异性产生好奇、好感、亲近的心理需要，产生了想与异性交往的欲望，引发其强烈的恋爱冲动，他们通过恋爱来满足这种欲求。

在这种过程中，存在生理上的变化及发育不适，例如，第二性征发育不良导致的外形缺憾，引发大学生对身体形象、性器官功能发育的不满和不适，觉得不如己意，希望改变，但又很难改变时，就会产生心理挫折感，引起如自卑、焦虑、忧郁等情绪障碍。同时，由于保守的传统性教育，以及缺乏完备的性知识，大学生将一些正常的性意识表现，如常想一些性问题、常出现性幻想、常做性梦、自慰等看作"犯罪"，出现性意识困扰，引发不同程度的心理冲突，表现为焦虑、烦躁、忧郁、厌恶、内心痛苦不安、恐惧及道德自责等，部分在此方面困扰严重的学生，出现失眠、注意力分散、害怕与异性交往，并常陷入苦闷困扰之中，从而影响其学习、生活等，甚至阻碍其自我的正常发展。

这些情绪障碍、心理反应都对大学生适切恋爱心理的确定造成了影响，可见生理基础是大学生恋爱心理发生发展的根本原因，也协调着大学生恋爱心理的变化及表现程度，进而影响着大学生恋爱心理的健康发展。

三、爱是一种能力

（一）鉴别爱的能力

在准备开始一段感情之前，首先要能够鉴别好感、友情与爱情，学会辨别爱情的真伪。大学生在与同学朝夕相处的过程中，对他人产生好感是正常现象，但这种朋友之间的欣赏、喜欢和信任等不一定是爱情。大学生要学会识别爱，避免因混淆了爱情和其他情感而使自己陷入困境，尤其要警惕那些动机不纯、目的不明确的虚假爱情，这样才能把握自己的感情方向，使爱情朝着健康的方向发展。

即使没有遇到自己心仪且适合自己的人，也不要急于发展一段恋情。有一些女生在家人与朋友的压力下，往往会担心自己步入"剩女"的行列。其实，在等待"他"出现的日子里，你正好可以多读一些书，多参加一些有意义的社团活动，发现并培养自己的兴趣、爱好，提升自己的内在修养与气质。相信在不远的将来，会有一个适合你的人，"执子之手，与子偕老"，这才是真正的幸福。

（二）表达爱的能力

表达爱需要勇气和信心。很多大学生苦恼于不知如何表达自己的爱，从而错失爱情。一个人爱上另一个人时，能否采用恰当的方式和语言向对方表达出来，往往也是爱情成功与否的重要因素。同时，人们应该知道表达爱是在表明一种爱的幸福，即使可能得不到回报，也满足了爱的心理需要。

（三）接受爱的能力

如果向你表白的人正是你心仪的对象，那么你可以欣然接受。有的同学非常开心，但是行动上却过于矜持，多次以冷漠的态度拒绝对方的表白，以考验对方的诚意。这种行为背后的信念可能是："我不能太主动，否则以后在恋爱关系中就会处于劣势""越矜持，就越高贵，对方就会越看重我""女孩子就应该像公主一样被追求""我的各方面条件都很好，他要高攀我，就应该多付出"……其实，这都是不成熟的爱情心态。建立在不平等基础上的恋爱关系不会持久，这样的行为也会使追求方产生误解，误以为两人不合适而放弃这份感情。

（四）拒绝爱的能力

拥有爱的能力的人不会对爱来者不拒，或者相处一段觉得不合适就简单拒绝。在大学生的恋爱过程中，确实有些人对爱情表述优柔寡断，面对他人示爱，理不清楚自己的思绪，既怕失去这个证明自己魅力的机会，又怕伤害对方，迟迟不能决断。拥有拒绝爱的能力的人，首先会本着尊重对方的原则，感谢其对于自己的这份真挚的爱。另外，还会抓住适当的时机，运用恰当的方式表明态度，与对方说清楚双方只能是一种怎样的关系存在，如只是同学、一般朋友。在表明态度时要坚决果断，不能给对方留有希望。有些同学觉得言辞太决绝会伤害对方，一时心软就会有意无意地做出亲密的行为，殊不知，这会让对方误解，以为还有机会，以致纠缠在情感中不能自拔。

（五）保持爱的能力

爱需要双方真正关心对方，理解对方的内心世界，以对方的快乐为自己的快乐。要保持爱情的长久，需要爱的智慧和持之以恒的奉献，同时，又不能失去自己的个性，要有自己的追求与发展。及时更新知识、善于沟通、相互欣赏是爱的重要源泉。保持爱情长久的能力，其实需要上面多种能力的综合。有爱的能力的人是健康的人，有自己独立的价值观，有自己的生活空间；他们不排斥他人，懂得尊重他人、关心他人；他们会尊重对方的选择，尊重对方的个人隐私，尊重对方的发展方向。同时，处理好恋爱与学业的关系，发展好与其他人交往的关系。将爱情作为发展的动力，也是保持爱情长久的能力。心中有美好爱情的人，会表现出积极的精神风貌，散发着生命的光彩，不断进取、积极向上，给人以美好的感受。

任务三　大学生性心理

一、性的含义

性是在生物进化过程中融贯个体的全部素质，以性器官和性特征为主要标志，以繁衍后代为原始意义的一种客观现象。人类的性是一种多维价值系统，性生理是人类性的生物学基础，性心理不仅是一个单纯伴随着性活动过程的神经精神活动，更是一种生命感受和独特的体验，这种感受和体验受意识形态、道德观念、文化沉淀等社会因素的制约，使性又具有社会学意义。

人类的性实际上是生物、心理、社会三者共同作用的结果。人类的性在表现过程中，一方面受性激素的影响，构成背景性性欲；另一方面受情感和道德因素的影响，构成应激性性欲。大脑综合分析来自视、听、嗅、味、触等各种感觉的刺激，并将是否喜欢、是否符合道德规范等是非标准融汇进去，最后决定性是否或如何表现出来。

总之，人类的性具有生物性、心理性、社会性三个方面的内涵，是生物、心理、社会三种因素相互作用的产物。

二、性心理的发展

食色，性也。性是人的两大本能之一。按照奥地利心理学家弗洛伊德的精神分析学说来理解，性本能或性欲是推动个体生存发展和心理发育的基本内驱力。弗洛伊德将这种与"饥饿"类似的本能力量称为"力比多"。他认为，在个体的不同发展时期，力比多的力量会投注或表现于躯体的不同部位，并以此为标准将人的性心理发展分为不同的阶段。每个阶段都有其特定的社会化任务，如果因为某种原因而导致社会化过程出现中断、缩短、变异、扭曲等不正常情况，则可能导致个体人格或性心理障碍，甚至是许多神经症的主要病理根源。了解性发展的知识，有助于人们认识性畸变的原因，改进对子女性教育的方式。

弗洛伊德认为，性心理的发展可以划分为口唇期、肛门期、性器期、潜伏期、生殖期五个阶段。

（一）口唇期（1岁以内）

婴儿一出生就懂得吸吮母亲的乳汁，这种持续大约一年的营养方式不仅满足了婴儿对营养的需要、吸吮带来的快感，还可以在母亲温暖的怀抱里感受到母亲心跳的节奏和安全感。弗洛伊德认为，吸乳乃是整个个体未来性生活所由起的出发点，是后来各种性的满足的雏形。

婴儿时期性满足的三大特征如下。

（1）它（性快感）的来源与身体中维持生命不可缺少的寻食功能密切相关。

（2）它尚不知有性的对象，是一种自体享乐。

（3）它的性目的受快感区的直接控制。

口唇期最大的心理危机是断奶事件，婴儿是否能平稳渡过断奶期间所带来的心理危机对以后性心理的发展具有深远的影响。这一时期个体所经历的社会化任务是建立对自己、他人和环境的信任感。如果这一时期婴儿被父母采用武断粗野的方式断奶，或被迫与父母长期分离，甚至被遗弃，个体成年后易出现对世界、对人际关系的不信任和怀疑态度，有对爱拒绝或害怕失去爱、难与他人建立亲密关系的人格倾向。

（二）肛门期（1～3岁）

弗洛伊德认为，肛门期的重要社会化任务是大人教育孩子对自己的大小便实现自由地控制，与此对应，孩子性的力比多转移到了肛门区，求取快感满足的肌肉动作从吸吮变为排便。

肛门期儿童心理发展的重点是获得独立性、发展自律性、学习表达敌意等负向情绪。如果受到父母的过分关照或严格要求，孩子的自律性发展和适应环境的能力将可能受到抑制。精神分析学说认为，那种故意将大便憋住不排出的孩子是顽劣的，其潜意识可能是用以刺激肛门区，以获得满足的快感。观察表明，神经症等心理障碍患者常常有着特殊的便秘问题，一些肛交偏好者也可能与这一时期的社会化不足和性心理发展的倒错有关。

（三）性器期（3～6岁）

性器期，儿童的性别认同意识渐渐出现，不仅对自己的生殖器格外好奇，喜欢展示自己的裸体，也对他人的生殖器和排便姿势好奇，对两性差异开始产生兴趣。例如，儿童会相互观察对方的生殖器，爱玩过家家的性游戏。弗洛伊德认为，性器期的男孩可能会产生一种阉割情结；而女孩则因为发现自己没有阴茎可能深感欠缺，或嫉妒男孩，或产生想成为男人的欲望，如儿童的这些情结处理不好则可能成为以后神经症或易性癖的成因。这一时期，儿童的性力比多主要集中在性器官上，社会化的重要任务是羞涩心、两性区别意识和性道德感的建立。这时妥善解决孩子与父母的分床睡、性安全的自我保护意识教育尤其重要，父母不注意自己性行为隐私性的情境可能会诱发孩子的性早熟，也可能成为以后孩子出现窥视癖等性反常现象的诱因。孩子与父母分床的时间最好在学龄前，如果太晚可能意味着孩子对异性父母的一方有较强的依恋情结，即女孩形成恋父情结或男孩形成恋母情结，这将不利于以后孩子与配偶亲密关系的建立。

(四) 潜伏期 (6～12 岁)

潜伏期的特点是性兴趣下降，开始发展对学校、游戏同伴、体育运动等新的兴趣，乐于学习，富有好奇心，有坚强的毅力。潜伏期没有发展好性心理，就会出现不足感和自卑感等消极的自我概念，在学习方面不适应，对批评采取防卫性反应，出现性别角色认同障碍且依赖性强。

(五) 生殖期 (12～20 岁)

生殖期男女性器官和性生理发育迅速加快，男孩开始出现遗精，女孩出现月经现象，男女之间可能会出现恋爱。然而，这时青少年的性心理尚不成熟，对性冲动的自制力较弱，这是一个处于尚需依赖父母和想摆脱父母控制寻求独立的矛盾冲突时期。这一时期的社会化对于建立接纳自己的自我认同感，建立性别角色行为非常重要。如果出现社会化不足，则可能导致性别认同障碍或出现不稳定的自我认同感或认同危机。弗洛伊德认为："男女性特征的明显分化始自青春期。分化的结果对以后人格的发展，与别的因素比较起来，有着决定性的影响。"因此，性教育的黄金时期是一个人的青少年时期，因为性意识的可教育性将随着个体性本能的完全发动而失去作用。

三、呵护性心理的健康

(一) 大学生的性心理问题

1. 性自慰焦虑

自慰是大学生尤其是男大学生释放性能量的方式，可是许多大学生由于对性的认知存在偏差，产生了性心理困扰。有些大学生认为自慰是不道德的，有羞耻感，甚至罪恶感，长期如此，会产生对自我评价的影响。还有一些大学生对自慰行为不加节制，出现身体不良反应，如长期疲劳、腰酸腿软等，但又无法控制，从而出现矛盾心理。

2. 性冲动与性幻想

性幻想是性在发育过程中出现的正常现象，它代表着性知觉的觉醒及性意识的萌发，这样的情况是很正常的生理成长。许多大学生认为性幻想是卑鄙见不得人的事，一旦出现性幻想，就会非常自责。其实，性幻想并没有具体的性行为，所以不必慌张。性幻想对于减少人的紧张与焦虑乃至性压抑都是有益无害的。但如果频繁出现性梦或性幻想，个体的睡眠就会受到影响，睡眠不好，体力就得不到保证，就会给学习和生活带来困扰，严重的还会导致神经衰弱，给身心健康带来不利影响。

3. 性心理偏差行为

我国大学生缺乏系统的性知识，他们对"性"持有不同的认识。一种情况是大部分学生认为性是私密的、羞耻的、见不得人的。这种认知上的偏差容易导致一系列的心理困扰，如经常表现为不安、烦躁、厌恶、焦虑、自卑等，严重时还会发展成心理障碍。例如，有的大学生看到异性就脸红心跳，严重的发展到不敢见异性。另一种情况是部分学生过分强调性的生物性，有强烈的"性自由"观念，在行为上表现为随意、放纵、不负责任、不顾道德约束，性心理偏差主要表现为偷窥、恋物癖、露阴癖等，这些是由于正常的性需求得不到满足而导致的一种补偿性行为，是对于性压抑的一种不正确的宣泄方式。

（二）性心理问题的调适

1. 学会自我管理，合理宣泄"能量"

性冲动是处于青年期大学生正常的生理、心理反应，但考虑到社会道德伦理的规定不能得以表现。过分压抑性冲动有害身心健康。因此，通过合理的方式宣泄是大学生调节性冲动的一种常用方式，如可以通过参加社会实践活动、努力学习等途径释放性能量来缓解性冲动引起的紧张焦虑。

2. 科学地认识，消除"神秘感"

作为大学生，应该科学地学习性生理、性心理的有关知识，应该具有与自己的年龄和文化程度相吻合的性知识水平及性行为方式，充分认识到性的自然属性和社会意义。大学生可以通过正当的渠道（如看有关性的科普读物，上正规网站）了解性知识，这样面对本属于正常的性冲动、性幻想，就不会感到恐慌、自责。另外，学校应开设一些选修课或关于性知识的讲座，引导大学生学习生理卫生方面的知识，只有了解性，消除性的神秘感，才能坦然面对性的问题。

（1）安全使用避孕套。在性生活过程中，使用避孕套是一种既安全又方便的预防性病措施。安全、正确使用避孕套，避免了两性生殖器的直接接触，无论对男性还是对女性，都可以起到预防感染性疾病的作用，从而减少性病的发生和传播。

（2）认清性病的危害性及早治疗。自觉拒绝和克服性乱行为，避免不洁性行为，以免导致严重后果。及早治疗并治愈性病可减少感染性病的危险。正规医院能提供科学、保密的检查、诊断、治疗和咨询服务，必要时，可以借助当地性病、艾滋病热线进行咨询。

3. 注意保持距离，进行正常交往

大学生在与异性交往的过程中，应注意交往的距离，同时，应注重培养自己与异性自然交往的能力，还应在此过程中不断完善自我、充实自我、发展自我，不断提高个人修养。

4. 正确的性心理，积极寻求帮助

性心理健康主要表现在三个方面：一是在性认知方面，个体有正常性态度和性欲望，没有性心理障碍与性行为变态；二是在性情感方面，个体具有正常的性爱感情和性人格；三是在性意志方面，个体对性需求能恰当满足与控制，能摆正性在人生目标中的位置。

当大学生在性心理方面出现问题时，要以平和的心态积极地面对，如果自己不能解决，一定要勇敢地寻求专业心理咨询师的帮助。特别是当自己感知到自我遇到性心理方面的问题并且很久都不能自我解决的时候，一定要寻求帮助，在咨询师的帮助、疏导下积极地进行心理调适。

任务四　大学生正确恋爱观

一、培养积极健康的恋爱观

培养积极健康的恋爱观是培养大学生健康恋爱心理的首要问题。爱情作为男女之间一种相互爱慕的、专一持久的情感，深刻影响着人的精神生活及其他方面。一对大学生从正常的交往、友谊的建立、爱情的萌芽到恋爱关系的确立，这段时常伴随风雨的心理历程中总有一种相对稳定的意识活动左右和支配着个体的恋爱与性爱行为，这就是恋爱观，不同的恋爱观会产生各异的恋爱行为选择与行为方式。对于大学生而言，应树立积极健康的恋爱观，摆正恋爱的位置，理解什么是真正的爱情，把握爱的真谛。

（1）大学生应认识到高尚的恋爱观既是社会与时代的要求，也是大学生自身健康成长并获得真正爱情幸福的需要；反之，不良的恋爱观将使恋爱中的大学生因恋爱而影响学业，产生浪费、奢侈行为乃至报复行为，给恋爱双方造成不可避免的身心伤害。正确的恋爱观是妥善处理好恋爱与婚姻、恋爱与同学、爱情与友情、爱情与道德、感情与理智、爱情与金钱及地位等关系的根本保证。

（2）大学期间是学习的黄金时期，圆满完成学业是大学生的第一任务，因此，帮助大学生处理好恋爱与学业、人生的关系成为至关重要的问题，对于大学生来说，应将学业放在为第一位，掌握过硬的本领，培养各方面的能力，以优异成绩完成学业，既是个人未来事业的基石，也是个人未来生活、家庭幸福的基础，大学生的恋爱应是以事业为基础的爱情。

二、适时进行性教育

掌握科学的性知识是培养健康恋爱心理的必要条件。性的禁锢和封闭造成大学生的性无知和性神秘，加上他们从大众媒体中所获得的是既不科学又零碎的性知识，往往造成他们用错误的理论去指导错误实践，严重阻碍了其性心理的健康发展。针对此现象，对大学生进行性教育自然很有必要，这样既可以避免大学生耗费时间盲目地进行探索，又可增加他们的性科学、性道德和性法制知识，从而使其树立正确、健康、科学的性观念，避免性问题上的好奇、恐惧、焦虑等不良心理的出现，有利于增强大学生对婚恋问题上旧的传统观念的分辨和批判能力，有利于健康恋爱心理的形成。

性心理健康的标准

三、践行爱情道德

高尚的道德情操和精神境界是构成良好个性心理品质的基本要素，修身养性、陶冶情操，不仅可以使人善良、宽容和豁达，而且会使爱情的内涵不断得到深化和升华。帮助青年大学生不断提高自我道德修养水平，是培养大学生健康恋爱心理的有效途径。对大学生的恋爱问题，不能将它看成个别人的私事，它自始至终都是一种有意识的社会行为，无可避免地具有道德性，应受到恋爱道德的约束。

然而，大学生在恋爱现实中，却常忽略这个问题，甚至有人做出了违反社会公德和恋爱道德的事情，造成不少坏影响。爱情不仅是性欲，还意味着责任，同时，它不仅要求相互信任、忠诚，还要求互相帮助、负责，否则两性关系、家庭生活就没有安全感。不负责的游戏爱情，不但会导致当事人情感的堕落，还可能毁灭其一生。因此，对大学生进行的恋爱道德教育，应着重让他们明白在对待恋人的关系上，要互尊互爱、纯洁专一和含蓄文明，若彼此恋爱关系确定，就要恪守信义；要培养大学生对爱情、家庭的忠诚品质，增强大学生对未来家庭的道德责任感。

另外，正确对待失恋也是进行恋爱道德教育，培养大学生健康恋爱心理的主要方面。不少后果严重的恋爱问题的产生，往往都与失恋有关。对此，教育者要通过教育，引导学生失恋不失志、失恋不失德，要培养乐观豁达的健康心理，帮助他们自觉充当自己感情的主人，努力使自己在恋爱中成为一个高尚的、有道德的、有责任心的人。

四、积极参与社会实践

创造各种机会使学生积极参加各种社会实践，有助于锻炼大学生的社会适应能力，使大学生了解社会、不断丰富自己的社会阅历，提高大学生的自我认识水平和自我控制能力，使大学生具备健康心理素质，以利于健康恋爱心理的形成。爱情体现着人与人之间的一种特殊的社会人际关系，因而，帮助大学生形成良好的人际交往能力是健康恋爱心理形成的必要条件。

项目八

"学会学习"——大学生学习心理

学习目标

知识目标：

1. 了解学习的定义、理论。

2. 了解学习的意义。

3. 熟悉大学生学习的特点。

4. 熟悉学习动力不足的表现。

5. 熟悉学习中的不良情绪。

能力目标：

1. 能够掌握学习与心理健康的关系。

2. 能够掌握影响学习的因素。

3. 能够掌握学习动力不足的应对措施。

4. 能够掌握学习方法和策略的培养。

5. 能够掌握拖延症的应对措施。

素养目标：

培养大学生提高学习能力的意识。

任务一　学习概述

一、学习的定义、理论

（一）学习的定义

学习有广义和狭义之分。广义上的学习是指人和动物在生活过程

课件：学会学习

通过实践训练而获得的由经验引起的相对持久的适应性的心理变化过程，它是动物和人类生活中的普遍现象。根据巴甫洛夫的学说，凡能建立条件反射的有机体，都有学习的行为。例如，儿童伸手去摸开水壶，会感到烫手，体验到痛苦的滋味，以后这个儿童再也不会摸开水壶了。这一条件反射的建立，在心理学上就称为学习。狭义上的学习是指作为个体的人的学习，它是在教育目标的指引下，在教师的组织引导下，以掌握一定的系统知识、技能，形成一定的世界观和道德品质为主要任务的积极能动的过程，它包含一系列极为复杂的心理活动。大学生的学习就是这样一种特殊的学习形式。学习的定义可以从以下四个方面进行理解。

（1）学习的变化可以是外显行为，也可以是内隐行为或内部过程的变化。例如，在第二语言的学习中，内隐学习的作用得到了研究者的充分肯定。

（2）学习引起的变化是相对持久的。有些变化，如由适应、疲劳、疾病引起的变化，就不能被称为学习，因为这种变化是暂时的，条件改变或经过适当的休息、治疗，这种暂时的变化就消失了。

（3）学习是动物和人类共有的心理现象。虽然人类的学习相对复杂，并与动物的学习有着本质区别，但不可否认动物也有学习。例如，德国科学家沃尔夫冈·柯勒对黑猩猩的学习行为进行了一系列试验，证明黑猩猩也有推理能力。

（4）学习产生于经验，而不是来自成熟或本能。"经验"一词有两层含义：一是指个体生活习得的累积，如习惯、知识、技能、观念等均属于个体的经验；二是指个体的生活，在活动过程中产生了学习，强调学习由经验而生，实质是认为学习是后天习得的，是个体与环境相互作用的结果，排除了成熟或先天因素所引起的变化。因为个体的成熟也会使其行为产生持久改变（如青春期开始后，男生的嗓音会变得低沉），但由于成熟不属于个体的经验，由成熟而引起的行为改变不是学习。

（二）学习的理论

学习是如何进行的，有没有规律，为什么不同的学生听同样的课程、做同样的作业，却会有不同的学习效果？为什么学生在某种教学情境下学得容易、愉快，而在另一种教学情境下学同样的内容却艰难、压抑呢？对这些问题的回答和解释就构成了所谓学习理论。学习理论是对学习的实质及其形成机制、条件和规律的系统阐述，其根本目的是要为人们提供对学习的基本理解，从而为形成自己的教育、教学观奠定较为科学的基础。在过去的20世纪，人们对学习的看法发生了几次重大的变化，每次变化都对教学实践产生了重大的影响。在20世纪上半叶，行为主义的学习理论占据主导地位，20世纪60年代后，认知主义的观点逐渐取代了行为主义，而到了20世纪末，建构主义成为学习理论发展的新方向。

1. 行为主义学习理论

1913—1930 年是早期行为主义时期，是由美国心理学家华生在巴甫洛夫条件反射学说的基础上创立的。他认为人类的行为都是后天习得的，环境决定了一个人的行为模式，无论是正常的行为还是病态的行为都是经过学习而获得的，也可以通过学习而更改、增加或消除，认为查明了环境刺激与行为反应之间的规律性关系，就能根据刺激预知反应，或根据反应推断刺激，达到预测并控制动物和人的行为的目的。

以斯金纳为代表的新行为理论分支中，在刺激与反应的连接中更强调"强化"的作用。他认为，要使学习成功关键在于提供适当的强化，也就是：第一，通过提供正强化物或移去负强化物就可使相应的行为在长时间内保持在一定的水平上；第二，通过强化的组合，人们又可塑造出较为复杂的行为。

行为主义的方法在教学中有时是非常有效的。例如，记忆英语单词、做操等只有反复练习，才能达到最佳的效果。

2. 认知主义学习理论

认知主义学习理论认为，人类行为的背后都有一个思维过程，基于这种假设，他们认为，行为的变化是可观察的，同时，通过行为的变化也可以推断出学习者内心的活动。

按照学习的认知观，学习是一个主动的、积累的、建构的、诊断的、情境化的具有目标导向的过程。学习不会自动地产生，而需要学生进行大量的、高密度的心理活动。这些活动涉及学习者对已获得的知识进行意义归属，将新知识整合到已有的知识结构中或智力模型中。另外，意义学习是有目标导向的。学习目标不同，会产生不同的意义，因而导致不同的学习结果。因此，需要应用元认知策略进行不断的诊断，从而判断认知活动是否有助于达到学习目标。最后学习是有情境特征的。学习不会发生在真空中，而是发生在特定的场景中（可能是一个教室，或是一个课桌上）。将知识从特定情境中分解出来并迁移到其他情境中需要学习者很大的努力。

3. 建构主义学习理论

建构主义学习理论认为，人们通过个人的经历和图式不断地建构个体对世界的认识，基于这个假设建构主义学习理论强调培养学习者在真实的情境中进行问题解决。

当今建构主义者主张：学习者是以自己的经验为基础来建构现实，或者至少说是在解释现实，学习者个人的经验世界是用其头脑创建的，因为学习者的经验及对经验的信念不同，所以学习者对外部世界的理解也是不同的。因而，他们更关注如何以原有的经验、心理结构和信念为基础构建知识。他们强调学习的主动性、社会性和情境性。

二、学习的意义

如果有哪句话可以高度地概括学习的意义，那就是学习与生命并存。

（一）学习与教育——终身教育

教育是为了帮助人们更好地学习，终身学习的理念决定了教育应是终身的。终身教育将人生各个阶段的学习活动视为一个整体，把社会所有的教育活动都整合在一个统一的和相互衔接的教育体系中。联合国教科文组织在《学会生存——教育世界的今天和明天》中明确指出：教育是贯穿于人一生的、不断积累知识的长期、连续的过程；终身教育是现代化社会的基石，唯有全面的终身教育才能培养完善的人；我们需要终身学习去建立一个不断演进的知识体系——"学会生存"；要使教育更好地为社会发展服务，必须积极发展终身教育的思想；只有终身教育的思想，才能使教育变成有效的、公正的、人道的事业。现代信息技术则使各行各业、各年龄阶段的人都能根据自己的实际情况而随时随地地享受教育得以实现。

（二）学习与发展——终身学习

学习是人的生命本性的需要。1994 年的"首届世界终身学习会议"提出"终身学习是 21 世纪的生存概念"。"终身学习是通过一个不断的支持过程来发挥人类的潜能，它激励并使人们有权利去获得他们的终身所需要的全部知识、价值、技能与理解，并在任何任务、情况和环境中有信心、有创造性地应用它们。"一个人从出生到死亡，是在不断的自身发展过程中去适应不断变化的现实，只有不断地学习，才能不断地获得新的发展，才能满足生产和生活对新知识的需要。不学习是对生命根本的自我否定和浪费。

三、学习与心理健康

（一）心理健康对学习的影响

1. 良好的心理有助于排除学习中的各种干扰

每个学生的意志力不同，所以在学习过程中受到外界的各种干扰时，心理健康的学生往往表现出顽强的意志力，能够驾驭自我，克制自己的各种欲望，实现自己的目标。而心理不健康的学生往往表现出意志力薄弱，经受不住外界的各种诱惑和内心的欲望，致使胸无大志，一事无成。

2. 良好的心理能挑战机遇，促成博学巧思

心理健康的学生往往表现为有良好的学习态度、较高的学习热情、科学的学习方法。学习时，自信心强，注意力集中，学习效率高，能够举一反三，博学巧学。

3. 良好的心理有利于激发学习热情，稳定学习情绪

心理健康的学生面对学习中的困难能够有效克服，并将与困难做斗争作为自己生活中的乐趣，从而进一步激发学习热情。而心理不健康的学生在困难面前往往表现为退缩，并

怨天尤人，降低学习的热情。

（二）学习对心理健康的影响

1. 积极影响

（1）学习能使心理健康的水平不断提高。心理健康水平是在不断学习和实践的过程中得以提高的。大学生通过学习有关心理学和心理健康方面的知识，并用于调节自己的心理状态，心理健康水平才能得到不断提高。

（2）学习能够提高大学生的各种能力。能力是人们在一定的智力基础上顺利完成某种活动的效率。随着社会的发展，竞争越来越激烈，需要大学生同时具备很多能力，如人际交往能力、动手操作能力、创新能力、语言表达能力、组织协调能力等，而这些能力只有在各种活动中不断学习才得到提高。

（3）学习能够开发大学生的智力和潜力。每个人都有与生俱来的智力和潜力，但是这种智能只有在学习中才能得以发挥和发掘。

（4）学习能够带来满足和快乐。大学生在学习过程中从事智力活动，感受到成功的喜悦和体验到自己的价值。自我实现的需要得到了满足，就会带来很大的快乐。

2. 消极影响

大学生的学习是一项艰苦的脑力劳动，需要消耗大量的生理心理能量，会带来一些消极的影响。例如，学习压力过大，学习负担过重会使大学生产生紧张和焦虑；学习内容不健康，易使大学生的心理产生污染；学习难度过大，易使大学生产生畏难情绪；学习方法不恰当、学习效率不高，易使大学生产生自卑心理。

四、大学生学习的特点

当学生手持大学录取通知书到高校报名的那一刻起，他们就开始了全新的大学生活。大学学习具有探索性、专业性、自主性和多样性等特点。

（一）探索性

大学生的学习具有明显的探索和研究的性质。大学的教学内容由确定结论的论述逐步转向介绍各派理论观点和最新学术发展动向方面的知识。人文学科的内容变化更大，知识更新更快。这就要求大学生的学习观念从正确再现教学内容向汇集百家之长、形成个人见解的方向转变。大学生从在教师指导下完成作业到独立完成毕业论文（或毕业设计）都带有明显的探索性。

（二）专业性

大学学习的专业性十分明显。大学生的学习实际上是专业学习，从入学开始就有了职业定向，再经过几年的学习，大学生逐步成为基础知识扎实、专业知识结构合理、能力强、创造性高、品行高尚的德智体全面发展的高级专业人才。

（三）自主性

在大学阶段，学习虽然也有一定的强制性，但相较中、小学要少得多。首先，大多数大学生所学习的专业都是自愿选择的，是他们所感兴趣的。其次，大学生除要学习基础知识外，还要掌握各种专业知识，成为某学科的专业人才。这就要求大学生必须善于自觉地、主动地学习。同时，大学生根据自己的兴趣和爱好，选择某些选修课，独立地阅读各种书籍，制订学习计划，采用适合自己的有效学习方法，也体现出较大的自主性。

（四）多样性

大学生的学习形式多种多样。在大学，虽然课堂教学还是主要形式，但大学生可以依靠多种渠道来获得知识，同时，大学的实践性教学活动占有很大的比重。大学生要通过自学、讨论、听学术讲座、参加第二课堂等活动来获取知识，加强实验、实习、社会实践和科研等实践性的环节，这些都是大学增长知识和才干的重要途径。

任务二　影响学习的因素

一、智力因素

学习过程是以一定的智力发展水平为前提的心智活动，因此，智力是学习的必要条件，也是成才的必要条件。智力因素一般包括思维能力、观察力、记忆力、注意力四种要素，并以思维能力为核心。

（一）思维能力

思维是一种与感性认知相对的高级的理性活动。广义上，思维是指人脑对客观现实概括的和间接的反映，包括逻辑思维和形象思维；心理学意义上的思维专指逻辑思维。思维能力是智能结构的核心，是接受知识和创造知识的关键要素。爱因斯坦说："学习知识要善于思考，思考，再思考。我就是靠这个方法成为科学家的。"我国的教育家孔子也曾说过:"学而不思则罔,思而不学则殆。"可见思维能力在学习活动中的重要作用。思维认知加工信息的基本方式有分析与综合、抽象与概括、具体化与系统化、比较等。

发展心理学认为,青年期的思维能力已经发展到个体思维发展的高峰期,并日趋达到成熟。青年思维发展的最高水平一般是形式运算思维,或向"后形式运算思维"或辩证逻辑思维阶段发展。同一个班级的同学学习成绩可能差不多,但思维能力却可以相差甚远,因为前者主要取决于记忆能力,而后者却决定了创新潜力。

(二)观察力

观察力是大学生学习的基本智力条件。达尔文曾经说过:"我既没有突出的理解力,也没有过人的机智,只是在觉察那些稍纵即逝的事物并对其进行精细观察的能力上,我可能在众人之上。"观察是个体获得知识感性材料和积累经验的基本途径和方法,也是决定大学生创造力的关键条件,从细致的观察中发现问题、提出问题,有助于激发大学生学习的兴趣和产生强烈的探索欲望,从而使学习更富有主动性和创造力。一个善于学习的大学生必须勤于观察、善于观察。

(三)记忆力

记忆力是人脑对经验过的事物的识记、保持、再现或再认。记忆联结着人的心理活动的过去和现在,是人们学习、工作和生活的基本机能。离开了记忆,个体就什么也学不会,任何经验都无法形成,人的行为就变得只能由本能来决定。

(四)注意力

注意力是将心理活动集中指向一定事物的能力。个体的认知过程都有赖于注意的参与和始终坚持。我国古代的孟子曾以学弈为喻说明注意力对学习的重要性。从某种意义上说,学习的效果与效率均取决于当事人是否能专心致志。根据引起和维持注意的目的明确与否和意志努力的程度的不同,注意可分为无意注意、有意注意和有意后注意几种形式。大学的学习内容丰富多彩,无意注意也是必要的,例如,大学生在图书馆随意浏览各学科的书籍和杂志,无意注意获得了许多比较零散和不成体系的知识,却增加了大学生知识的广博性。在大学专业课程的学习中自觉的有意注意是必需的,尤其是对于那些抽象枯燥的理论学习,必须全神贯注才能保证学习的效果。有意注意一般会消耗个体较多的脑力,可能容易出现疲倦和嗜睡的情况。所谓有意后注意是指一种更高级的注意形态,是个体进行创造性学习的必要条件。例如,在教师的启发下,某些知识问题引起了大学生的较大兴趣,随后,大学生不需要特别地提醒就能集中注意力于这些知识的学习。

二、非智力因素

非智力因素是指除智力外的对学习活动起着启动、导向、维持和强化作用的个性心理。非智力因素主要包括对学习和事业的理想、信念、抱负、意志力、学习动机与兴趣、个性等。

(一) 兴趣

兴趣是指个体对某些事物或活动喜好或关切的心理倾向，表现为个体对某个事物或活动的选择性态度和积极的情绪反应。孔子说："知之者不如好之者，好之者不如乐之者"，意指个体快乐地学习才是最理想的。人的兴趣是多种多样的，但大体可以分为物质兴趣和精神兴趣、直接兴趣和间接兴趣、个人兴趣和社会兴趣等几类。与大学生学习相关的兴趣主要集中在对专业、学科、课程的兴趣和对职业的兴趣。所谓职业兴趣是指个体对从事相关工作的愿望和兴趣，拥有职业兴趣将增加个体的工作满意度、职业稳定性和职业成就感。兴趣对学习具有多方面的功能，如具有启动学习的激发功能、学习内容和方向的导向功能、推动个体勤学苦练的动力功能和促进大脑潜能的开发功能。

(二) 意志

意志是指人自觉地，并根据目的调节支配自身的行为，克服困难，去实现预定目标的心理过程。有人曾对大学生的学习做这样的描述：大学生差别最小的是智力，差别最大的是毅力。可见，意志力在大学生的学习中起着重要的差异化作用。意志品质既有积极的、良好的，如自觉性、果断性、坚韧性、自制性等，也有消极的、不良的，如依赖性、冲动性、执拗性、无自制力等。积极的意志品质可以促进大学生的自觉学习，例如，意志的自觉性能使大学生自觉地调节、控制自己的学习行为，而不需要其他外部压力；意志的坚毅性能使大学生在学习过程中保持顽强的毅力，百折不挠地克服各种困难，完成既定的学习任务；意志的果断性能使大学生适时地采取决断，坚持自己的目标；意志的自制力有助于大学生克制丰富的情绪干扰，把持好情绪情感、言论和行为的理智闸门。

(三) 性格

性格是个体相对稳定的心理特征。根据艾森克学说，性格可分为外向稳定和外向不稳定、内向稳定和内向不稳定四种基本类型。观察表明，性格类型与学习能力相关，不同性格的专业兴趣和择业倾向存在着一定的差异。外向稳定的性格和内向稳定的性格有助于保持大学生学习态度和情绪的稳定，而外向不稳定的性格和内向不稳定的性格则常使他们的学习状况情绪化，导致学习成绩波动较大。

(四) 学习动机

学习动机就是推动学生进行学习活动的心理内驱力。学习动机不仅决定学习的方向，还直接影响学习进程的稳定性和持久性。心理学家耶克斯和多德森的研究表明，各种活动都存在着一个最佳的动机水平，动机不足或动机过强都会使学习和工作的效率下降。一般来说，中等程度的动机最有利于学习效率的提高；而学习动机太强、太急于求成，反而会产生焦虑、紧张，干扰记忆和思维活动的顺利进行，使学习效率降低。研究还发现，在比较容易的任务中，学习和工作的效率随动机的提高而上升；在难度较大的任务中，较低的动机水平有助于任务的完成。可见，动机强度与任务完成效率之间的关系并不是线性的，而是呈现一条倒 U 形曲线的关系。

(五) 情绪和情感

情绪和情感是个体对其他人或事物的一种主观体验，及其相应的生理唤醒和外部行为反应。情绪情感对学习的作用表现在：积极的情绪情感促进学习的效率和效果，如大学生对专业的认同度、对教师的敬仰与崇拜、课堂气氛的感染都可以提高他们对知识学习的兴趣和效率。愉快的积极的情绪可以提高人的活力，使人的学习积极性高涨；情绪对维特稳定的注意力起重要的作用，情绪稳定的学生的注意力相对比较集中；而抑郁等消极的情绪则会降低人的活力，使人对学习毫无兴致，注意力不能集中。轻松的情绪使记忆力增强，学习效果提高，而过分紧张、焦虑的情绪则会使考试或比赛成绩不佳，甚至因为惊恐发作而导致晕厥。一般来说，适当的紧张引发人的应激反应，对于促进学习和考试前的准备是必要的，但过度的紧张则反而可能引起正常思维活动混乱和精神疲惫。

任务三 大学生学习常见问题与调节

一、学习动力不足

(一) 学习动力不足的表现

大学生的学习动力不足是指学习没有内在的驱动力量，没有明确的学习方向，无知识需求，更无学习兴趣，厌倦学习，尽力逃避学习。这也是某些学生常说的"学习没劲头"。学习动力不足的主要表现如下。

1. 学习无计划

每天的时间怎么安排、学习什么、学习多少内容、如何在多门课程中合理分配时间和精力，对这些问题不做打算；过一天是一天，得过且过；既没有适合自身的职业生涯规划方案，也没有系统的学习体系。

2. 学习无兴趣

不明确专业学习的意义，未能将自己的学习与国家、民族的振兴相联系，对专业学习缺乏兴趣；对学习提不起兴趣，上课纪律松散，不愿意听讲，对教师布置的作业和相关任务拖拉，漠然置之；甚至产生厌学、弃学的消极情绪，使学习不能坚持。

3. 学习动机弱

无成就感，无抱负和理想，无求知欲和上进心，没有压力和紧迫感；既不羡慕那些学习成绩好的同学，也不为自己虚度年华而惭愧；不积极摸索和改进学习方法，难以适应紧张、繁忙的学习情境，对学习成绩不佳不以为然。

4. 无明确的学习目标

学习只为应付考试或尽快完成学业，因此，在学习上不求甚解，只是死记硬背，不会将所学知识融会贯通，更不会对学科做深入研究。既无长远目标，也无近期目标，极少调整学习方法，对自己在大学期间及每个学期究竟要达到什么要求心中无数。

（二）学习动机不足的应对措施

1. 正确认识自我

有意识地提升自我认知水平，只有清楚地掌握了自己的实际情况，才能准确地分析自己学习成绩不理想的真正原因，从而进行正确的归因，使学习成绩的提升建立在稳定可控的因素上，如个人的努力。合理地利用外部条件，使其通过内因发挥作用。

2. 培养学习的自信心

面对学习中的问题或困难，要积极乐观地应对，时时进行自我激励，看到自己今天与昨天相比的进步。从小目标开始，不"难为"自己，在点滴的进步中获得成就感，从而使自信心得到不断提升。

3. 树立明确的学习目标

认识学习的真正价值，树立大学阶段的学习目标，认真抓好学业与未来就业乃至人生的规划。从大方向着眼，小行动入手，将理想与日常行为密切结合在一起。制定各个学科的切实可行的学习目标和日常学习计划，既不能好高骛远，也不能标准过低，要根据自己的情况，难易适中，切合实际。

4. 增强学习意志力

意志力是心理学的一个概念，是指人自觉地确定目的，并根据目的调节支配自身的行动，克服困难，去实现预定目标的心理过程。意志力是人完成任何一项任务的必要条件。学习是一项持续性的任务，需要意志力的全程参与。可通过明确学习目标，坚定学习行动，不断

成就动机的
4种类型

自我鼓励，有效借用外界力量等方式提升学习意志力。

二、学习方法和策略的培养

（一）学习方法的培养

学习方法是指人们在学习过程中获取知识、技能的途径、方式、程序和手段的总和。对大学生来说，学习方法是完成学业、学习成功的手段，而它本身又是学习的对象。学习和掌握科学的学习方法，是大学生重要的学习内容，对终身学习具有长远的战略意义。关于学习方法的知识是最有价值的知识，对学习方法的学习，是一切学习的基础。

1. 要讲究读书的方法和艺术

大学学习不仅是完成课堂教学的任务，更重要的是如何发挥自学的能力，在有限的时间里去充实自己，选择与学业及自己感兴趣有关的书籍来读是最好的办法。要想学会在浩如烟海的书籍中，选取自己必读之书，就需要有读书的艺术。

首先，确定读什么书；其次，对确定要读的书进行分类。一般来说，选读的书由精到略可分为三类：第一类是需要精读的书；第二类是需要通读的书；第三类是可以浏览的书。浏览可粗，通读要快，精读要精。这样就能在较短的时间里读很多书，既广泛地了解最新科学文化信息，又能深入研究重要理论知识，这是一种较好的读书方法。

读书时还要做到两点：一是读思结合，读书要深入思考，不能浮光掠影，不求甚解；二是读书不唯书、不读死书，这样才能学到真知。

2. 要完善知识结构，注意能力培养

所谓合理的知识结构，就是既有精深的专门知识，又有广博的知识面，具有事业发展实际需要的最合理、最优化的知识体系。大学生建立知识结构，一定要防止出现知识面过窄的倾向。

大学生要培养的能力范围很广，主要包括自学能力，操作能力，研究能力，表达能力，组织能力，社交能力，查阅资料、选择参考书的能力，创造能力等。正如爱因斯坦曾经说过："高等教育必须重视培养学生具备会思考、探索问题的本领。人们解决世上的所有问题是用大脑的思维能力和智慧，而不是搬书本。"

总之，凡是将来从事的工作所需要的能力和素质，都必须高度重视，并在学习的过程中自觉认真地去培养。

3. 要制订科学的学习规划和计划

大学学习内容丰富，大学学习时间自主性强，科学合理的学习规划是完成学习任务的保证，只有掌握了学习规律，相应地制订学习的规划和计划，才能有计划地逐步完成预定的学习目标。目前，大部分学院都依据国家教育部的统一要求，根据同学们成才的基本要求，在学校中全面开设了就业指导的相关课程，其中包括了个人职业生涯规划课程。大家在认真完成这门课程学习的过程中，可以结合自己的个人职业生涯规划情况，从个人的实际出发，结合就读专业的教学大纲，从人生战略谋划的角度制订出基本的学习规划。如明确自己在大学期间要达成哪些方面的目标，达到什么样的知识结构，学完哪些科目，培养哪几种能力等。

另外，还要制订阶段性的具体学习计划，如一个学期、一个月或一周的学习安排。这类具体计划主要是根据自己的学习情况和对大学生活的适应程度，明确一段时间内的学习重点、学习时间分配、学习方法调整、教科书和参考书的选择和使用等。

五步阅读法

▶ 二十大速递

云南保山学院：思政课开在云岭大地上

"作为一名宣讲团成员，我将积极挖掘家乡本土红色文化，用一个个无私奉献的动人故事，通过讲解和曲艺的方式开展沉浸式红色宣讲，传承好红色基因，宣传好、贯彻好党的二十大精神。"云南保山学院党的创新理论大学生宣讲团成员、工程技术学院2020级水利水电工程班学生赵雪松说。

"保山学院现在是一所什么样的学院、在新时代要成为一所什么样的大学、新时代的保院人要成为一个什么样的人才？"2022年10月1日上午，来自保山学院马克思主义学院、政府管理学院的师生代表们齐聚学校正大门，聆听学校党委书记朱江为大家讲授"为党育人、为国育才"主题宣讲，开启了保山学院"行走的思政课"第一讲。

"行走的思政课"以云岭大地为课堂，开到了田间地头、科研院所、红色爱国教育基地……保山学院与云南各地干部学院、干部教育培训基地等合作，引导广大青年学生立足保山这片红色沃土上好"行走的思政课"。

保山学院还相继举行了"铸牢中华民族共同体意识""绿水青山就是金山银山""请党放心，强国有我"等主题宣讲。师生们纷纷称赞，"行走的思政课"充分发挥了思政课铸魂育人主渠道作用，让思政课程在实践中"活"了起来。

"行走的思政课"深受学校师生欢迎，各个学院纷纷带领学生走出校门，开展课内、课外"两个课堂"。教育学院师生深入山区学校，为农村留守儿童开展学业辅导、素质拓展等关爱服务活动；经济管理学院深入乡村基层，让同学们感受脱贫攻坚有序衔接乡村振兴等方面取得的丰硕成果；政府管理学院搭建志愿者服务平台，培养志愿者的服务能力。

实现全员全方位育人

2022年7月3日，保山学院举行课程思政和思政课程创新教学大赛颁奖仪式。经过激烈角逐，本次比赛共评选出4个一等奖、8个二等奖和13个三等奖。参赛教师表示："通过对教师参赛课程的教学内容、教学目标、教学方法、思政元素挖掘、教学评价、教学反思、教学实施的综合测评，提升了教师课程思政教学及设计能力。"

"我们以马克思主义学院建设为抓手，加强学工队伍和思政课教师队伍建设，选配专职辅导员61人、思政课教师35人，推进线上线下混合教学模式，将理论教学与实践教学紧密结合，让思政工作更加接地气。"朱江说，目前学院8门课程思政示范课入选国家高等教育智慧平台课程，9门课程获省级课程思政建设项目立项建设，47个项目列为学校课程思政教改项目。

保山学院充分挖掘保山红色文化资源，强化全方位育人，探索知识传授与价值引领相统一、信息技术与教学方式相结合，培养"建好家乡、守好边疆"的高素质人才。学校现有教育部"全国样板党支部"3个，省级先进、示范基层党组织17个，育人成效不断彰显。

保山学院还争创全国"一站式"学生社区试点建设单位，组建了18个党员先锋队，组织师生宣讲团，让党的创新理论飞入寻常百姓家。

五环同心协同育人

近年来，作为云南省首批确定的国门大学，保山学院坚守"为党育人、为国育才"办学初心，围绕建设"祖国西南边陲最好国门大学、高黎贡山脚下最美高等学府、校地融合发展最优示范院校"的奋斗目标，着力构建以"主体思政、课程思政、特色思政、实践思政、网络思政"为一体的"五环同心、协同育人"大思政工作格局，推动学校党建和思政工作与教育事业发展深度融合。

2022年6月2日，保山学院党委理论学习中心组成员参观云南省腾冲市艾思奇纪念馆，开展党委理论学习中心组集中学习，深入了解艾思奇同志为党的理论宣传和马克思哲学中国化、大众化做出的积极贡献。大家围绕"建好家乡、守好边疆"的育人使命等主题，畅所欲言，积极为学校发展建言献策。

这是保山学院党委以高质量党建引领高质量教育教学发展的一个缩影。保山学院创新探索立德树人落实机制——通过以马克思主义学院为核心环，构建"马院+各二级学院+特色馆+实践基地+融媒体中心"五位一体的协同育人模式，全面提升学校思想政治工作质量。

党的二十大精神激励着保山学院教师把初心践行在教书育人的行动上，把使命落实在教学科研岗位上，激励着每位学生怀抱梦想、脚踏实地，让青春在报答祖国的实践中绽放最美光彩。

"我们将在现代化的新征程上着力培养'建好家乡、守好边疆'的合格人才，努力把保山学院建成让党放心、人民满意的大学。"朱江说。

（二）学习策略的培养

大学生所面临的学习环境相较中学发生了很大的改变，中学时期那种相对而言带有很大强制性、填鸭式的教学、堆积如山的题海战术在这里不复存在，这必将带来其学习策略的改变。

学习策略作为一个完整的概念，是布鲁纳1965年提出"认知策略"以后出现的。但时至今日，学习策略仍然没有一个公认的定义。根据已有研究可归纳为三种观点：一是学习策略是学习的程序、方法或规则；二是学习策略是学习的信息加工活动过程；三是学习策略是学习监控和学习方法的结合。

1. 组织策略

组织策略是指整合所学新知识和旧知识之间的内在联系，对学习材料进行系统、有序的分类和整理，形成清晰的知识网络和新的知识结构的策略。其适用于大学生的常用组织策略有归类和列图表，具体包括以下四类。

（1）一览表。一览表首先是将所学材料进行综合分析，然后从某一角度出发，抽取主要信息并加以罗列。例如，在学习矿物的时候，按照金属和非金属对材料进行分类，然后写出各种材料的特点。

（2）流程图。当学习的材料可以按照时间、步骤或阶段归类时，就可以采用绘制流程图的方法帮助自己复习所学习的内容。

（3）系统结构图。系统结构图法是在学习知识后对所学材料进行归类，将主要信息归纳为不同水平或不同类别，然后形成一个系统结构图。

（4）网络模式图。与流程图不同的是，网络模式图可以将每个章节中的主要概念、观点使用构建概念地图的方式联系起来。在网络模式图中，主要概念或核心观点位于正中，支持性概念和观点位于主要概念或核心观点周围。

2. 元认知策略

元认知策略是指学习者对自己学习过程的有效监督和控制。在大学阶段，教师不会整天督促学生学习，教学生如何改进自己的学习方法，大学生需要经常对自己的学习情况进行监督和调控。元认知策略包括以下三类。

（1）计划策略。计划策略是指在学习前对学习目标、过程等方面进行规划与安排，包括设置合理的学习目标、安排时间、预测重点和难点，以及分析如何完成学习任务等。

（2）调节策略。根据监控策略，如果发现自己在学习过程中有一些问题或有些策略不适用，就需要根据学习进程的实际情况对计划、所用策略等进行调整，包括调整预先设定的目标或计划、改变使用的策略、有意识地矫正学习行为、采取一些补救措施等。

（3）监控策略。监控策略主要是指对学习过程中使用的方法、策略及学习计划的执行等方面进行有意识的监控，如考察自己是否完成了学习目标、目前使用的学习策略是否有效，以及自己的注意情况如何等。

3. 精制策略

精制即"精心制作"，是为了使人们更好地记忆正在学习的东西而做充实意义的添加、构建或发生。小学教师告诉学生："人"（单人旁）累了，就靠在"树（木）"上"休息"，对"休息"的"休"字的处理，就是采用了精制策略。精制策略作为一种深加工策略，是将新学习材料与头脑中已有知识联系起来的策略，可以十分有效地提高记忆效果。辨别是否是精制有以下两个标准。

（1）精制必须是学生自己产生的。

（2）精制必须与教学内容相关联。

迈克卡的三分法

三、学习中的不良情绪

（一）学习倦怠

学习倦怠是指连续学习之后，在生理、心理方面产生劳累，致使学习效率下降，甚至出现健康方面的问题，使之不能继续学习的一种异常状态。

学习倦怠可分为生理和心理两种。心理倦怠的症状是精神涣散、感知迟钝、注意力不集中、情绪不安、忧郁、厌烦、学习效率下降。生理倦怠表现为肌肉痉挛、功能失调、动作不协调、眼球发疼发胀、腰酸背痛、麻木、打瞌睡等。其中，心理倦怠是学习倦怠的主要表现形式。学习倦怠是一种保护性抑制，通常情况下，经过适当的休息即可恢复，但是经常过度的学习倦怠，会使大学生对学习产生厌恶和烦躁情绪，学习效率大大降低。造成学习倦怠的原因主要是对学习活动缺乏兴趣；学习时间过长，不注意劳逸结合；学习内容难度较大；睡眠时间长期不足等。很多大学生在学习压力下没有找到更有效的学习方法，只有通过学习时间的无限延长来达到预期目的，久而久之，"事倍功半"，反而更加重了学习心理压力。

（二）考试焦虑

考试是大学生活很重要的一部分，也是大学生面临的主要应激源。许多大学生不同程度地存在对考试的焦虑感，那么如何看待考试焦虑呢？

焦虑是指一种类似担忧的反应，是对当前或预计到对自尊心有潜在威胁的任何情境所具有的担忧的反应倾向。考试焦虑是焦虑的一种，是由一定的应试情境引起的，它以担忧为基本特征，以防御或逃避为行为方式，并受个体认知评价、人格因素及其他身心因素所制约。一般来说，在考试中有适度的焦虑，会对个体产生一定的激励作用，使其保持较好的发挥水平，取得满意的成绩。但凡事都有一个"度"，就会将考试看得太重而急于获得成功，结果导致高焦虑，出现过度考试焦虑，这是所要注意和避免的。

四、拖延症

拖延症是指自我调节失败，在能够预料后果有害的情况下，仍然把计划要做的事情往后推迟的一种行为。拖延是一种普遍存在的现象，一项调查显示大约75%的大学生认为自己有时拖延，50%的大学生认为自己一直拖延。在行动上就像一只蜗牛，不到死前的那一刻，我们不会采取行动。拖延是最大的时间窃贼，是时间管理中的错误行为。为此，大学生可以采取以下措施调适。

1. 反思拖延的领域

通过反思，会发现并不是所有的事情都要拖延。仔细思考：常常拖延的是琐碎的杂事，还是重大的事情？推迟的是自己的事情，还是别人的事情？推迟自己擅长的事情，还是自己所不熟悉的事情？拖延的事情和能准时去做的事情之间最关键的区别是什么地方？通过这些观察，加深对自己的了解，也为下一步行动做好准备。

2. 开启行动

选择天时、地利、人和的时机，开启迈出行动的第一步。如果决定看一本书，图书馆比寝室更适合；拉一个同样认真学习的伙伴一起学习更容易坚持；公开做出承诺会带来更大的动力去完成目标，同时，也要拒绝使自己退步的人和事；拒绝网络成瘾，拒绝杂乱无章的生活状态。

3. 设定具体的目标

明确的目标和可执行的计划是最有力的作战武器。有些拖延者表面上一直在忙着设定目标，但是这些目标往往都模棱两可、含糊不清，反而更容易引发拖延的问题。一个好的目标往往具有可观察、具体化、可操作的特点，而且可分解成几个小的步骤。例如，拖延者会说"我想重新开始生活"，这是一个可理解的愿望，但是不够具体，没办法启发拖延者开始行动。如果改成"我打算每天跑步40分钟"，就变得可操作了。另外，拖延者往往会设定一些不切实际的目标，这些目标过于理想化，最好是将目标分解成一个个可执行的小目标，更有利于拖延者开始行动。

项目九

"不做逃避的鸵鸟"——大学生网络心理

知识目标：

1. 了解网络的特征。

2. 了解网络与个体心理需求。

3. 熟悉大学生网络心理的特点。

4. 熟悉网络引起的大学生常见心理问题。

能力目标：

1. 能够掌握网络对大学生心理健康的积极与负面影响。

2. 能够掌握大学生网络心理调适的方法。

素养目标：

提升大学生合理使用网络的意识。

任务一　认识网络心理

一、网络的特征

美国学者卡斯特在《网络社会的崛起》中认为，网络社会的适应性、开放性、全面性、复杂性与网络化是它的明确特性。从网络发展的现实状况和未来趋势看，与传统社会相比，网络呈现的特征如下。

1. 信息化

信息化是当今世界经济和社会发展的大趋势，信息化程度标志着一个国家现代化水平和综合国力的高低。网络时代信息已经变成一个重要的社会资源，个人乃至国家、社会发展所依赖的综合性要素、无形资产和社会财富，对信息和信息技术的掌控能力已成为政党能力、国家实力的重要组成部分。网络因其信息传递的形式和结构的改变，而让过去的信息不对称程度降低，连接节点的可替代性得到提高，甚至有人简单地表述为"网络时代是通过网络将各方面信息连接起来的崭新时代"。

2. 全球化

全球化是指人类社会从以往的各个地方、民族和国家之间彼此分割的原始封闭状态向更为紧密联系和全方位交往的全球性社会变迁的过程。从根本上说，全球化是以社会生产力发展为动力的，是人类社会逐步超越各种障碍和制约因素，在各种领域加强互动、交流，逐步取得共识，遵守公共原则，采取共同行动的趋势过程和价值选择。网络作为全球化的技术载体，以全球为疆域，使人们能够在全球互联网中联系任何一台你想联系的计算机，一起工作、交流、合作，将世界变成真正意义上的"地球村"。正如托马斯·弗里德曼所说，"互联网形成了一个平台，使现在个人能够以个人的形式采取全球行动。"以互联网为代表的信息高速公路正创造着一个新的全球性社会结构。

3. 数字化

数字信号是一个技术特征，运用数字信号大大提升了计算机的存储、传导能力。互联网开启了数字化的时代，令很多过去的天方夜谭式的创意变成现实。互联网最原始的信息传递功能已逐渐被数字化取代，并以网络为媒介维系人与人、人与群体、人与社会的关系，而且这种作用会变得越来越重要。《数字化生存》的作者尼古拉斯·尼葛洛庞帝是这样描述互联网给这个世界带来的变化的："一个巨大的变化就是它已经是一个联系的世界。这种联系不仅是每一件事都与每一件其他事联系起来，也是移动的联系，而不是静止联系，不是游离的行为。因此，这种联系才是巨大的变化。"

4. 交互性

随着网络的出现，人与人之间的关系发生重新连接，在广阔的世界里，与更多各式各样的人们相连，人们彼此沟通、交流、影响，进而改变想法或影响行为。大众化的交流让任何相互联系的群体或个人与在任何地方的任何其他人群交流，成为有史以来最社会化的媒介，也第一次使得距离和成本无关。人们在分享、互动中重塑自我，重新获得认同。我们尤其要关注，同时被重塑的还有新生代的精神世界和情感世界。

5. 创造性

克里斯·安德森认为，互联网是将"最有力的工具置于普通人手中。它解放了人类的创造力，让人们的想法走向全球的受众，这是以前任何科技都无法做到的"。互联网为人们提供了各种各样的平台，其中，经济平台被专业人士认为是未来十年经济发展的主旋律。百度、阿里巴巴、腾讯、京东等已成为互联网时代国人耳熟能详的创业新秀。可以预言，信息技术、数据经济将会极大地激发人类的创造性。

6. 多元性

网络的信息化、全球化已打破原有的社会结构、经济结构、关系结构、地缘结构、文化结构，继而影响权力、规则、关系的转变。同时，互联网这一大平台使各个国家、各个民族、各种信仰、各种社会群体交织在一起，东方与西方，传统与现代，理想与现实，互联网几乎打破了所有的固有边界，使人们能够更为自主地选择、参与、发展、冲突、交流进而尊重、容纳。许多学者认为，多元化是互联网社会的最重要特征之一，也是科学、社会、经济等发展的关键性推动力量。

7. 开放性

互联网是开放的，任何人、任何时间、任何地点都可以进入这个开放空间，享有更多的自由与资源。尤其是 3G 时代之后，绝大多数手机客户可以时时在线，浏览、关注、评论、传播个体所关注的信息。传播一改过去的方式而呈现放射状、全开放的状态，可以说信息的广度、速度、深度、自由度都发生了质的革命。互联网的开放性进一步拓展了普通人获取信息的通道，为人们的沟通、信息的交流、思想的碰撞提供了更多的便利。当然，鱼龙混杂、泥沙俱下也成为互联网开放性的附属物，为管理者带来新的挑战。

8. 娱乐化

互联网的娱乐化功能不可小觑，网上追剧、追星、看小说、打游戏、刷抖音、看微博、发"鸡汤"，已经成为许多人的时间填充剂。媒体社会学家尼尔·波兹曼在《娱乐至死》中写道："人们感到痛苦的不是他们用笑声代替了思考，而是他们不知道自己为什么笑，以及为什么不再思考。"或许我们真的需要培养一种能力，就是将娱乐或游戏变为自己的生活的"调味品"，而不是生活本身，用这一"快乐引擎"助力自身的成长。

9. 去中心化

当人们键入网址 http 之后的 www，或许很多人并不知道它的含义，它是万维网发明人、互联网之父蒂姆·伯纳斯·李命名的 World Wide Web 的缩写。放弃专利申请的他对整个世界说"献给每一个人"。它的诞生计算机、网络再也不是研究工作者的专宠，使普通人都可以共享共用。在这样的世界里，互联网穿透了社会的重重岩层，使所有人、各层级彼此面对。过去处于话语权中心地位的组织因互联网而被解构，社会结构由过去的中心化向扁平化转型。

二、网络与个体心理需求

互联网上资源丰富，并能对大学生生活的方方面面产生影响，是因为它能满足大学生的多种心理需求。

（一）满足维护与拓展人际关系的需求

大学生急于建立自己的朋友圈，发展友情和爱情，网络恰恰能够帮助大学生拓展和维护人际关系。

（1）互联网丰富了大学生的人际交往方式，一对一的交流转变为一对多、多对多的交流，增强了发展关系的便捷性，提高了沟通的效率。

（2）在"人—机—人"的间接交流模式中，大学生的基本社会属性被隐藏起来，从而使他们能够以一种更加开放、大胆的姿态投入虚拟的人际关系，还可以避免直接交往可能出现的尴尬。

（3）使用网络社交平台进行交流，交流双方不需要直接面对对方，甚至不需要及时给予回复，这使交流者有更多的时间去思考和改进自己的表达，塑造理想化的自我形象。

亲和动机和归属感是人的基本心理需求。网络空间由于提供了许多不同的虚拟社区环境和团体环境，让每一种人几乎都可以在互联网上找到一个让自己感觉"趣味相投的地方"。事实上，一些网迷往往存在着现实的或潜在的归属认同危机感，如夫妻之间、亲子之间、家庭其他成员之间、同学之间、同事之间存在着人际关系紧张、沟通不良、缺乏认同等问题。借助网络既可以逃避不愉快的现实挫折感，又有助于在外寻觅自己的归属感和认同感。

（二）满足宣泄压力、追求娱乐时尚的需求

互联网集文本、声音、图像、动画等多媒体形式于一体，极大地丰富了大学生文化和娱乐的内容与形式。大学生可以足不出户就参加游戏、聊天、听音乐、欣赏电影电视、阅读小说等，在互联网上可以获得丰富的视觉和听觉刺激，使人体验到心跳、眩晕、紧张等微妙的心理变化和审美通感，获得精神上的满足与愉悦。互联网的这些娱乐功能与大学生具有的好奇、浪漫、喜欢惊险刺激，对新事物、新知识反应迅速，强烈的求知欲和探索精神等心理特征相吻合。同时，大学生正处于自我意识凸显和急于展现自我的阶段，他们既试图通过存异来突出自我，也希望求同于人，与环境保持平衡，不期望被视为另类。所以，追逐网络新事物成为他们与时尚靠拢的一种方式。互联网信息的自由性、消费的时尚性和新闻的及时性，以及互联网传播信息的高速性满足了当代大学生追求时尚与潮流的心理需求。另外，许多大学生在人际关系、学业、情感等方面产生困惑，心理压力不断累积，这使一些大学生选择通过网游等网络娱乐休闲平台来获得精神的放松和愉悦。

（三）满足自尊、成就感和自我实现的需求

网络虚拟世界为大学生满足自尊、成就感和自我价值的实现提供了机会。研究发现，经常上网的大学生能从网络中感受到平等的社会支持和公正的评价，在网络中体验到一定

的成功感，网络可以作为实现个人价值的一个平台，网络行为对维护自尊有一定的积极作用。在网络世界里，个人的相貌不再重要，每个网民在一个非以貌取人的环境下拥有平等的发言权，而不需要戴着过多的面具。

每个人在网上可以建立起自己的主页和博客，展现自己的兴趣爱好、游历和心得体会，使更多的网友了解自己。通过网络人际交往，可以增进个人的自信、自尊和自我价值感。研究者认为，由于网络的匿名性，网络为大学生提供了一个重建自我认同的机会。安德森（K. J. Anderson）认为大学生在虚拟世界中，可能会形成更外向、聪明，更善于社交的虚拟性格。尤格（K. Young）的研究也指出，66%的网络成瘾者在网络上创造了新的自我认定，他们借网络中的不同角色扮演而解放了他们潜隐的自我。在网络世界中，每个人都可以展现出多层面的自我，而有些自我是他们原来所害怕或不愿意去面对的部分。

从心理学意义上来看，当一个人以某种昵称进入网络聊天室时，就意味着已经选择了自己的一个替身，如果在与其他人聊天时得到称赞，就会获得成功的感受；如果被其他人所漠视，则可以更换替身来象征自己的改变，而最终获得心理满足。

网络特性可以使每个使用者充分发挥主观能动性，满足其控制欲。个体可以随意控制自己的网上活动，随意选择自己喜欢的网站，改变自己的用户界面，从而可以获得一种"主宰一切"的感觉。在网络上，内向不善社交者可能会变得外向，沉默寡言者可能会变得雄辩滔滔，许多压抑在潜意识的人格特质可能会被释放，在虚拟世界里彰显或建构出一个理想的自我。

（四）满足探索外部世界的需求

大学生处于心理断乳期，有积极探索外部世界的心理倾向，求知欲强、想象力丰富，强烈渴望了解书本以外的多种知识、信息和多彩的世界。

网络是一部百科全书，是图书馆也是档案馆，将文字、声音、图像集于一体，构成了一种立体化的传播形态。得益于先进的互联网技术，在信息时代获取知识变得简单快捷。相比传统的依靠课堂、书籍、媒体来获取信息，现在的大学生可以根据自己的需求，随时随地借助互联网，通过搜索引擎、订阅号、智库等了解周围的世界，往日被动的知识接受者俨然成为主动的知识获取者。这些都极大地满足了大学生探索外部世界的心理需求。

（五）满足寻求性刺激的需求

性欲满足是人类的一种本能性需求，也是一种强大的生物和心理能量。大学生正处于性生理发育已经完成而性心理尚不成熟的阶段，他们一方面为自己的第二性征变化和成人世界的性诱惑感到惊奇；另一方面也为自己在性态度、性偏好、性行为、性功能等方面的一些困惑而焦虑不安。与强烈的需求形成反差的是，我国的青少年在成长过程中往往无法获得科学系统的性生理、性心理知识，这使他们求助于丰富的网络世界。

三、大学生网络心理的特点

（一）人际方面

1. 交友心理

随着自我意识的增强，大学生逐步摆脱了对父母、老师的依赖，但同时对同龄人的依赖有所增长，需要在新的环境中获得同伴的友谊。如今，网络作为一种交友工具在高校学生中已经相当普及。

2. 恋爱心理

随着身心发育的日渐成熟，大学生对爱情的渴望和追求自然萌发。而网络为大学生恋爱的自我表露、情感需求带来了新的体验模式。开放的网络为大学生寻找恋爱对象增加了概率，隐匿性则让人能更直接地表达出内心的情感。

3. 沟通心理

人际交往是大学生身心发展的需要。网上沟通这种新的人际交往渠道为大学生展现自我和接触社会等提供了一个新的平台。通过聊天软件、论坛留言或博客交流等方式，大学生可以海阔天空地畅谈自己的看法，获取别人的观点。

（二）认知方面

1. 信息收集

互联网把人们的生活带入了一个信息爆炸的时代。形形色色的资讯在这里汇集，要查找什么信息都触手可及。数字图书馆、在线课程等的出现大大拓宽了大学生收集资料和接受知识的途径，满足了大学生不断增长的认知需求。

2. 尝试心理

网络的互动性和开放性激发了大学生的尝试心理。与被动接受的传统媒介相比，网络有着明显的区别。无论大学生身处何处，只要进入互联网，就可以在统一的平台上以相互平等的方式从事对信息的制造、交流和利用，各种情绪都可得到尽情地表达和宣泄。对于崇尚自由、民主和平等的大学生来说，网络无疑是一个能崭露头角的好地方。在这里，大学生能充分体会到助人的自豪感，不受时空的约束和规矩的限制。

3. 猎奇心理

大学生对新鲜事物充满了好奇，而网络丰富的资源更促发了这种猎奇的心理。互联网把无数局域网连接起来，成为全球最大的信息库，内容涉及社会生活的各个方面。这大大拓展了大学生的视野，为他们带来全新的生活体验，满足了好奇心理。

（三）情感方面

1. 减压心理

如今社会对人才质量的要求越加严格。许多大学生在就业、升学或自身状况上体会到的压力也较以往大学生有所增加。而网络的隐匿性、开放性等特征给大学生适时转移、倾诉和宣泄自己的负面情绪提供了机会与场所。

2. 娱乐心理

在网上参加游戏、聊天、听音乐、看电影、阅读等已是大学生娱乐的重要方式。大学生具有好奇、追求浪漫、喜欢惊险刺激，对新事物、新信息反应迅速等心理行为特征，而网络的功能正好与这些特征相匹配，因此，在网上冲浪成为大学生休闲和娱乐的主要途径之一。

3. 逃避心理

由于社会的不协调发展造成了社会中存在各种各样的压力，很多学生为了躲避现实生活的压力都会在互联网中寻求精神寄托。也有很多学生是在现实生活中受到了挫折，因此，投入互联网世界的怀抱。

4. 情感表达心理

通过上网寻求人与人之间的相互关心、理解和尊重是潜藏在大学生内心的上网动机之一。他们在网络中结识朋友，获得在现实生活中无法得到的情感交流和满足。在网络中，他们表达情感的主要方式有聊天、建立个人网页、写微博、发朋友圈，在论坛上发表自己的观点和见解等。

5. 价值体现心理

人需要在社会关系中获得自我价值。而处于青年初期的大学生思想比较活跃，渴望友谊、理解与尊重。随着年龄的增长，生活空间的扩展和阅历的不断增加，大学生对自我价值感的追求表现得尤为明显，而网络为大学生的价值体现提供了便利条件。无论天涯海角，互联网都可以使人们彼此认识交往，并在这种人际互动中获得自信、自尊和自我认同等价值。另外，通过网络这一平台来成就自己的学业、事业，也是大学生实现自我价值的重要手段。

任务二　网络与大学生心理健康

一、网络对大学生心理健康的影响

(一) 积极影响

互联网开阔了大学生的眼界，凡是想获得知识的人都拥有了学习的权利。互联网的全球性也打破了国际与地域的限制，使不同国家的人能领略到他国风景，实现了"坐地日行八万里，巡天遥看一千河"的想象。现如今，大学生已不再单纯地以课堂上的学习为基础，而能根据自己的爱好和实际情况随时随地进行学习。

在网络中，大学生的文化生活得以丰富，可以凭借文字、声音、图影等各种新方式接受来自世界各地的信息和娱乐项目，一些思想、观念和生活、学习、消费及娱乐等方式通过各种渠道产生了直接或间接的影响。

大学生利用日渐成熟的电子商务，在网上购物，在网上交易二手商品；还可以足不出户地在网络上为自己充话费、更改流量套餐；甚至可以通过网络和远方的父母进行即时通信，使远方的父母减少对孩子的担忧。

(二) 负面影响

随着互联网越发普及，有不少人对网络产生了依赖性，人们越发地沉迷于虚假的网络而减少了和父母、亲朋好友面对面的交流，甚至网络成瘾已经成了一种心理上的疾病。对于身心发展还不成熟的大学生来说，网络成瘾不仅影响学习，还会对个性的形成和价值取向产生深刻影响。长时间注视着计算机屏幕不仅会导致视力下降、眼睛怕光，僵坐在计算机前还可能会出现腰背的肌肉劳损、脊椎疼痛变形等。在电视或广播中也时常会听到有人沉迷于网络，导致身体不适，甚至会突发猝死的事件。

网络诈骗时常出现在大学生生活中，骗子会通过给大学生一些蝇头小利来骗取受害者的信任，甚至还出现了一系列团伙作案，他们利用大学生的同情心，或者想赚快钱的心理，盗取其身份、家庭地址等信息，再将信息出售给一些团伙，形成了类似产业链的结构，这损害了大学生的财产、信息的安全，严重扰乱了社会治安。

网络使世界变成了"地球村"，虽然让人们足不出户便可以接收到世界各地的信息，但也让人们进入"人—机—人"的封闭式环境当中，使人失去了与他人、社会接触的机会。对大学生来说，长时间接触虚拟的网络，会使人们淡化网络与现实世界的界限；长时间在虚拟

网络对生活的影响

的网络世界中，与亲属、同学之间的感情随之淡化，与现实产生极大距离感。因此，当他们从网络中走出来后，会对社会现实感到悲观失望，进而导致情绪偏激、孤傲、冷漠及其他心理问题。

二、网络引起的大学生常见心理问题

许多大学生阅历浅，社会经验不足，意志薄弱，承受挫折、辨别是非、适应及自我控制的能力都不强，对自己又缺乏正确而全面的认识，所以，容易受到社会上各种思潮的冲击。大学生正处于青春发育后期，心理发育还未完全成熟，在遇到心理冲突和困惑时，网络便成为他们的主要交流工具之一。但在这种环境中的关系多是虚幻的，在网络中得到的安慰也只是暂时的，当离开这种环境后，被安慰、被关心的感觉瞬间消失，导致大学生的心理冲突和困惑加剧，长期发展必然产生心理问题甚至疾病。

（一）网络成瘾

网络成瘾，临床上是指患者对互联网过度依赖而导致的一种心理异常症状及伴随的一种生理性不适。患者表现为过度上网，每天耗在网络上的时间为 6 个小时以上。如果没有上网，则表现得萎靡不振或精神颓废。格里菲斯认为，网络成瘾与物质成瘾一样，具有凸显性、心境调节、耐受性、戒断症状、冲突性和反复性等核心特点。2008 年 11 月 9 日，我国首部《网络成瘾临床诊断标准》通过专家论证。这一标准的通过结束了我国医学界长期以来无科学规范网络成瘾诊断标准的历史，为今后临床医学在网络成瘾的预防、诊断、治疗及进一步研究上提供了依据。根据《中国青少年健康教育核心信息及释义（2018 版）》，网络成瘾指在无成瘾物质作用下对互联网使用冲动的失控行为，表现为过度使用互联网后导致明显的学业、职业和社会功能损伤。

网络成瘾者对互联网的依赖程度严重，其症状包括以下几项。

（1）减少或停止上网时会出现周身不适、烦躁、易激惹、注意力不集中、眨眼障碍等戒断反应。

（2）对网络的使用有强烈的渴求或冲动感。

（3）为达到满足感不断增加网络时间和投入程度。

（4）固执使用而不顾其明显危害后果，即使知道也难以停止。

（5）使用网络难以控制，多次努力未成功。

（6）网络成瘾的病程标准为平均每日连续上网达到 6 小时，且符合症状标准达 3 个月。

（7）使用网络作为一种逃避问题的途径。

网络成瘾严重程度
诊断量表

（二）网络孤独

网络孤独主要是指希望通过网上人际交往来提高或改变自己，但未能解除孤独甚至加重了孤独，或反而因为触网而引发孤独感这样一类不良心理状态。一些大学生由于性格内向、自卑、心思敏锐，而不愿意或不善于与他人交往，甚至厌恶社会上那种虚情假意的人情来往。他们青睐于网上交往这种匿名、隐匿性别和身份的形式，常向网友发泄自己的不良情绪，排解忧虑，讲自己的"心情故事"。这样他们的心情会得到放松。可下网后他们发现自己面对的依然是四壁空空的孤独，这使他们感到网络对孤独抑郁的排解只是"隔靴搔痒"。

（三）网络人格障碍

在现实生活情境中，大学生一般都始终如一地扮演着自己的角色，但一些上网者借着计算机网络所提供的方便性和隐蔽性，试图完全摆脱现实世界对个人的规范和要求，一心一意地追求个人心理的满足，为此不断地更换自己的网上身份，以为这样没有人知道他们是谁，没有人看得见他们真实的面目，他们可以随心所欲扮演各类角色，随意谩骂他人，随意编织语言游戏去投人所好或欺骗他人，甚至将内心的阴暗淋漓尽致地表现出来。

（四）网络犯罪倾向

虚拟状态既为网上行为提供了安全的屏障，也给不正当、不道德的行为披上了外衣，从而造成网络社会虚假信息的泛滥及非道德行为的发生。由于某些大学生自我约束能力差，道德自律行为和意识淡薄，在网上容易出现为所欲为的冲动，进而做出一些不道德的行为，如恶意侮辱、人身攻击、网上"多角恋爱""黑客"攻击等行为。同时，上网需要一定的花费，如果沉浸于网络生活，又没有足够的钱，也可能诱发学生通过一些不正当的渠道来获取金钱，导致犯罪。

任务三　大学生网络心理调适

一、正确利用网络

互联网的出现宣告着人类信息时代的到来。它消除了人类跨地域沟通在时间上的滞后性，拓展了人类的交往空间，深刻地改变着人与人、人与社会的关系。然而，网络在充满自由、平等和开放的同时，又充满着诱惑与陷阱。我们既不能将其视作洪水猛兽，又要清楚地看到沉迷其中会"玩物丧志"。

对大学生而言，应该看到网络只是一种工具，而使用它的人是灵活的。对不良网络行为负责的应该是人，而非网络本身；网络资源是我们不可缺少的财富，对网络的破坏和滥用是对社会秩序的极大干扰，会危及每个人；网络社会并非真实社会，虚拟世界的情感宣泄和满足并不见得使人真正快乐，我们应学会现实生活中的处事方法。无论是夸大网络的积极的还是消极的效果，都不是解决一切问题的灵丹妙药，都只能陷入极端。大学生只有建立正确的认知，才能全面地看待网络，合理利用网络资源为自己服务，处理好现实与网络世界的关系，避免产生各种网络心理问题。

二、培养良好网络使用行为的方法

（一）上网之前先定目标

上网前，先用几分钟时间列出此次上网的目标、具体要完成的任务等。磨刀不误砍柴工，有清晰的上网目标，可以帮助人们规避计划外的上网行为，从而高效地完成计划内的目标与任务。

（二）上网之前先定时间

确定好需要完成的目标后，接下来就可以对照目标与任务，分析每项目标与任务可能需要完成的时间。假设估计要用一个小时，在半个小时的时候定个闹钟，到时候看看进展到哪一步，按照这样的进程是否能完成既定的目标与任务，是否需要调整自己的工作状态以更好地完成目标与任务。如果认为定闹钟太麻烦，可以在计算机中安装一个定时提醒的小软件，或监控上网行为的小软件，这样就能有效地控制上网时间了。

（三）合理安排上网时间

根据生活、工作与学习的状态，合理安排上网时间的频次与间隔，如每周最多上网3～5次，每次上网时间不超过2小时，且连续操作1小时后应休息15分钟，尤其是晚上上网时间不能太长，以免影响第二天的精神状态。另外，深夜上网还可能影响他人休息，甚至可能导致宿舍矛盾。

三、戒除网瘾的心理学方法

当个人陷入网络成瘾的程度较为严重，依靠个人力量难以自拔时，寻求专业的心理辅导或心理治疗是非常必要的。国内针对网络成瘾的心理行为治疗有多种形式，如个体治疗、团体治疗、家庭治疗是戒除网瘾的基本治疗方法。

（一）个体治疗

在网络成瘾者的个体治疗方式中，认知疗法是使用较为广泛的治疗方法。认知疗法主要聚集于网络成瘾者的认知情况，如自动化思维、核心信念，改变其不合理的信念，挑战不适应性认知，将认知情况与成长情况相整合，消除消极情绪，从而帮助网络成瘾者建立有效的行为应对策略，消除不合理的网络使用行为。研究也表明，认知疗法对网络成瘾者的干预效果较好。当然，其他流派对网络成瘾者的个体干预治疗也发挥着重要的作用。

（二）团体治疗

团体治疗是指在团体带领者的带领下，创建一个安全、相互信任的团体氛围，借助团体的力量和各种个体心理治疗理论与技术，就团体成员共同面对的网络成瘾问题进行共同讨论，提供行为训练的机会，为团体成员提供心理帮助、支持与指导，增强网络等行为控制的决心与信心，从而帮助团体成员塑造更为健康的上网行为。这是治疗网络成瘾行为的重要模式，被大量运用于网络成瘾的干预治疗中。

（三）家庭治疗

家庭治疗是以家庭为对象实施的心理治疗模式，不局限于家庭全部成员或整个家庭，不注重个体内在的心理状态与问题的分析，认为个体的症状是家庭功能的呈现，将治疗焦点放在家庭成员的互动与关系上，并注重重塑家庭的互动关系模式。家庭治疗理论认为，网络成瘾的个体是由于其家庭功能失调而出现的行为症状，只要能够调整家庭成员之间的互动模式，网络成瘾者的成瘾行为也能逐渐好转。家庭治疗理论融入了系统观的思维，帮助网络成瘾者带动所处的系统，并随之一起改变，往往能起到事半功倍的效果。

项目十

"港湾，家是什么"——大学生的家庭与心理健康

📋 **学习目标**

知识目标：

1. 了解家庭环境对人的影响。

2. 了解家庭教育的概念及重要理论。

3. 熟悉父母的教养方式。

4. 熟悉家庭代际冲突的影响。

能力目标：

1. 能够掌握自我分化的概念及家庭系统的四大法则。

2. 能够掌握家庭教育的原则及方法。

3. 能够掌握如何与父母沟通。

素养目标：

培养大学生正确对待家庭教育的意识。

任务一　认识家庭

一、家的概念

《说文解字》释"家"："居也，从宀"。清人段玉裁注："本义乃豕之居也，引申假借以为人之居。"指的是"宀"为屋之形，"豕"为畜牧，后引申为普通人的居住之所。"家庭"一词是后起的，基本含义是指一家之内。在古罗马，"famulus"（家庭）的意思是一个家庭的奴隶，而"familia"则是指属于一个人的全体奴隶。古罗马人用"familia"一词表示父权支配着妻子、子女和一定数量奴隶的社会机体。

人们对家庭含义本质的认识是从近代才开始的。卡尔·马克思、弗里德里希·恩格斯认为："每日都在重新生产自己生命的人们开始生产另外一些人，即生殖。这就是夫妻之间的关系，父母和子女之间的关系，这就是家庭。"奥地利心理学家弗洛伊德认为，家庭是"肉体生活同社会机体生活之间的联系环节"。美国社会学家 E. W. 伯吉斯和 H. J. 洛克在《家庭》（1953）一书中提出："家庭是被婚姻、血缘或收养的纽带联合起来的人的群体，各人以其作为父母、夫妻或兄弟姐妹的社会身份相互作用和交往，创造一个共同的文化。"我国社会学家孙本文认为，家庭是夫妇、子女等亲属所结合的团体。费孝通认为，家庭是父母子女形成的团体。

二、家庭的模式

家庭的模式是指家庭的结构形式或样式。它由家庭成员之间的相互吸引力凝聚在一起，形成家庭成员共同生活的组织结构模式。这种凝聚力的核心是夫妻之间爱情的巩固。凝聚力越大，这种家庭的结构模式越牢固。一旦凝聚力消失，其家庭结构模式就要瓦解，而被其他家庭模式所代替。

社会学将家庭的结构类型划分为以下四种。

1. 核心家庭

核心家庭由夫妻和未婚子女组成，一般是两代人，其结构简单，独立自由，是当前社会上为数众多的家庭模式。核心家庭是最稳定的家庭。

2. 直系家庭

直系家庭即传统型大家庭。夫妻结婚后，住到男方家里，没有形成一个独立的新家庭，只增加了男方家庭成员，一切家庭经济和生活管理都由原家长负责，常常形成三代同堂或四代同堂，即由一对夫妻和一对已婚儿子、儿媳及孙子、孙女（或女儿、女婿及外孙、外孙女）组成。

3. 联合家庭

联合家庭由一对夫妻和多对已婚儿女组成，也包括父母中有一方去世或都去世后，已婚同胞兄弟姊妹依旧不分家共同生活的家庭。联合家庭至少在一代人中有两对夫妻。

4. 其他

除上述家庭模式外，其他还有分居型家庭，独居型家庭（如独身家庭），父母双亡、未婚兄弟姊妹暂时并居的家庭等。扩大型核心家庭，是以夫妻为核心，虽有老人同住，但老人不再起主导作用的家庭，这在我国目前家庭模式中占比例也是很大的。

人类的家庭发展史说明，社会生产力的发展对家庭的结构规模具有重要的作用。在生产力水平十分低下的年代里，人们缺乏驾驭自然的能力，个人的生产手段和自卫能力都不足以保障自己的生存，人们只有在生产劳动中互相合作才能生存和延续。显然，由血缘和婚姻纽带联结在一起的亲属大家庭是合适的生产生活组织。马克思说："我们越往前追溯历史，个人，也就是进行生产的个人，就显得越不独立，越从属于一个更大的整体：最初还是十分自然地在家庭和扩大成为民族的家庭中；后来是在由氏族间的冲突和融合而产生的各种形式的公社中。"可见，家庭结构规模与社会生产力发展呈现反比关系，即小生产方式却要求大家庭结构。

三、家庭环境对人的影响

在中国民间早有"三岁看老"的教育观。许多教育学家都认识到家庭因素对青少年心理发展所起的基础性作用。例如，德国学者卡尔·威特说："对孩子而言，假如没有好的家庭教育，即便是请最优秀的教育家对他进行最认真的教育，也不会有好的效果。"意大利学者玛利亚·蒙台梭利也说："父母才是孩子一生中真正的启蒙老师，而家庭则是孩子最重要的学习课堂。"许多实证研究也都显示，不同的家庭特征对青少年的心理发展有着深远的显著影响。

（一）家庭环境对人际信任的影响

要建立良好的人际关系，就必须以人际信任作为交往的基础。研究表明，个体成长的家庭氛围、家庭结构与功能、父母的教养方式、亲子关系都会对其人际信任感产生至关重要的影响。艾里克森认为，个体的人际信任感形成于儿童早期的经验，那时人际信任主要体现在看护人与婴儿之间的微妙关系上。研究显示，积极的父母养育方式不但可以增加孩子的人际信任度，而且可以增加孩子乐于助人的行为；反之，父母的拒绝和否认等消极的养育方式会使孩子人际信任感下降，导致孩子产生爱占别人便宜、自私自利的行为。

有关亲子依恋与青少年人际信任之间关系的研究显示，在早期社会化过程中获得安全依恋的儿童会在后来的发展中表现出较高水平的人际信任。不安全依恋的个体报告在社会交往中体验到较低的社会价值和较低的人际信任感；而安全型依恋的个体则通常有较高的自我概念、较高水平的人际信任。孩子对父母的依恋状况影响到孩子与身边重要人物建立有价值的依恋关系的能力，其中母亲对孩子自我形象的形成起着至关重要的作用，这种自我形象也影响着孩子对人的信任。

父母对青少年人际信任的影响程度在男女两性中还存在着一定的差异。对于女性青少年来说，母亲的影响大于父亲的影响；对于男性青少年来说，父亲的影响大于母亲的影响。也就是说，同性别依恋的影响程度比异性别依恋的影响程度要高。

父母文化程度和家庭经济状况对孩子人际信任也具有一定的影响。一般认为，文化水平高的父母，其教养方式相比文化水平低的父母更多地倾向于采取情感温暖、理解，少拒绝、否认等积极的教养方式，这当然有利于孩子建立自信心。

（二）家庭环境对自尊的影响

自尊是个体在社会化过程中所获得的对自己的价值和作用的整体情感评价和对自我的态度体验。研究表明，父母对待孩子的态度和行为影响孩子的自尊、认知方式、自我效能感、情绪与智力发展。良好的家庭环境有助于家庭成员形成对自身价值与自我接纳的良好的总体感受，从而形成较高水平的自尊；过分严厉的家庭气氛、不和睦和不稳定的家庭环境对孩子自尊的形成带来不良的影响。一般认为，父母的忽视、过多或过少的限制、冷漠或鄙视的教养模式会导致孩子不同类型的自我结构和行为不良，使个体表现出低自尊。

一般来说，父母倾向于严厉惩罚教育的孩子，自尊较低；父母倾向于民主型教育的孩子，自尊较高。研究还发现，高自尊孩子，其父母的抚养方式具有以下特点。

（1）接受、关心和参与。高自尊孩子的父母经常对孩子表达关心和爱，对孩子的活动有兴趣，认识孩子的朋友，关心孩子的问题（即使是不重要的问题）。

（2）民主。高自尊孩子的父母允许孩子自己决定睡觉的时间，给予孩子表达自己观点的机会，以及有时按照自己方式办事的权利，让孩子参与制订家庭计划。如果孩子对父母的观点提出异议，他们不会加以指责。

（3）严格。高自尊孩子的父母常认为，重要的是要让孩子达到更高的要求，而不仅仅满足于使孩子高兴，并认为孩子在严格的训练下会更快乐。

（4）使用非强制性的纪律。高自尊孩子的父母相对较少地使用体罚，他们对孩子的惩罚往往只是取消给孩子的某些特权，或让孩子独处一段时间，或与孩子讨论行为好坏的原因。

（三）家庭环境对应对方式的影响

应对作为个体应对外界各种应激刺激和心理压力的一种防御机制，对个体身心健康的保护意义重大。应对方式有积极与消极、适应良好或不适应之分。经过长期的社会化过程，每个人的应对方式都具有稳定的习惯性倾向。研究表明，个体对家庭环境的消极感知与使用较多的关注情感的应对策略（如退让、否定等）有关。父母低情感表达的教养方式容易使孩子形成猜疑、敏感的性格，对他人的不信任感和自觉的不安全感，导致孩子对陌生环境和新事物适应困难。当孩子感到自己的家庭比较有凝聚力和组织性时，就会发展出较好的应对技巧；而来自冲突较多的家庭中的青少年则显示出低水平的积极应对和高水平的退让等消极应对方式。事实证明，和睦安宁的家庭气氛是孩子可资利用的一种有效的应对资源。

研究发现，在成长过程中父母拒绝和惩罚的教养方式会导致孩子成年后更多地采用内向的、针对情绪的应对策略；而父母的情感温暖与理解有助于孩子采用解决问题、寻求社会支持等积极应对方式；父母的过分干涉、过分保护和偏爱，则会导致其孩子采用想象或自我封闭等消极的应对方式。父母的过度保护可能使孩子倾向于使用依赖、幼稚的应对方式，而父母的过度干涉则可能使孩子容易表现出逆反或叛逆等消极的应对方式。民主型教养方式下成长的青少年，能够与家长进行有效的沟通，可以从父母那里获得有效的应对资源；而放任型教养方式下成长的青少年，因为父母对孩子不管不问，孩子不能获得应对策略的指导和建议，其应对方式要么自发，要么容易受到同辈模仿的影响；权威型教养方式下成长的青少年，其个性容易被压抑，遇到困难时，可能会表现出更多的幻想和依赖等应对方式。

（四）家庭环境对自我发展的影响

个体自我认知如何与其家庭早期社会化所创造的自我体验和自我监控的条件，以及后来实现自我的状况密切相关。艾里克森认为，是生物、心理及社会文化环境共同促成了个体自我同一性的形成，也导致同一性发展过程中表现出明显的个体差异。在诸多环境因素中，家庭因素在自我同一性的形成与发展中占据重要地位。研究表明，在总体自我价值感方面，家庭居住环境、父母职业、家庭经济水平对大学生的总体自我价值感都有一定的影响，而家庭关系对大学生自我和谐水平具有不同程度的影响，大学生自我接纳水平和家庭关怀度呈正相关。家庭环境中的低亲密度、低娱乐性、低组织性是影响大学生社交焦虑的不良家庭因素。

任务二 家庭教育

一、家庭教育的概念

家庭教育是大教育的组成部分之一，是学校教育与社会教育的基础。家庭教育是终身教育，它开始于孩子出生之日（甚至可上溯到胎儿期），婴幼儿时期的家庭教育是"人之初"的教育，在人的一生中起着奠基的作用。孩子上了小学、中学后，家庭教育既是学校教育的基础，又是学校教育的补充和延伸。其教育目标应是在孩子进入社会接受集体教育之前保证孩子身心健康地发展，为接受幼儿园、学校的教育打好基础。著名心理专家郝滨老师曾说过："家庭教育是人生整个教育的基础和起点。"确实，家庭教育是对人的一生影响最深的一种教育，它直接或间接地影响着一个人人生目标的实现。

家庭教育是最初始、最真诚、最实在、最持久的教育。它是教育系统大厦的基石，是人的终身教育的重要组成部分。家庭教育这一初始教育工程的质量如何，直接关系到人一生的教育水平，也关系着整个教育系统的质量。美国教育家伯顿·怀特（B. L. White）在对幼儿早年教育和追踪研究中指出："家庭教育给予儿童的非正规教育，比之后的正规教育制度对儿童总的发展产生的影响还要大。如果一个家庭在孩子生活的早年向他提供基础稳固的启蒙教育，那么他将可能从以后的正规学校教育中得到最大的收益。"具体来说，家庭教育具有以下重要意义。

（1）从社会学的角度看，家庭教育是社会化的教育。在这里重要的是借助家庭的教养，不单是掌握人们常说的人所需要的基本生活习惯。它至少在下述四点意义上进行着价值的内化。

1）在获得交流方法的基础上，学习社会的基本见解、观点、观念、感受的方法即文化的核心（潜在文化）。

2）主要通过同母亲的关系，学习爱的情感，这种自然的爱的情感会逐渐地扩大到爱他人、爱集体、爱民族、爱人类等。

3）主要通过同父亲的关系，掌握权威感，培养其对卓越成就的崇敬之念。

4）通过母爱与赏罚，在行为与精神两个方面一步一步地获得不易达到的自立、最终实现自律这一价值的内化。

在家庭教育中，倘若没有这四个方面的社会化，不仅作为"完整人"是极不充分的，甚至连上学也会发生困难。

（2）从自然过程的角度看，家庭教育不像学校教育，学校是专门从事教育的机构，家庭则首先是私生活的起点。

确保精神的舒畅和安定同生儿育女一起，构成了家庭教育的重要职能。在家庭里没有像学校教育中那样的教育专家。因此，家庭教育倘若过于追求理想化，反而会招致种种的破绽。它是在日常生活中自然而然地进行的，它对于人的教育具有不可置换的意义。因为家庭是人降生以后第一个归属的集团，在那里形成基本的人格。

（3）从教育过程实施时间的长短角度看，家庭教育是终身教育，即使儿童、青少年入学以后，仍有超过2/3的时间生活在家庭里，接受着父母的教育。当他们离开学校进入社会生活，父母的教育仍继续进行，只是教育的侧重点不同了。在学龄前和学龄期，家长对子女进行的教育，多是行为规范、智力开发、文化学习、思想品德和身体保健等方面的教育，而成年之后，则是为人处世、就业、工作、恋爱、婚姻，以及成家、夫妻关系、养育子女等方面的教育。

（4）从教育影响的持续程度看，家庭教育是连续的、持久的教育。人从出生到长大成人离开父母，走上独立生活的道路，在这样一个漫长的过程中，一般都是连续生活在家庭这个比较稳定的环境里（父母离异再建新家庭除外）。家庭教育的整个过程一般没有生活环境和教育者的变化与更换的问题，即使是上了学的孩子同时也在接受着父母的教育和影响，所以，家庭对人的教育影响是连续的。

❯ 二十大速递

家教家风建设的根本在于立德

天下之本在国，国之本在家，家之本在德。党的二十大报告强调："加强家庭家教家风建设……推动明大德、守公德、严私德，提高人民道德水准和文明素养"。国无德不兴，人无德不立，这是整个国家、民族、社会向上向善的力量，也是家庭教育的内核所在。家庭是孩子的第一所学校，父母要把立德作为家教家风建设的核心内容，以润物无声的方式，做好孩子的品德教育，帮助孩子打好人生的根基。

以家国情怀教育涵养大德。明大德，必须要有矢志不渝的家国情怀。父母要将家国情怀教育融入家教家风建设之中，加强对家庭成员尤其是未成年人的思想道德建设，教育孩子胸怀天下、热爱祖国。

"爱国，是人世间最深层、最持久的情感，是一个人立德之源、立功之本。"习近平总书记高屋建瓴地指出了爱国与立德、立功之间的关系，为新时代开展爱国主义教育提供了根本遵循。中华民族历来都有崇尚家国大义的传统。几千年来，家国情怀早已沉淀为支撑中华民族生生不息、薪火相传的重要精神力量，也成为今天家庭家教家风建设中不可或缺的存在。

家庭是社会的基本细胞，更是每个人精神成长的沃土。父母可从细微处着手、从点滴处积累，让家国情怀的种子在孩子的心灵深处扎根，引导孩子自觉把个人的理想与祖国的前途、民族的命运紧密联系在一起。以家国情怀教育涵养民族复兴之大德，则大德必成，并将有力推动全社会形成注重家国情怀教育的良好风尚。

以社会主义核心价值观教育培养公德。社会主义核心价值观是对中华优秀传统文化的传承和升华，是支撑中华民族前进发展的内在动力，它承载着一个民族和国家的精神追求，体现着一个社会评判是非曲直的价值标准。《新时代公民道德建设实施纲要》指出，要"坚持以社会主义核心价值观为引领，将国家、社会、个人层面的价值要求贯穿到道德建设各方面……"在家庭教育的温软时光中，父母应根据孩子的身心特点和成长规律，以社会主义核心价值观教育帮助孩子铸牢处世之公德。

父母在确立家庭教育的主题与内容时，在与孩子的互动交流中，可通过讲故事、做游戏、共同观影等方式，将社会主义核心价值观教育融入其中，适时、适当地诠释"富强、民主、文明、和谐"的国家价值目标、"自由、平等、公正、法治"的社会价值取向、"爱国、敬业、诚信、友善"的公民价值准则。父母自身也要以持之以恒的榜样教育，引领孩子养成良好的思想品德，形成健康健全的人格。

以中华优秀传统文化教育浸润私德。立德是一个人做人的基础，家庭是塑造个人道德品质的基础环境，在孩子成人成才过程中发挥着不可替代的作用。古人云："道德传家，十代以上；耕读传家次之；诗书传家又次之；富贵传家，不过三代。"新时代的家庭家教家风建设，既要结合时代背景，坚持发展眼光，又要传承中华优秀传统文化。

习近平总书记强调："中华优秀传统文化是中华民族的文化根脉，其蕴含的思想观念、人文精神、道德规范，不仅是我们中国人思想和精神的内核，对解决人类问题也有重要价值。"博大精深的中华优秀传统文化中蕴含着丰富的道德修养内容，代表着中华民族独特的精神标识，是新时代道德观念培育的深厚根基。例如，中华传统文化中广为推崇的家和万事兴、孝老爱亲、勤俭持家等美德，还有流传至今的家训家风文化，都蕴含着丰富的思想道德资源，也是我国历来家庭教育的宝贵素材和精神财富。

新时代家教家风建设应通过汲取中华优秀传统文化的精髓，让孩子身处浓厚的、优秀的传统道德氛围中，引导孩子从小养成美好的品行，以达到"蓬生麻中，不扶自直"的效应。

家庭教育是一切教育的基础，要真正承担起为孩子"扣好人生第一粒扣子"的重要责任，德育必须成为家庭教育的基础与核心。立德教育不仅关系到孩子的成长，也关系到国家和民族的前途命运，因此，在加强家庭家教家风建设的过程中，坚持立德树人至关重要。

二、家庭教育的重要理论

自孩子出生起，养育和教育便成了贯穿父母一生的两件大事。其中，不少父母会感慨自己在教育孩子方面的苦恼和失败。但实际上，天底下没有天生就不好的孩子，只有教育方式不对的父母。除吃喝拉撒外，父母还要帮孩子养成健康的生活方式、培养良好的行为习惯、拥有健全的人格。教养孩子虽没有太多章法可循，但前人留下的一些育儿法则还是值得父母们参考学习的。

（一）皮格马利翁效应

美国心理学家罗森塔尔和雅克布森开始对这一现象进行了实验研究，于 1968 年发表了研究成果《课堂中的皮格马利翁》一书。他们在奥克学校所做的一个试验中，先对小学 1～6 年级的学生进行一次名为"预测未来发展的测验"，实为智力测验。然后，在这些班级中随机抽取约 20% 的学生，并让教师认识到"这些儿童的能力今后会得到发展的"，使教师产生对这一发展可能性的期望。8 个月后又进行了第二次智力测验。结果发现，被期望的学生，特别是一、二年级被期望的学生，比其他学生在智商上有了明显的提高。这一倾向，在智商为中等的学生身上表现得较为显著。而且，从教师所做的行为和性格的鉴定中可知，被期望的学生表现出更有适应能力、更有魅力、求知欲更强、智力更活跃等倾向。这一结果表明，教师的期望会传递给被期望的学生并产生鼓励效应，使其朝着教师期望的方向变化。

赞美、信任和期待具有正能量，让人感觉获得了社会支持，自我价值感增强，变得更自信，拥有积极向上的动力，会尽力达到对方的积极期望。有的家长老觉得孩子难管，同样的错误一犯再犯。这样的父母不妨先自我反思，是否在纠正孩子的言行时，总是不经意地带着数落的口吻，还总拿别人家孩子跟自家孩子比……这些言行都是在给孩子消极的心理暗示。聪明的家长说"正话"、办"正事"，希望孩子成为天才，就像对待天才一样爱孩子。少挑毛病多鼓励是每位家长的必修课。

（二）延迟满足效应

萨勒对一群都是4岁的孩子说："桌上放2块糖，如果你能坚持20分钟，等我买完东西回来，这两块糖就给你。但你若不能等这么长时间，就只能得一块，现在就能得一块！"这对4岁的孩子来说，很难选择——孩子都想得到2块糖，但又不想为此熬20分钟；而要想马上吃到嘴，又只能吃一块。

试验结果：2/3的孩子选择宁愿等20分钟得到2块糖。当然，他们很难控制自己的欲望，不少孩子只好把眼睛闭起来傻等，以防止受糖的诱惑，或者用双臂抱头，不看糖或唱歌、跳舞，还有的孩子干脆躺下睡觉。1/3的孩子选择就吃一块糖。试验者一走，1秒钟内他们就把那块糖塞到嘴里了。

经过12年的追踪，凡熬过20分钟的孩子（已是16岁了），都有较强的自制能力，自我肯定，充满信心，处理问题的能力强，坚强，乐于接受挑战；而选择吃1块糖的孩子（也已16岁了），则表现为犹豫不定、多疑、妒忌、神经质、好惹是非、任性，顶不住挫折，自尊心易受伤害。在后来几十年的跟踪观察中，也证明那些有耐心等待吃两块糖果的孩子，事业上更容易获得成功。此试验证明了人与人之间的自我控制能力存在着一定的差异，自我控制能力是个体在没有外界监督的情况下，适当地控制、调节自己的行为，抑制冲动，抵制诱惑，延迟满足，坚持不懈地保证目标实现的一种综合能力。

（三）超限效应

大文豪马克·吐温听牧师演讲，最初感觉讲得好，打算捐款；10分钟后牧师还没讲完，他不耐烦了，决定只捐一些零钱；又过了10分钟，牧师还没讲完，他决定不捐了。等牧师结束演讲时，气愤的马克·吐温不仅分文未捐，还从盘子里偷了两元钱。这种由于刺激过多或作用时间过久而引起逆反心理的现象，就是"超限效应"。

在家庭教育中，有些父母的批评絮絮叨叨，孩子听得"头都要炸了"。还有的父母会就同一件事再三批评，孩子就从内疚不安变成不耐烦、反感，甚至会出现逆反心理和行为，导致亲子关系紧张。犯一次错误只批评一次，不能超过限度。如果孩子重复犯错，家长的批评不应简单重复，可以换个角度和说法，孩子才不会觉得犯了错误被"揪住不放"。对非原则性的小错，家长不妨给孩子留点面子，点到为止，可以起到"四两拨千斤"的效果。

(四) 破窗理论

美国斯坦福大学心理学家菲利普·津巴多于1969年进行了一项试验，他找来两辆一模一样的汽车，把其中的一辆停在加利福尼亚州帕洛阿尔托的中产阶级社区，而另一辆停在相对杂乱的纽约布朗克斯区。他把车牌摘掉，把顶棚打开，结果记录设备都还没陈设好，停在纽约布朗克斯区的汽车就已经出现第一组"破坏者"，并且想私吞这辆汽车。一个男人吩咐妻子清理车厢，自己则动手拆电瓶，同时，不忘提醒自己的儿子查看置物箱。来来往往的无论开车或行走的路人，都停下来在这个拆除大赛中抢走车子上任何值钱的东西。紧接着重头戏来了，一位"破坏者"在有系统地拆卸后，成功地扒走了这辆置于纽约的汽车。而放在帕洛阿尔托的那一辆，人们路过、开车经过它，看着它，整整一个星期，竟然没有任何人对它"下手"。

以这项试验为基础，政治学家威尔逊和犯罪学家凯琳提出了一个"破窗效应"理论，认为：如果有人打坏了一幢建筑物的窗户玻璃，而这扇窗户又得不到及时的维修，他人就可能受到某些示范性的纵容去打烂更多的窗户。久而久之，这些破窗户就给人造成一种无序的感觉，结果在这种公众麻木不仁的氛围中，犯罪就会滋生、猖獗。

这个理论说的正是环境的作用。如果父母生性懒散，孩子多数不会勤快；如果夫妻俩天天吵架，孩子很快便会变得性格暴躁。父母是孩子的第一任教师，在家里要以身作则，不要让孩子所处的环境被"破窗"所影响。另外，现在很多家长过分"护犊子"，容不得别人说自家孩子一个"不"字，对孩子也不好。孩子做错事，家长不能包庇，要弄清楚事实，让孩子勇于承担后果，让孩子接受教训，这就相当于在他们的"车窗"破了一个小洞时，及时换上一块完整的玻璃。

(五) 手表定律

森林里生活着一群猴子，每天太阳升起的时候它们外出觅食，太阳落山的时候回去休息，日子过得平淡而幸福。

一名游客穿越森林，把手表落在了树下的岩石上，被猴王拾到了。聪明的猴王很快就搞清楚了手表的用途。于是，猴王成了整个猴群的明星，每只猴子都向猴王请教确切的时间，整个猴群的作息时间也由猴王来规划。

猴王认为是手表给自己带来了好运，于是它每天在森林里寻找，希望能够拾到更多的表。功夫不负有心人，猴王又拥有了第二块、第三块表。

但出乎猴王的意料，得到了三块手表的猴王有了新的麻烦，因为每块手表的时间显示的都不相同，猴王不能确定哪块手表上显示的时间是正确的。群猴也发现，每当有猴子来问时间时，猴王总是支支吾吾回答不上来。猴王的威望大降，整个猴群的作息时间也变得一塌糊涂。

只有一块手表，可以知道时间；拥有两块或两块以上的手表并不能告诉一个人更准确的时间，反而会让看表的人失去对准确时间的信心。

同理，父母教育子女若各持各的观点，孩子就不知听谁的，将无所适从，身心都陷于矛盾中。父母双方首先要统一意见，然后给孩子设定明确的准则。例如，妈妈教育孩子时，爸爸如果总是加以诋毁，对孩子说"别听你妈妈的，她不懂"，孩子就会对妈妈的教导不以为然。如果长辈参与带孩子，年轻父母应在尊重的前提下与长辈沟通好，尽量让教育理念和行为相一致。

（六）甘地夫人法则

有一次，印度前总理甘地夫人的大儿子拉吉夫要做手术。医生打算说一些"善意的谎言"安慰孩子，但甘地夫人阻止了医生，平静地告诉12岁的儿子："可爱的小拉吉夫，手术后你有几天会相当痛苦，这种痛苦是谁也不能代替的，所以你要有精神上的准备。哭泣或喊叫都不能减轻痛苦，可能还会引起头痛。所以，你必须勇敢地承受。"手术后，拉吉夫没有哭，也没有叫苦，勇敢地忍受了这一切。甘地夫人认为，挫折的到来不会以人的意志为转移，更不是父母时刻呵护就能避免。要让孩子知道和慢慢体会，拒绝挫折就等于拒绝成长。

孩子需要关爱，但太多的爱与关注可能适得其反，甚至"软化"孩子的生命力。孩子的第一次挫折很可能是从吃药、打针开始的。看着孩子恐惧的表情，不妨抱紧孩子并坦诚相告。让孩子直面挫折和困难，端正面对失败、痛苦的态度，孩子才能学会自控，培养健全人格，勇敢地面对生活中的各种变化。

三、父母的教养方式

美国心理学家戴安娜·鲍姆林德根据父母对孩子的支持程度、控制要求程度的高低，提出了四种基本的教养方式，分别是权威型、专断型、放纵型、忽视型。

（一）权威型

权威型父母对孩子是高要求、同时支持度也很高，很多父母其实都属于这种类型，对孩子"高标准、严要求"，但是同时又能够给予孩子充足的爱，尊重孩子个人的想法，和孩子平等交流沟通。

具体来说，权威型父母教养方式具有以下特点。

（1）权威型父母对孩子的成长和未来有较高的期许与要求，在孩子的学习、为人、性格等各个方面都有明确的规划和目标，他们的目标是培养孩子成为更优秀的人。

（2）权威型的父母会为孩子制定一系列行为规则。例如，吃饭时需要遵守餐桌礼仪，与教师、长辈、同学朋友相处要礼貌，在学校学习要有一定的目标，自己的事情自己做等。

（3）对孩子好的表现和不好的表现，权威型的父母也是"奖罚分明"的。例如，当孩子取得好成绩时，父母可能会带孩子吃一顿大餐；当孩子做错事情时，可能会给孩子一点"小小的惩罚"，如一天不能吃零食或不能看电视等。不一味责怪惩罚，而是包容孩子，耐心让孩子明白自己的错误，接受小的惩罚。

（4）权威型父母对孩子不仅仅是严格要求，同时他们对孩子也是充满爱的，权威型的父母能够尊重孩子的意愿，注重在平等的基础上和孩子认真交流，理解并重视孩子的想法，也能敏感地察觉到孩子情绪的变化，并及时给予温暖的回应。

总体来说，权威型父母教养出来的孩子通常能对学习和人生有明确的目标，有很强的责任心和能力，成绩优秀；性格上独立自信，乐观向上，有良好的自我认知和自尊心，可以清晰地表达自己的观点。拥有较好的社交能力，与家人、朋友、工作伙伴相处愉快；心理状况也会比较积极健康，能够对自己的情绪有良好的管理和调节，未来出现焦虑、抑郁、自杀、犯罪、酗酒、吸毒等情况的概率也会比较低。

（二）专断型

专断型的父母对孩子也有非常严格的要求，但是在支持度和关爱度上的表现就要差得多。专断型的父母更像是"独裁者"一样，对孩子有着非常强烈的控制欲，掌控孩子所有的事情，不允许孩子违逆。

具体来说，专断型父母教养方式具有以下特点。

（1）专断型的父母非常重视树立自己的威严，甚至有点不通情理，他们像独裁者一样决定一切事情，他们只想让孩子服从他们制定的规则，但是并不想对孩子解释为什么要这样做。当孩子反问"为什么要这样做"时，这种类型的父母往往会回答"就应该这么做、因为我就是这样规定的"。

（2）专断型的父母和孩子之间往往非常缺乏平等的交流和理解，孩子没有机会表达自己的观点，父母也不理解孩子的想法，更不用说顾及孩子的情绪和情感的需求与变化，进行有效的回应了。当孩子犯错时，专断型的父母会严厉责备惩罚或者用"冷暴力"惩罚孩子；当孩子表现得很好的时候，专断型的父母也很少表现出满意，很少夸奖、奖励孩子。

专断型的教养方式为孩子营造了一种比较压抑、封闭的成长环境。虽然孩子会在父母严格的要求下在学校有较好的成绩，但他们往往会在性格和与人交往中出现问题，并且影响到生活和学习。

专断型父母教养出的孩子在性格上很容易内向、不自信，缺乏独立性、缺乏安全感，情绪也会比较敏感；在社交方面，他们往往也很难很好地表达自己的想法。

（三）放纵型

放纵型的父母属于"低要求、高支持"的类型，他们很少或几乎不为孩子制定规则和界限，孩子想怎么样就怎么样，尽可能满足孩子的一切要求。

具体来说，放纵型父母教养方式具有以下特点。

（1）放纵型的父母对孩子几乎没有要求，不在乎孩子的学习成绩好不好，行为举止是否得当。

（2）对于孩子的需求，放纵型的父母也是会想尽一切方法满足他们，可以说是达到了"溺爱"的程度。孩子想要什么就给什么，喜欢什么就买什么，只要是自己能力范围内的就无条件地满足。

在放纵型教养方式中成长出来的孩子，由于父母几乎不对他们进行任何行为、礼貌上的约束，在社交方面很容易出现不礼貌或冒犯他人的行为。

父母、家人对他们的溺爱和"有求必应"，也会使孩子非常以自我为中心，不在乎别人的感受，很难和身边的同学、朋友、伙伴等相处得好；他们也很难学会很好地控制和管理自己的情绪，容易出现易怒、暴躁、冲动等问题。

（四）忽视型

忽视型的父母对孩子是"低要求、低支持"，可以说是完全放任不管地让孩子"野蛮生长"，对孩子的学习没有要求、也不关注孩子的情感，甚至对孩子可以说是表现的非常冷漠。除基本物质满足外，忽视型的父母几乎很少参与孩子的生活。更确切地说，忽视型的父母其实根本就没有担负教育引导孩子成长的责任。

在忽视型教养环境成长起来的孩子，学习和生活中都缺乏家人正确的引导，缺乏亲情的温暖，很容易形成冷漠、孤僻的性格，他们对很多事情都觉得无所谓、不在乎，情绪管理也非常不稳定，一旦受到某些刺激，他们很可能无法调控自己的情绪，严重的还有可能会走向犯罪。

任务三　原生家庭的分化与冲突

一、家庭代际冲突的影响

（一）家庭代际冲突的概念

家庭代际冲突是指不同代际之间的家庭成员之间因为不同的价值观、生活方式、文化背景、社会经历等方面的差异而产生的矛盾和冲突。这种冲突通常发生在父母与子女之间，但也可能涉及祖父母、孙子女、配偶等家庭成员。

（二）家庭代际冲突的特征

随着社会的不断发展和家庭结构的变化，家庭代际冲突已经成为一个普遍存在的问题。以下是家庭代际冲突的特征。

1. 价值观的差异

不同代际之间的家庭成员在价值观上存在着差异。例如，老一辈的人可能更加注重传统价值观，而年轻一代则更加注重个人自由和个性化。

2. 角色定位不清

不同代际之间的家庭成员在家庭中的角色定位可能存在不清晰的问题。例如，年轻一代可能更加独立和自主，而老一辈的人可能更加倾向于掌控家庭事务。

3. 经济压力

随着社会的不断发展和经济的不稳定，家庭经济压力也越来越大。不同代际之间的家庭成员在经济上的负担可能存在不均衡的问题。例如，老一辈的人可能更加依赖子女的经济支持，而年轻一代则需要承担更多的经济责任。

4. 沟通不畅

由于年龄、文化背景、社会经验等因素的影响，不同代际之间的家庭成员可能存在沟通不畅的问题。例如，老一辈的人可能更加保守，不愿意接受新事物，而年轻一代则更加开放和自由。

5. 教育方式的不同

不同代际之间的家庭成员在教育方式上存在着差异。例如，老一辈的人可能更加注重传统教育方式，而年轻一代则更加注重现代教育方式。

（三）身心症状如何在家庭中产生和维持

身心症状是指身体和心理上出现的不适或疾病。在家庭中，身心症状可能会由以下因素产生。

1. 家庭关系问题

家庭成员之间的关系不和谐，互相冷漠或争吵等，会导致孩子产生焦虑、抑郁等心理问题。

2. 家庭压力问题

家长的工作压力、生活压力等，会影响到孩子的情绪和行为，如孩子会出现压抑、易怒、失眠等症状。

3. 家庭教育问题

家长的教育方式不当，如过于严厉或溺爱等，会影响孩子的心理健康，如孩子会出现自卑、焦虑、抑郁等症状。

4. 家庭环境问题

家庭环境不卫生、嘈杂或过于拥挤等，会影响孩子的身体健康，如导致呼吸道感染、过敏等疾病。

（四）身心健康如何在家庭中维持

在家庭中，可以通过以下方式来维持身心健康。

1. 健康饮食

家长可以为孩子提供健康的饮食，包括蔬菜、水果、全谷物、低脂肪和高蛋白质的食物。避免过度食用糖和盐。

2. 锻炼身体

孩子需要每天进行适当的身体锻炼，可以选择户外运动、室内运动或做一些家务活动来增加身体运动量。

3. 管理压力

家庭中可能会出现一些压力和挑战，家长可以帮助孩子学会管理压力的方法，如深呼吸、放松瑜伽等。

4. 充足睡眠

孩子需要每晚睡眠 8～10 小时，家长可以制定规律的睡眠时间表，帮助孩子保持健康的睡眠习惯。

5. 建立良好的情感关系

家庭成员之间要互相尊重、理解和支持，建立良好的情感关系，这对孩子的身心健康非常重要。

（五）孩子在家庭冲突中扮演的角色

1. 受害者

孩子可能会成为家庭冲突的受害者，他们会受到家庭冲突的影响，如情绪低落、焦虑、恐惧等。

2. 责任者

孩子可能会感到自己有责任解决家庭冲突，他们会认为自己需要做出某些行动来改善家庭关系。

3. 逃避者

孩子可能会试图逃避家庭冲突，他们会躲避或避免与家长沟通，以避免冲突的发生。

4. 调解者

孩子可能会尝试调解家庭冲突，他们会试图平息争吵或寻找解决问题的方法。

5. 观察者

孩子可能会成为家庭冲突的观察者，他们会注意到家长之间的不和谐和紧张气氛。

二、家庭与自我分化

（一）自我分化的概念

自我分化也被称为自我分辨、自我辨别，是由家庭治疗流派代表人物鲍恩首先提出的，也是鲍恩理论的基本概念和核心理论。

鲍恩认为，自我分化可以用来判断一个人是否能拥有清晰的自我感，以及是否能不受外界影响始终坚守自己的观点和原则，这也就能看出一个人能否坚持自我。这是一种能够分辨和管理自身情绪，以及能够理性划清自己和外界边界的能力。

从心理学角度上看，自我分化程度与人际交往的成熟度有密切的联系，一个人的自我分化程度越高，那么他在人际交往中就表现得越成熟。因为这种能力能让人们在拥有自我独立性的同时又能保持与他人关系的亲密性。

（二）自我分化水平对人的影响

1. 自我分化良好的个体

在与人相处时能够维持独立自主与情感连结的平衡。他们在与人相处时能够保持一个清晰的自我感，能够处理好"我"的位置，面对压力时也能够坚持自己的观点，而不去迎合他人的期望。因此，这样的个体在与人相处时能保持灵活的距离，能分化情绪和理智，坚持自己不被他人的感受所控制。

2. 自我分化水平较低的个体

其行为只能依据情绪反应，容易依赖他人，容易产生融合状态，在处理问题时极容易受外界的影响而缺乏理性的判断。尤其当面临压力时，自我分化程度低的人可能会采取两种极端的适应模式：一种是回避他人，以避免因害怕失去自主性而产生的焦虑感；另一种是通过亲近、依赖他人，来减轻自己的心理压力。

（三）家庭的三角关系

如果把家庭看成一个三角形，那么父亲、母亲、孩子便是三角形的三个角，在这个三角形中，每条边都代表着两个家庭成员之间的关系。那么，一个健康幸福而利于孩子成长的家庭，应该是一个什么样的三角形？下面介绍几种常见的关系类型。

1. 夫妻关系较近，给孩子均等的爱

这种关系对孩子的影响：有利于孩子性格形成，同时学习男性形象和女性形象。第一种模式的夫妻关系很紧密，都给孩子比较均等的爱。在健康的家庭关系中，夫妻之间的感情是最重要的，夫妻关系比亲子关系更重要。在这种模式中，一方面，夫妻关系很和睦，能给孩子良好的家庭环境，由于父母关系很好，孩子也会对婚姻产生美好的感觉和向往，感受到婚姻就是像父母那样相处；另一方面，父母双方能给孩子比较均衡的爱，这样，孩子便能从父母那里同时学习到男性形象和女性形象，这对孩子的成长也是很有益的。

在生活中，常常会出现"异性相吸"的情形，家庭中也不例外。有时，男孩更倾向于母亲，女孩更倾向于父亲。在夫妻关系较近的家庭模式中，"异性相吸"也是家庭关系达到平衡的功臣：男孩喜欢母亲，就会在潜意识中嫉妒父亲，"为什么母亲会喜欢父亲呢？"他就会在观察的过程中以父亲为榜样，学习父亲的很多优点，所以，夫妻关系融洽，对孩子的性格形成是很关键的。

2. 夫妻关系较远，离孩子更近

这种关系对孩子的影响：可能会导致孩子以自我为中心，任性、自私。第二种模式与第一种模式比较，相对来说，父母关系较远，两个人离孩子更近，就是人们常说的"以孩子为中心"。这种模式常发生在夫妻关系一般，虽然没有太大冲突，但时常处于"冷战"状态的家庭中。由于夫妻之间的关系比较淡薄，因此，常常到孩子那里寻求补偿，由此孩子常常被溺爱、过度保护、过度干涉。这种模式会导致孩子以自我为中心，比较任性和自私等，不利于孩子各方面的发展。这样的家庭表面上看起来尚能平稳，但却潜藏着危机。

3. 夫妻关系完全依靠孩子维系

这种关系对孩子影响：孩子可能以自我为中心，自私自利。第三种模式是第二种模式的极端化，夫妻之间距离更远，问题更突出，两人的关系完全依靠孩子来维系，孩子甚至成了婚姻的阻隔、障碍，也就是人们常说的"婚内第三者"。在这种家庭中成长的孩子，常常被极端地溺爱。现在很多家庭都是这种模式，夫妻之间几乎没有感情，婚姻成了"将错就错"，他们和对方没有感情，但为了孩子，他们还是忍着，维持家庭的完整。

因此，在正常的家庭中，家庭成员之间应该是等边三角形，每个家庭成员在情感上互相支持，在心理上互相依赖，在物质上共同享受，正是基于这样的机制，才使得家庭成了每个家庭成员的避风港与保护地。对于身心尚未健全的少年儿童来说，这一点就更具重要意义。

(四) 家庭系统的四大法则

1. 平衡法则

正常的"父、母、孩子"三口之家，父母之间相亲相爱，孩子依恋父母、敬重父母，三人之间的"三边"关系都是"正性"的情感，这是最理想的家庭结构。如果父母之间的关系出问题，是"负性"情感连接，孩子就会处于"分裂"状态。在这种情况下，孩子必须放弃对父母中"某一方"的正性情感，如放弃对父亲的爱，以便和自己的母亲保持亲密与认同，以此恢复系统的平衡。这就是家庭系统的平衡法则。

2. 隔离法则

在一个家庭中，不同成员处在不同的权利等级上，相应承担不同的责任。其中，父母的权利和孩子有很大的不同，他们处在权利的较高位置，并承担更多的责任。父母不仅要履行生儿育女的义务，而且有责任为孩子的成长提供无条件的积极关爱。但是，父母却没有权利将自己的情感困惑、个人隐私与痛苦展现在孩子面前并要求孩子承担责任，同样的，孩子没有权利也没有义务解决父母的问题。因此，婚姻隐私在一定程度上应该隔离在亲子关系之外。这就是家庭系统的隔离法则。

3. 优先法则

家庭与家族成员的关系应该遵循优先法则；否则，家庭系统中爱的流动就会出现紊乱。家庭系统优先法则如下。

（1）一个家族系统中，后出现的家庭系统优先于先出现的家庭系统。一个人先是自己与父母构成的家庭系统中的成员，成人后结婚生子，有了一个新的"三口之家"家庭系统。依据此法则，这个人自己的婚姻家庭关系应该总是优先于其与父母的原生家庭关系。

（2）在同一个家庭系统中，先出现的关系优先于后出现的关系。夫妻婚姻关系是建立一个完整家庭的前提，因为这个关系，才出现了子女，于是有了亲子关系。亲子关系是后出现的关系。依据此法则，在一个家庭系统中，婚姻关系应该优先于亲子关系。

如果一个男人违背优先法则，将自己的注意力过多地放在自己的原生家庭，或者把自己的父母看得太重，一旦恋爱结婚组建新的家庭，配偶和孩子都会觉得自己"不重要"，由此产生"局外人"的自我感觉，往往难以融入大家庭。

另一种违背优先规则的情况，则更频繁地发生在现代社会的独生子女家庭中。婚后有了孩子，于是夫妻中的一方（大多数情况下是妻子）理所当然地将自己的大部分精力和情感投注到孩子身上，无暇顾及自己和配偶的情感需要，直到孩子已经进入了青春期，仍然不能够恢复对夫妻婚姻关系的关注，孩子成了夫妻关系中的唯一纽带。这样的家庭，一旦孩子因升学或工作离开家庭系统，就会出现婚姻危机与冲突，并可能导致中年后离异。

4. 补位法则

家庭系统的补位法则是由于父母中有一方因离世、离异、常年不在家或者因"性格缺陷"等原因不能正常发挥自己作为父亲或母亲的角色功能时，家庭中的孩子会选择"替代"或"填补"这个位子，并发展出相应的个性特质。比如，在失去父亲的家庭中，孩子会发展出父性特质，如很会照顾妈妈、弟弟妹妹，强悍勇敢等。

从孩子的心理成长角度来说，过度发展的补位不是一个正常的现象，而是一种心理创伤。这样的角色偏移会对孩子的成长造成阻力，无法从家庭中分化成成熟的个体。在健康的家庭系统中，父母应成

家庭关怀指数表

熟、稳定地发挥自己的本职功能，避免补位现象的出现。

三、自己掌控未来

(一)正确看待家庭教育带来的影响

家庭教育对孩子的成长和发展有着非常重要的影响。正确看待家庭教育带来的影响，可以帮助孩子更好地成长和发展。

（1）家庭教育可以帮助孩子建立正确的价值观和人生观。父母的言传身教会影响孩子的思想和行为，让孩子在成长过程中懂得尊重他人、珍惜生命、勇于担当等正确的价值观。

（2）家庭教育可以培养孩子的独立性和自信心。父母可以适当地给孩子一些自主性，让他们学会自己思考和决策，从而培养孩子的独立性和自信心。

（3）家庭教育可以促进家庭关系的和谐。在家庭教育中，父母和孩子之间的沟通与互动可以增强彼此之间的感情，让家庭更加和谐。

总之，正确看待家庭教育带来的影响，可以让孩子更好地成长和发展，同时，也可以促进家庭关系的和谐。

(二)家庭教育的原则

1. 爱与尊重

家长应该尊重孩子的个性和意见，给予他们充分的爱和关注。

2. 培养独立性

家长应该鼓励孩子独立思考和行动，帮助他们培养自信和自立能力。

3. 培养良好的行为习惯

家长应该引导孩子养成良好的行为习惯，如诚实、守时、勤俭节约等。

4. 培养责任感

家长应该教育孩子承担责任，让他们明白自己的行为会对他人产生影响。

5. 鼓励创新和探究

家长应该鼓励孩子尝试新事物和探究未知领域，培养他们的创新精神。

6. 建立正确的价值观

家长应该传授正确的价值观，让孩子明白什么是对的、什么是错的。

7. 培养社交能力

家长应该帮助孩子学会与人相处，培养他们的沟通和合作能力。

（三）家庭教育的方法

1. 尊重孩子

在日常生活的亲子关系相处过程中，家长应该尊重孩子的意见和决定，给予孩子充分的自由和空间。

2. 建立信任

建立良好的信任关系是家庭教育的基础。家长应该与孩子建立互相信任的关系，让孩子感受到家长的关爱和支持。

3. 适当奖励和惩罚

奖励和惩罚是家庭教育中必要的手段。家长应该根据孩子的表现，适当给予奖励和惩罚，以激励孩子积极进步，同时也要注意方式方法，避免过度惩罚导致孩子心理受伤。

4. 沟通交流

家长应该与孩子保持良好的沟通交流渠道，了解孩子的内心世界，关注孩子的成长变化，及时解决孩子的问题。

5. 与孩子共同参与活动

家长可以与孩子共同参与一些有意义的活动，增强亲子关系，同时，也可以使孩子在活动中学到一些知识和技能。

6. 学习先进教育理念

家长应该不断学习先进的教育理念和方法，与时俱进地调整家庭教育方式，注重孩子的全面发展。

总之，家庭教育需要综合考虑孩子的个性、需要和兴趣等因素，采用合适的方法，帮助孩子健康成长。

（四）如何与父母沟通

1. 尊重父母

与父母沟通时，要尊重他们的意见和决定，不要轻易反驳或抱怨。

2. 清晰表达

要用简单明了的语言表达自己的想法和需求，不要含糊不清或模糊不清。

3. 耐心倾听

在沟通中，要耐心倾听父母的话语，理解他们的角度和想法。

4. 寻找共同点

在沟通中，要寻找与父母的共同点，找到相互理解和支持的地方。

5. 解决问题

在沟通中，要积极寻找解决问题的方法，不要只是抱怨或指责。

6. 真诚交流

在沟通中，要保持真诚的态度，不要欺骗或隐瞒自己的想法和感受。

项目十一
"破茧成蝶的动力"
——大学生压力管理与挫折应对

知识目标：

1. 了解压力与挫折的概念。
2. 了解压力产生的原因及表现。
3. 了解挫折的产生与特点。
4. 熟悉压力与挫折对大学生心理的影响。

能力目标：

1. 能够掌握压力有效的应对方式。
2. 能够掌握挫折的应对方式。

素养目标：

提升大学生应对挫折与压力的意识。

任务一　大学生压力管理

一、压力的概念

压力是指个体在生活适应的过程中，由于实际与认知能力上的不平衡而引起的一种通过生理、心理和行为等方面表现出来的身心紧张状态。压力是普遍存在的，人类就是通过压力来到这个世界上的。生产时，母亲的宫缩是非常强大的收缩力量，就是这股强大的压力将胎儿带到这个世界上。对于新生儿来说，与黑暗、温暖、充满液体的子

课件：耐挫力

169

宫完全不同的外界环境是一种巨大的压力。

人类从出生便开始适应新的世界，人们的大脑自带一套应对压力的系统，叫作3F反应（Fight，Flight and Freeze），即战斗、逃跑或木僵，这是动物在漫长的生物进化中保留下来的生存策略。战斗是指面对压力情境，试图通过打赢对方来保护自己的行为；逃跑是指遇到危险不正面冲突，转身逃跑，或者通过逃避来拖延问题的方式；木僵是指人在面对巨大的威胁时，会短暂出现大脑一片空白、突然愣住、不知道如何行动的状态，自然界很多动物就是用木僵来保护自己。

二、大学生压力产生的原因及表现

（一）大学生压力产生的原因

1. 生活压力

也许对一部分大学生来讲，最大的压力莫过于生活的艰辛。大学生所缴费用与上学花销在逐年加大，这成了一部分同学尤其是一些贫困生的压力来源。首先是生活上的窘迫感，有的严重程度甚至到了"不敢随便多吃一点东西，否则生活费就没有了"的地步；其次是对家人的内疚感，有的大学生来自老、弱、病甚至丧亲的家庭，他们最大的内疚就是对不起亲人，不想让家人替自己背包袱，可自己又无能为力。

2. 情感压力

情感生活作为大学生活主旋律之一，始终是问题的敏感点和多发点，在出现心理危机的学生群体中，情感危机引发的心理问题占到了相当比例。性与恋爱问题处理不当，造成的后果最为严重。很多大学生在与异性的接触中，不知道该达到什么程度合适，一些学生难以把握自己，一旦出现问题就可能走极端。

3. 交往压力

部分大学生交往中会有自卑感。有的大学生总担心他人看不起自己，同学之间不经意的一句玩笑或某种行为都会深深地刺伤他们的心灵，强烈的自尊渴望与脆弱的情绪、情感相交织。

心理学研究认为，社会支持（或良好的人际关系）能对应激状态下的个人提供保护，即对应激起缓冲作用，能有效地减少忧郁倾向和心态失衡。美国社会心理学家的一项调查表明，使人们感到幸福的既不是金钱，也不是名利、地位、成功，而是良好的人际关系。我国在对大学毕业生所做的一项调查中也发现，大学生最留恋的是朋友之间的友谊。但是，在现实的大学生群体中，人际交往并没有那么顺利，有时，反而成了一些人心理压力的根源。"踏着铃声进出课堂，宿舍里面不声不响，互联网上诉说衷肠。"这句顺口溜实际上反映了相当一部分大学生的交际现状。

4. 学习压力

学习是大学生的首要任务。在大学生活中，他们的绝大多数时间是在与学习打交道，所以，由学习所形成的压力有时虽然强度不是很大，但持续时间却很长，对大学生的影响不可低估。据调查，有30%的被试者感到目前最大的压力是学习问题。在学习方面的压力，主要与以下几个因素有关：一是不恰当的社会比较；二是对专业和专业知识不感兴趣所导致的压力；三是学习时间长、学习头绪多所带来的压力。

高等职业教育的课程设置与一般学术性课程有很大的差别，它突出应用性，淡化系统性。许多学生无法适应这一转变，觉得学习负担加重，感到压力很大。其次是考证的压力，一般高职院校都实行"双证"制度，要求学生不仅要拿到毕业证，还要考取各种技术等级证书，既要花钱，又要花时间和精力。许多学生认为"多一本证就多一份竞争实力"，于是互相攀比，在"你追我赶"中奋力考证，也带来了相应的竞争压力。另外，还有院内各种社会工作的竞争带来的压力。

5. 就业压力

就业是大学生最为关注的一个话题，其所形成的压力更大，涉及面也更广。高校逐年扩招，其中高职高专比例增幅最大。在这种情况下，大学生面临的就业压力就可想而知了。人才需求市场萎缩（或饱和）和大学生择业种类与择业地的过于集中，是造成这种压力的根本原因。另外，就业压力还有部分原因来自大学生个体家庭背景的差别，家庭背景的差异在一定程度上造成学生就业上的差异，即形成就业机遇的差异。因此，一到临近毕业，那些家庭背景较差的学生就会为自己的前途感到焦虑、担忧，感叹社会的不公，甚至产生怨恨和某些过激行为。

6. 个体内部压力

有研究者将性爱问题、学业问题和交往问题并列为当代大学生心理行为的三大问题。生理方面，大学生正处于由少年向成年过渡的青春后期。生理成熟与学业之间的关系及与异性之间的关系都是大学生经常思考的一个问题。承认这个问题的存在是自然的，也是必要的，它有助于我们正视问题和解决问题。在心理因素方面，不同的个性对人的影响不同，如性格内向者与性格外向者之间、胆汁质的人与抑郁质的人之间在对压力的看法上会有明显的不同。

（二）大学生压力的表现

当个体感受到压力时，通常会在情绪、生理、行为和认知上有所体现。

1. 压力的情绪症状

压力过大或长期处于压力状态会使个体出现焦虑、抑郁、愤怒、恐惧、悲伤、挫折感、内疚感和羞耻感。

2. 压力的生理症状

压力对神经系统、消化系统、内分泌系统都有比较大的影响，如颤抖或神经抽动、便秘、心跳加快、腹泻、背痛、心悸、食欲大减、疲倦、头晕眼花、全身紧张等。这些症状有时同时发生，有时单独发生。微小的生理症状不断积累常会导致严重的疾患。

3. 压力的行为症状

压力的行为症状比压力的情绪和认知症状更为明显，包括直接反应症状和间接反应症状。直接反应症状包括冲动行为、演讲时吞吞吐吐或结巴、对他人施以语言攻击、语速变快、易受惊吓、不能静坐、很难长时间从事某项活动；间接反应症状包括抽烟增多，对咖啡、茶、可乐、巧克力等消费增加，喝酒增多，使用非法药品等。

4. 压力的认知症状

压力有时候会让人的注意力难以集中、记忆力变差、思路模糊不清、思维不合逻辑或意识混乱、健忘、听觉受到阻碍、噩梦缠身。压力的认知症状有时候会与情绪症状尤其是惧怕、焦虑、抑郁和愤怒联系在一起。

三、压力对大学生心理的影响

1. 适应性改变

当压力源强度相对较弱、持久或频繁，内稳态受到威胁时，心理系统会对此做出适应性改变以增强机体抵御能力，且有可能更加稳定。研究者认为，使人们在受教育的过程中遭受适当的挫折，有助于激发受教育者的潜能，达到使受教育者切实掌握知识和增强抗压能力的目的。

2. 磨损性改变

当遭遇到的压力源强度大且持久或频繁，心理系统会做出适应性改变以增强机体的抵御能力，但同时也会出现一些磨损性改变，这些改变会导致机体对外界压力源的抵御能力下降，当再次遭遇压力时，可能更容易出现压力性疾病。

3. 一过性改变

当压力源的强度较大，持续时间较为短暂，心理系统在某些方面的稳定性受到影响时，机体会发生一过性改变，出现一些心身症状，但症状的持续时间也是短暂的，其后症状会消失。

4. 不可逆性改变

当压力源的强度大且持久，超出了心理系统的承受和代偿的范围时，系统内稳态出现失衡，会发生不可逆性改变，出现心身疾病、创伤后应激障碍等。

5. 瓦解性改变

当压力源强大且具有冲击性时，生理、心理系统内部结构无法维持稳定，则会出现瓦解性改变，如反应性精神病、自杀、突然死亡。甚至在某些案例中，压力源过大且具有冲击性时，心理系统瓦解，可以导致猝死。

四、有效的压力应对方式

（一）选择适合的压力应对策略

人们在不同的压力情境下可能存在倾向性的、相对稳定的处理压力的方法，而以情绪为中心的策略、以问题解决为中心的策略及逃避策略等不同策略可以说是各有优劣。要有效地应对压力，需要大学生改变消极的应对方式，选择积极的应对方法，如计划、升华、幽默、转移、放松，以及适度的合理化、倾诉等，将生活事件对自身的影响降到最低，甚至转化为积极因素。

（二）改变对压力的看法

认知因素在压力管理中有关键性的意义。近年来，认知评估在压力应对中的作用也得到了一些研究的支持。很多年以来，人们都坚定地认为压力有害健康，特别是持续时间过长、强度过大的压力对身心会具有破坏性作用。但是，近年来的一项研究却有完全不同的发现。研究者在1998年对3万名美国成年人过去一年承受的压力状况进行了调查，同时问他们：你认为压力有碍健康吗？然后，他们持续追踪这3万个被调查者长达8年，来了解他们的死亡率。结果发现，高压力确实提高了死亡风险，那些在过去一年中经历较多压力的人死亡风险增加了43%。但死亡率提升的只是"那些相信压力对健康有害的人们"，那些虽然遭受压力，但并不认为压力会有碍身体健康的人，他们的死亡率是被调查者中最低的。

由此可见，压力之所以对健康有害，并不是由压力本身决定性的，而是怎么看待压力才是关键。对压力的看法不仅影响人们产生压力时怎么理解压力事件，同时，也会对人们的行为产生影响，认为压力有益的人更可能主动积极地应对压力。对压力的不同认识导致不同的压力处理方式，结果也往往截然不同。面对困难迎头而上能强化应对压力的资源，逐渐建立处理压力情境的信心，也会因此建立更为强大的社会支持，这样就不会因为恶性循环而失去控制，压力情境就变成了成长机会。

（三）培养压力抵抗者人格

人格变是个体内在的核心中介调节变量，个体应对方式的使用、社会支持的获得，以及认知方式等最终是需要通过潜在人格特质功能的激活才能发挥其作用的。那么，是不是某些人格特质具有更有效的压力应对的功能？有研究基于压力应对过程的分析，发现压力应对人格结构由自我效能、控制感、乐观倾向、自我控制、自我弹性、挑战、承诺七种核心成分构成。人格的培养很难一蹴而就，需要长期的自我提醒、自我锻炼，在人生实践中不断加以完善。

（四）培养在群体中的归属感

亲人和朋友是降低心理压力重要的社会支持。好的社会支持能够给人们提供情感支持，增强人们承受压力的能力。大学生遇到压力时，父母、同学或朋友都是可以求助的对象，都能协助自己学习从不同的角度理解问题，从而得到解决问题的方案。但是，很多大学生到新环境里甚至在旧的环境里，都会面临归属感的问题。而很多压力的产生与在群体中缺乏归属感有关。这种缺乏归属感会影响到人们的认知，并导致糟糕的体验，进而产生消极的行为。例如，经常有一些大学生认为自己是唯一不属于那个宿舍的人，带着这种认知，他们会寻找一切自己不属于那个宿舍的证据，如冲突、误解、不被重视等。这些证据又会引发很多没有根据的消极想法，如每个人都盼着我失败，为什么还要徒劳尝试，他们都不喜欢我，我讨人嫌……这些看法会引发一些破坏性的行为，如逃避解决问题、回避沟通、无视积极因素，也因此导致人际关系更加疏远，增加了被孤立的风险，无法建立支持性的关系。培养在群体中的归属感，个体需要花一些时间和精力与群体中的成员相处，并用心体会其中的乐趣和善意。

（五）调节抱负水平

研究发现，恰当的奋斗目标一定是符合自己的智力程度、知识积累厚度、所从事领域的人才密度和兴趣浓度的。恰当的抱负水平能使人长久地保持旺盛的进取的热情；过高的抱负水平则会给当事人带来压力。所以，确定适当的抱负水平，是避免挫折、获得成功与自信的重要问题。国外有人做过一个投环试验：投掷距离由被试者自己决定；距离越远，投中的得分越高。试验结果表明，凡是抱负水平高的人，多选择在中等距离投掷；而抱负水平较低的人，则多选择很近或很远的距离投掷。可见，真正具有较高抱负水平的人，他自己设定的目标总是适度的，既有足够的把握，又要经过一定努力才能达到。

（六）必要时求助专业人员

当压力强度比较大或持续时间比较长时，个体往往会出现一些心身反应症状，如焦虑、抑郁、失眠等。这种情况应采取措施及时加以化解，不要听之任之不加理会。除上面提到的认知调整、

默克尔的减压法　　压力事件程度排名表　　心理放松小窍门

积极应对、建立社会支持、放松调节等心理行为措施外，还包括寻求专业人员的帮助，如寻求心理咨询师或精神科医生的帮助，接受必要的心理咨询或药物治疗。

任务二　大学生挫折应对

一、挫折的概念

在日常生活用语中，"挫折"一词是指"挫败、阻挠、失意"的意思。在心理学中，挫折是指个体在某种动机的支配下，在通向目标的过程中遇到难以克服的障碍或干扰，使目标不能达到，需要无法满足时而产生的紧张状态或情绪反应。

挫折由挫折情境、挫折认知和挫折反应三个因素构成。

（1）挫折情境。挫折情境是指阻碍需要获得满足的内外障碍等情境状态或情境条件。如考试不及格、失恋、求职不顺利等。构成挫折情境的可能是人或物，也可能是各种自然、社会环境。

（2）挫折认知。挫折认知是指个体对挫折情境的认知和评价。

（3）挫折反应。挫折反应是指伴随挫折认知与对挫折情境产生的情绪和行为反应，如愤怒、焦虑、紧张或攻击等。

在以上三个因素中，挫折认知是最重要的，挫折认知是主观上对挫折情境的一种评价，它直接决定着个体对挫折情境的反应。如果客观上有障碍存在，但主观上并无知觉（认知），就不会构成挫折情境，或个体将他人认为严重的挫折情境认知评价为不严重，他的挫折反应会很弱；反之，如果将他人认为不严重的，或根本不存在的挫折情境评价为严重的，则会引起强烈的情绪反应。因而，在大多数情况下，面对同一挫折情境，不同的人会产生不同的挫折反应。生活中通常可以看到，面临同一挫折情境，有的人反应轻微，持续时间短，而有的人则反应强烈，持续时间长。例如，一辆长途汽车在半路上抛锚，车上的乘客所产生的心理挫折程度差异很大，有的焦虑不安、怨天尤人，挫折感很强；有的心平气和、耐心等待，挫折感较小。

挫折承受力测试

二、大学生挫折的产生与特点

（一）大学生挫折的产生

挫折的产生与以下五个方面有关。

（1）产生的动机。

（2）在动机驱使下有目的的行为。

（3）需要不能获得满足或目标不能实现的内外障碍，或干扰的情境状态或情境条件，称为挫折情境；挫折情境是可以实际存在的，也可能是当事人想象的。

（4）对挫折情境的知觉、认识和评价，称为挫折认知；挫折认知既可以是对实际遇到的挫折情境的认知，也可以是对想象中可能出现的挫折情境的认知。

（5）因受到挫折而产生的情绪和行为反应，称为挫折反应。

在以上五个方面中，挫折认知是产生挫折最重要的因素，因为只有在挫折情境被知觉后人们才会产生挫折感；否则，即使挫折情境实际存在，只要不被知觉，人们也不会有挫折感。所以，挫折感的实质是当事人的一种主观感受，当事人是否有挫折感和挫折反应的强弱，主要取决于当事人对挫折情境，以及对自己的动机、目标与结果之间关系的知觉、认识和评价。不同的人，需要和动机的强度、对实现目标的评价标准、对自我的预期及对挫折的归因等都不尽相同，所以，即使面对同样的挫折情境，不同的人也会产生不同的挫折反应。例如，同样是考试不及格，有的学生痛不欲生，有的学生懊悔不已，有的学生则不以为然，这是因为他们对考试不及格这一挫折情境的认知不同所造成的。通过图 11-1 可以进一步认识挫折产生的机制。

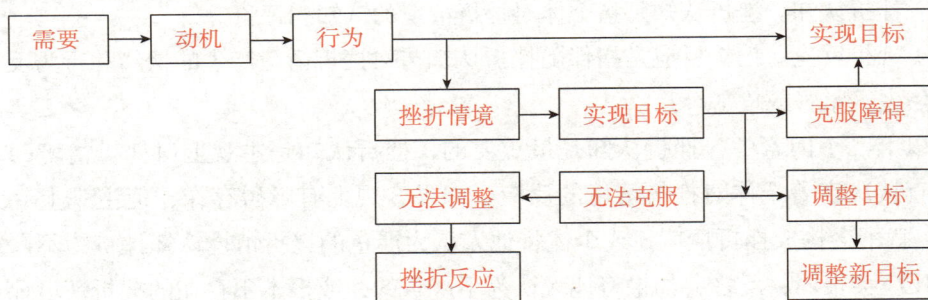

图 11-1　挫折产生的机制

当事人对挫折及其意义的认知和评价受他本人的信念、判断、价值观念等认知因素的影响，所以，当事人在以往社会生活中所形成的固有的认知结构，对挫折的产生及挫折反应的强度具有重要的作用。特别是在人们的认知结构中常存在一些不合理的信念，这些不合理信念将会导致不适当、不适度的情绪和行为反应。

（二）大学生挫折的特点

1. 挫折的双重性

挫折的双重性体现在挫折所造成的结果可能是积极的，也可能是消极的。挫折可以将人置于死地，也可以使人置之死地而后生。在积极方面，挫折给人以智慧，锻炼人的意志；在消极方面，挫折使人失望、痛苦、沮丧，甚至意志消沉、不思进取。

2. 挫折的客观性与主观性

挫折的情境是客观的，但挫折情境是否对个体构成挫折感与个体的主观认知有关。例如，面对高考失利，有的学生从此一蹶不振，而有的学生总结教训，在大学里反而过得更加充实。另外，同一个挫折，也可能在不同的阶段带给同一个人不同的感受。例如，面对父母的吵架，人们在童年时期的感受与成年后的感受可能有很大的区别。

3. 挫折的普遍性与偶然性

"人有悲欢离合，月有阴晴圆缺"。纵观人的一生，一定会遇到大大小小的挫折，这是挫折的普遍性。但是每个人遇到的挫折又不尽相同，谁也无法准确地预测自己会遇到什么类型的挫折，也不确定会在什么阶段遇到挫折。因此，挫折对于每个人来说都是偶然的。

三、挫折对大学生心理的影响

挫折对大学生心理的影响是客观存在的，但影响的性质却因人而异。挫折具有积极和消极两重效应，关键在于大学生如何认识和对待挫折。

（一）挫折的积极影响

挫折对人们来说是一种危机，也是一种挑战、一个成长的契机，如果经受住了考验，失败的经历就会成为人生的一笔财富。马斯洛曾说过："一个人面临危机的时候，如果你把握住这个机会，你就成长。如果你放过了这个机会，你就退化。"

1. 有利于大学生正确认识自我

不少大学生对社会和自我存在一些不切实际的想法，当他们用这些想法来指导自己的行动时，就容易出现挫折。挫折的产生，无疑会使他们变得更加清醒，学会合理地评价自己，客观地认识社会，正确地对待他人和生活，增强社会适应能力。

2. 有利于提高大学生解决实际问题的能力

别林斯基说，"不幸是一所最好的大学"，正所谓"吃一堑，长一智""失败是成功之母"。在面临挫折的时候，大学生可以从中学到经验和方法，增长智慧，能够提高分析问题和解决问题的能力。

3. 有利于磨炼大学生的意志和性格

"自古英雄多磨难，从来纨绔少伟男"。坚强的性格和意志往往是长期生活磨炼造就的。优越的生活环境，一帆风顺的成长经历固然令人惬意，但不利于坚强性格的形成，不能造就真正优秀的人才；而经历过磨难，经受了生活考验的人，才能变得更加坚强。

（二）挫折的消极影响

对于那些心理素质较差，认知误区较多，自我调节能力不足的大学生，挫折对他们产生的消极效应较为严重。

1. 导致大学生性格与行为的偏差

某些大学生遭受重大挫折或持续挫折而无法做出相应的调整时，往往会使某些行为反应形成相应的习惯模式或个性特征。如一个原本热情开朗的人，会因为失恋，变得心灰意懒、孤僻内向。一些受挫的大学生处在应激状态下，感情易冲动，自控能力较差，不能正确估计自己的行为及其后果，所以，可能做出损害自己和他人的行为。

深呼吸放松法

2. 影响大学生的适应能力

大学生受挫后，容易出现情绪波动和行为偏差，如果连续遭受挫折，则可能导致神经系统的紊乱。这样不仅大大降低了大学生的思维创造力，也会影响大学生的适应能力，导致人际交往和社会适应能力出现问题。

3. 损害大学生的身心健康

大学生受挫后，容易整个身心都处在一种紧张压抑或焦虑不安的状态中。如果这种消极的心理能量长期得不到释放，就会损害他们的身心健康，出现失眠、头痛、神经衰弱等，严重的还可能诱发精神疾病。

4. 降低大学生的学习效率

学习是一种复杂的心理活动，学习效率除受个体智力水平制约外，还与学习者的情绪状态、自信心等因素密切相关。有些大学生在遭受挫折后，一方面，自信心会下降，出现自卑无能的感觉；另一方面，情绪状态长期处于焦虑不安之中，使原有的学习能力受到影响，如注意力不集中、记忆力下降、思维阻滞等，从而大大降低了学习效率。

四、大学生挫折应对方式

（一）端正认识，直面人生挫折

1. 挫折是人生的宝贵财富

任何事物都具有两面性。尽管挫折令人难受，使人们的学习和发展受阻，但是它同时又是人生的宝贵财富，是促使成长的必要条件。认识到这一点，人们才有勇气和信心去勇敢地面对挫折。古谚云："宝剑锋从磨砺出，梅花香自苦寒来。""不经一番寒彻骨，哪得梅花扑鼻香。"没有挫折的人生是苍白虚幻的人生，不经过挫折的磨炼，也就没有成功的喜悦和人生的幸福。快乐不是平坦笔直的康庄大道，或者无忧无虑的锦衣玉食，而是经过奋力攀登后踏在脚下的高峰，用自己的坚韧和勤劳换来的硕果。任何人都不可能避免挫折，挫折是促进大学生成长的积极因素。挫折可以磨砺人们的意志，丰富人们的经验，增长人们的能力。

2. 挫折是可以克服和战胜的

挫折是不可预知的，也是必然的。但是，挫折却不是不可战胜的。古今中外，无数杰出的人先后以他们的人生经验，诠释着人类意志的力量。我国古代统治者为了维护剥削和压迫，鼓吹天命观，但荀子提出了"人定胜天"的思想。人类祖先敢于和大自然抗争，所以，人类才能逐渐成为地球上的主宰；科学家、艺术家勇于探索科学和艺术的真谛，才使人类创造出灿烂的文化。在历史的长河中，无数人以他们坚强不屈的精神改变着自己的命运，也改变着人类的命运。

（二）修身养性，提高心理素质

1. 放松训练

忍耐和控制并没有消除内在的紧张，因此，还需要对消极情绪进行疏导宣泄，如采取心理学的放松训练法等。

2. 忍耐和控制

遇到挫折，有情绪和行为反应，这本是人之常情。但是并不是任何反应都有利于事情的发展，尤其是当人们所面对的挫折情境是自己不能马上控制、解决的时候，忍耐就成为必要的一种策略。所谓"小不忍则乱大谋"说的就是这个道理。凡人生事业取得成功的人，无不在逆境和挫折情境中善于忍耐。以下两种情况，需要大学生学会忍耐。

（1）当人们还不清楚事情的前因后果，没有充分掌握相关信息的时候，冲动很可能造成误会和不可弥补的伤害。

（2）挫折的力量强大，人们尚不能控制时，不满和愤怒的反应不利于事情的解决。

3. 适应和调整

外界环境和条件的变化不以个人的主观意愿而转移。人们原来设想好的目标，往往因为客观条件而出乎意料地改变，而变成了镜中月、水中花。面对意外情况出现，必须及时调整自己的心态和目标，以适应这种改变。这种适应和调整主要通过降低自我期望和改变行为目标而实现。研究表明，挫折感的强度与自我期望相关。较高的自我预期导致较强的挫折感，较低的自我期望形成较弱的挫折感。

（三）积极奋斗，改变客观条件

1. 善于争取，敢于抗争

挫折的人性本质在于意志不自由。因此，争取自己的合理权利，摆脱一些不合理的束缚，或者与不利的环境条件抗争，这也是人本主义心理学所一贯倡导和主张的立场。面对各种挫折，大学生需要具有同命运抗争的勇气和精神，自觉改善自身发展的环境条件。

2. 系统分析，科学决策

在确定行动目标时，全面考虑各方面的条件，是保证行动目标顺利实现的必要条件。

如果不系统分析目标达成所经过的阶段，以及各阶段所需要的条件，以便事先予以安排和开展必要的工作，则可能会遇到障碍，遭受挫折。大学生行动之前往往缺乏系统的考虑，所以，也往往容易遇到预想不到的困难。这就需要大学生学会系统思维，尽可能详尽地考虑行为各个方面的因素，并进行周密安排。

（四）平心静气，改善社会关系

1. 处理好自我与他人的关系

很多挫折，如阻碍性挫折，都源于自我和他人的关系问题。要是自己的目标直接或间接损害了他人的利益，或者在实施过程中与他人的利益发生冲突，这时候阻碍性挫折便不可避免。为了顺利达成自己的行为目标，大学生在制定自己的目标的时候，首先需要考虑的是必须兼顾他人的权益，至少以不损害他人利益为前提；其次，围绕着行为目标，要尽可能考虑涉及的所有关系，事前处理好各种关系，尤其是不友好的关系，以保证目标过程的顺利进行。

2. 处理好友情与爱情的关系

友情与爱情，是大学学习生活中极为重要的社会需要。很多大学生朋友感到孤独、寂寞，与他们不善于经营有很大的关系。当代大学生的独立性增强，但往往混淆了独立性与自我性之间的关系。需要友情却不知道如何获得，于是，独来独往或过早涉足二人世界，结果友情没有得到，爱情也相当脆弱。若处理不好友情与爱情的关系，就会很容易体验到匮乏性情感挫折。

3. 处理好理想、期望与现实的关系

目标挫折来源于理想、期望与现实的某种差距。大学生所遇到的很多挫折，如学习、爱情、就业等，很大程度上存在目标和预期过高的现象。当现实条件不能满足的时候，挫折就不可避免了。为此，人们在制定行为目标的时候，要尽可能地遵循现实的原则，不可好高骛远。当挫折出现时，人们也不要怨天尤人，及时调整目标，降低期望，从而避免强烈的心理失衡。

4. 处理好兴趣、爱好和专业学习的关系

大学生的学习兴趣、爱好随着求知欲的增强而具有易变性和广泛性的特点，这往往和专业课程的学习发生冲突。简单说就是自己喜欢的学科，课程设置里面没有，而作为必修课的专业课程，常常是自己不喜欢的。学习评价往往是围绕着课程设置而展开的，如果不能学好专业课，势必形成学习挫折。因此，大学生应谨慎处理好个人爱好和专业学习的关系。

耐挫力提升

学会给自己热烈鼓掌

项目十二

"珍爱生命，幸福人生"
——大学生生命教育与心理危机应对

📑 **学习目标**

知识目标：

1. 了解生命的含义。

2. 了解生命存在的形态与特征。

3. 了解大学生生命观的现状与偏差。

4. 熟悉生命的意义与来源。

5. 熟悉大学生心理危机与危机干预的概念、特点及表现。

能力目标：

1. 能够掌握死亡教育。

2. 能够掌握如何树立正确的生命观。

3. 能够掌握如何创造生命价值。

4. 能够掌握如何进行心理危机的预防与干预。

素养目标：

培养大学生处理心理危机的意识。

任务一　认识生命

一、生命的含义

生命有广义和狭义之分，广义的生命是指一切具有新陈代谢、繁殖、生长和环境适应能力的动植物与无机物；狭义的生命一般专指人

课件：珍爱生命

的生命。正如马克思所说："人的本质不是单个人所固有的抽象物，在其现实性上，它是一切社会关系的总和。"因此，人的生命除具有生理属性外，还具有心理和社会属性。人的生理生命是人之所以为人的基础和前提。新陈代谢是一切生命现象的基础，作为一种生物体的新陈代谢过程，人的生命有生和死。人的生命与其他生命的本质区别是人的心理生命和社会生命。人的心理生命是指人具有自我意识，能够通过各种心理活动自觉地思考、调控、引导自己的生命活动。人的社会生命是指人生命的存在是一种社会关系存在。社会关系决定了人的潜能和创造力的实现，也决定了人的生命具有自由、尊严等内容，还决定了人的生命权利、义务和责任。

二、生命存在的形态与特征

（一）生命存在的形态

碧蓝的天空、自由的飞鸟、摇曳的青草、奔跑的羊儿……我们所居住的星球之所以美丽，是因为到处都散发着生命的气息。生命构成了世界存在的基础，世界正是因为有了生命才变得生动、精彩。而所有生命存在中，人是超越一切其他生命现象之上的存在物。"任何人类历史的第一个前提无疑是有生命的个人存在。"人的生命存在的形式有生物性、社会性和精神性三种形态。

1. 生物性的存在

人是生物性的存在，生物性是人的生命最基本的特性，是人的生命的社会性、精神性存在的前提和基础。人的生命作为一个自然生理性的肉体而存在，人的生长和发展就必然要服从生物界的法则和规律。所以，衣食住行、生老病死是每个人都无法逃避的。

2. 社会性的存在

每个人要想生存下去，就必须参与和融入社会活动中，在与人的沟通、交往和互动中保存自己的生命，追求自己生命的意义，实现自己生命的价值。正是这种社会性存在使人面对千变万化的社会生活，能够有一种生命的智慧和坚定的信念；使人面对有生有死、有爱有恨、有聚有散、有得有失的有限人生和无奈命运时，有一种豁达的胸怀和安然的态度。

3. 精神性的存在

人之所以为人就在于人不仅是为了满足自己的自然生命而活着，还要追求超越生物性存在的精神性存在。人要规划自己的人生，创造自己的价值，指导和提升生物性的存在。正是有了生命的精神性的存在，才使人的生命有了人文意义和价值，有了理性的意蕴和道德的升华。

（二）生命的特征

1. 生命的有限性

首先，每个人的生命都只有一次，人生不可逆转。人们要珍惜这唯一的一次机会，努力追求自己的梦想、实现自己想要的生活；其次，生命是有尽头的，每个人都会经历从生到死的自然过程；最后，人的生命发展不能脱离客观现实的基础，是受客观环境限制的。虽然生命是有限的，但在人的无限追求和不断超越的过程中，有限性又是相对的。

2. 生命的独特性

世界上没有两个人是完全相同的，因此，每个人的生命都是独特的存在。生命的独特性意味着没有哪种生命历程是最好的或标准的，每个人都有选择的权利和选择的空间。

3. 生命的完整性

生命的完整性是一种系统的观点，强调生命是内在世界与外在世界的统一。人的生命在生理、心理和社会三个层次相互作用中发展。良好的生命体验是个人的适应性潜能和环境的滋养性品质之间交流互动的结果。

4. 生命的坚韧性

与一般动物相比，人类生命的生物属性（攻击能力、防御能力、繁殖能力、愈合能力等）是比较脆弱的，人类几乎不能依靠本能生存下来。但人类的精神世界是极为顽强的，人类在自身品格、意志力、理想信念、自我追求等的推动下，克服困难、锲而不舍，实现一次又一次的突破，体现出生命的坚韧不拔。

5. 生命的能动性

人是动物，但又与动物不同。动物的心理活动大多属于刺激—反应模式，即被动地接受客观刺激，然后做出生物体反应。人类具有思维这一高级心理活动，可以对客观事物的本质和事物之间的内在联系进行认识。社会建构主义认为，人既可以作为认识的主体，又可以作为认识的客体，也就是说人除观察外在世界外，还可以对自身进行观察和反思。另外，人类还有精神追求，拥有求知、审美、自我实现的愿望。这一切决定了人的生命不是一个被动接受的过程，而是一个主观积极建构的过程，富有能动性和创造性。

三、生命的意义与来源

奥地利心理学家弗兰克尔认为，生命的意义是会改变的，每个人都有不同的想法，每个人都有不同的生活方式，每个人都有自己不同的生命路径。因此，对于个体来说，在每个不同的时间段中，对于生命意义的认识会有所不同。对不同的个体来说，每个人都会有自己对于生命的独特思考，就如同没有两片相同的树叶一样，这个世界也没有两个相同的人。

探寻生命的意义，主要是在思想上认识生命的可贵，珍惜生命的存在，欣赏生命的美好，体悟生命的乐趣，磨炼生命的魅力。面对人生的挫折，要保持积极的心态，相信人生没有过不了的坎，没有服不了的困难。"敬畏生命"是由生命的意义所决定的。生命究竟有何意义？那些放弃生命的人是否知道：每个生命都是有限的，有限的生命具有唯一性和不可逆转性。唯一性意味着：来了，从此就不再来。不可逆转性表明人死不能复生。热爱生命，就不只是欣赏生命、享受生命，更应该创造生命的价值，使自己活得有意义、有价值，没有白到人间走一遭。

有以下三条途径可以去寻找生命的意义。

（1）通过主动创造性的工作、学习，在这个世界中发挥自己最大的潜力和能力，去接触人类的文化和接触世界的存在，这样的工作和学习也会给个体带来自我实现的成就感与价值感。因此，在人们的生活中，工作、学习都是不可或缺的。

（2）通过被动的体验，如对大自然、对艺术的欣赏，这样的欣赏会给予人美的感受和体验，会使人的心灵更加纯净，使人的生命更富于深刻的体验和深度。另外，还有对所爱的人和事的感受。

（3）寻找成就的意义、苦难的意义。从成就和苦难中去体验生命的价值与意义。

四、死亡教育

死亡是每个人都要经历的生命终点，它比生命中的任何一件事情都更加确定会发生。甚至有人说，生也许是个偶然，但死永远都是必然。然而面对这样一件必将发生的事情，我们却难以诉说、知之甚少，更别说面对死亡、无惧死亡、创新不止、追求生命的高度、向死而生。

生本能与死本能

（一）恐惧与回避：面对死亡时的常见心理活动

1. 恐惧是面对死亡时常见的情绪体验

对死亡的恐惧从何而来？

（1）源自人类进化过程中害怕危险的集体潜意识。集体潜意识是指人类祖先在进化过程中，集体经验在心灵底层留下的精神沉积物，处于人类精神的最底层，为人类所普遍拥有。人类从远古时期开始，为了保存生命需要躲避诸多的危险，由此产生了对黑暗、深渊、未知的害怕。进入现代社会后，虽然人类认识自然规律、规避自然风险的能力显著提升，但依然无法避免偶发的重大自然灾害（如地震、洪水、风暴潮、泥石流）对生命的严重威胁。尽管人们已经生活在 21 世纪，进化过程中存留的"自我保存"本能依然让人们对死亡及可能与死亡相关的事物极为不安。

（2）源自自身经历中关于死亡的创伤记忆。大多数人在一生中都会经历过很多次"死亡"，有的经历是与自己有关，如罹患重病、突遇危险等；有的经历是与其他人或物有关，如亲友去世、宠物去世等；有的经历是亲眼所见，如目击交通伤亡事故等；有的经历是通过媒体报道或文学作品得知，如地区冲突、世界大战、自然灾害。这些经历及伴随而生的情绪和观念，给人们留下了关于死亡的记忆，一些与自己切身相关的经历甚至会留下难以愈合的死亡创伤，使"死亡"的形象更加可怕。

2. 回避是应对恐惧情绪时常见的防御方式

恐惧是人在死亡面前会出现的正常情绪体验，它并非懦弱，也绝不羞耻，人皆有之。有的人能够正视自己的恐惧，通过倾诉或分享来宣泄自己的恐惧，而有的人却以各种方式避免让自己产生恐惧情绪，或者在产生恐惧情绪后视而不见。精神分析学家安娜·弗洛伊德在其代表著作《自我及其防御机制》中系统论述了自我应对焦虑情绪时使用的防御机制。其中，"否认"和"压抑"两种防御机制与通常所说的回避极为相似。

（1）否认是指不承认某种痛苦的客观现实存在，以缓解焦虑恐惧的情绪。这是一种带有保护色彩的防御机制，可以使人暂时免受现实创伤的折磨，但如果它已经影响了正常的社会功能，就变成了一种不健康的应对方式。

（2）压抑是指把不能接受的观念、情感或冲动压制到无意识中，使人意识不到它们的存在。但是被压抑的观念、情感或冲动并没有消失，而是一直活跃在无意识中，通过其他心理活动以伪装的形式表现出来。例如，在面对至亲亡故或临终弥留时，个体如果不能直面自己的恐惧，不能宣泄自己的恐惧情绪，而是把对死亡的恐惧压抑到无意识中，有可能表现出异常冷静或麻木的反应，但恐惧情绪并没有消失，日后可能以生一场重病的具体化形式表现出来。

（二）从"死亡"看"生命"

1. 他人之死对我们之生的追问

在一生之中，人们大多时候是通过他人之死来接触死亡、思考死亡。

（1）善待他人。人们常常看到一些人因为没能在亲友亡故前探望或照顾而哀痛不已、追悔莫及，也常常看到一些人在亲友生前选择置之不理而在亲友亡故后"良心发现"并做足丧仪之礼。生活在现代社会，人们因为快节奏、高强度的学习和工作而不能时刻在亲友身边照顾左右，但与其在其死后自责后悔，不如在其生前尽可能地善待他们。

（2）珍惜生命。死亡的破坏力在于使一个人生命的历程完全停滞、不再前进。很多人得知自己将不久于人世后极为痛苦和不舍，是因为他还有一些梦想没能实现，还有一些人不能再照顾。如果死亡有时间表，那么人们也许可以制订好计划、安排好时间，不留遗憾地离去。但事实上，人们对死亡何时来临一无所知，即便是已知自己身患绝症的人，也不能精确地知道生命终结的日期。死亡也许随时来临，也许遥遥无期，人们无从知晓，人们唯一可以做的是珍惜生命，一点一点地努力去实现自己心中的幸福目标。

2. 死亡之限对生命之价的放大

死与生是一对辩证、统一的存在。没有死的虚弱，就没有生的力量；没有死的悲哀，就没有生的快乐；没有死的限制，就没有生的超越。死亡的紧迫感和必然性迫使我们审视生命。通过审视认清生命的价值、找到生命的定位、确定追求的目标、抓紧流逝的时间。死亡不是决定生命，也不是限制生命，而是放大生命的价值，彰显生命的意义。

任务二　大学生生命观教育

一、大学生生命观的现状

从生命的角度透视，教育应该首先关怀人的生命，关注生命的价值和人性的完善。著名的意大利教育家蒙台梭利曾说过："教育的目的在于帮助生命的正常发展，教育就是助长生命发展的一切作为。"遗憾的是，高校至今仍缺乏对大学生生命关怀的教育氛围，缺乏明晰的教会大学生正确面对生命观的教育。

传统的应试教育仍然是以知识技能传授为主要取向，过多培养学生的竞争意识和竞争能力，而学生的人格、人性、道德、意志、审美能力、心理承受能力等都没能被放置于一个合理的地位。当他们的情感、心灵和个性被忽略时，他们对生命的漠视也就产生了。结果，一些大学生表现出冷漠、孤僻的情感特征，生命情感发育不足，在精神上无所寄托，对生命的意义和价值产生怀疑，陷入了深刻的精神迷惘和意义危机，无法领悟生命的价值和生活的意义，处于和自然疏离、和社会疏离、和人自身疏离的焦虑困境中。因此，大学生自杀轻生、伤害他人的事件时有发生。

二、大学生生命观的偏差

(一) 生命价值感的苍白

价值感是一个人生活的依据，也是一个人生活动力的来源。一些大学生不能正确地认识自我，接纳自我，很自卑。当看轻自己、觉得自己没有价值时，一旦在生活上遇到挫折，便极易产生心理问题，甚至会放弃自己的生命。例如，当学习成绩不理想时，会倾向于否定自己的学习能力，对自己失去信心；当失恋特别是对方主动提出分手时，会倾向于认为"我不好，我不值得爱"；当就业找不到理想的工作时，会倾向于认为"我不行，人家不要我……"那些选择轻生的大学生，就是全然看不到自己存在的价值，认为自己的人生彻底失败，因而放弃了自己的生命。

（二）生命态度的倦怠

心中缺少明确的人生目标，生活就会缺少动力。当大学生面临繁重的学业、复杂的人际关系、纷扰的爱情、艰难的就业时，就出现了各种情绪上的倦怠：孤独、寂寞、痛苦、烦恼、失意、迷茫、困惑、疲惫、无奈……它们剪不断，理还乱。无怪乎如今"郁闷"成为大学生的口头禅，"纠结"成为大学生的流行语。在消极的生活心态的笼罩和侵蚀中，一些大学生不能积极乐观面对现实生活，害怕和回避生活中的矛盾与冲突，消极度日，过一天算一天；有的大学生由一般的情绪困扰，发展成抑郁症，甚至走上轻生的道路。

（三）生命目标的缺失

目标是生活的动力。一些大学生不知道自己学习、生活是为了什么，为了国家的前途、民族的命运？这些目标看起来太大、太远，与自己的现实联系不起来；为了个人的幸福、快乐？这些似乎太小、太虚，感受不到，把握不住。当找不到一个终极目标时，一些大学生在社会浮躁心理的诱惑下，追逐名利，将打工挣钱作为自己的主业，从而荒废了学业；有的大学生将恋爱视为人生的第一要义，将全部时间花费在了谈恋爱之上，一旦爱情遭遇危机，便失去了人生的方向；有的大学生在现实生活中找不到目标，便在网上消磨时间、打发时光，从游戏中获得暂时的快乐，从虚拟中获得暂时的充实。

三、树立正确的生命观

（一）加强生命观的认知

生命观的认知错误或缺失是导致大学新生出现各种心理疾病的重要原因之一。社会或家庭常常认为大学生已经做好足够的准备应对各种调整，承担相应的责任。然而，由于前期大学生成长过程中的养育方式、教育环境、社会因素等多种原因，很多大学生缺乏对生命观的主动探索。"什么是生命观？""生命观是否可以被认知？""生命观对自己和他人有什么作用？""我的生命观是什么？"与此相关的问题，并没有进入他们的意识范围。自然也未能成为其认识的对象。因此，大学生首先要对生命观的内涵、特点和作用等有一定的了解，了解生命观是可以被个体探索的对象，进而完善对生命意义的认知。

（二）重视生命观的过程

生命观的结果来源于过程，过程服务于结果。过度强调生命观的结果，而忽略生命观的过程，是很多人焦虑的主要原因之一。如果一个学生想要在大学学习中取得收获，目标固然重要，但更重要的是学习的过程。如果大学生想要拥有良好的寝室关系，就要注重如何在实际的互动中与室友建立情感纽带。有的同学发生寝室问题时，只是看到结果不如人意，而忽略了日常的点点滴滴对这个结果的影响。还有的同学强烈地希望在大学毕业时能找到一份心仪的工作，却没有在刚进入大学时做好职业规划，一步一步地趋近目标。就整个生命长河来说，人类无法预知生命的结束，但是可以用心体会生命的每个阶段、每一年和每一天。

（三）刻画生命观的影像

由于家庭环境、教育环境、社会环境等方面的差异，每个人的生命观都刻有自己的人格特性。正因为如此，生命观才呈现出丰富多彩的特点。因而，每个人都有结合自己的生命环境寻找属于更符合自我感觉的生命观的权利。那么，该如何刻画自己的生命观呢？

1. 认识自己

通过阅读、心理咨询、自我分析等方式，了解自己的气质、性格、需要等方面的特质，帮助自我找到适合的定位。

2. 勇于尝试

生命观来源于实实在在的行动。农民想要庄稼丰收，第一步就是要将种子播种到土地里。最后，适时调整。生命观并非一成不变，它时常随着各种因素的变化而发生改变，有时局部变动，有时则是较大的调整。

（四）深化生命观的人际关系

从生命观的社会性可知，只属于一个人的生命观并不存在。即使一件事情看起来和他人没有关系，但仔细想来，也一定存在某种和他人、社会、环境的关联。心理学研究已经说明，一个人和他人的关系质量与幸福感高度相关。个体自我价值的实现建立在对他人是否有意义的基础上，即是否有"利他性"。如果某件事情对他人毫无价值，那么其获得的快乐感也是短暂的。因此，人们可以问：这件事情是"损人不利己""损人利己"，还是"利人利己"？若是生命观中包含对他人的关心、理解和情怀，个人生命观的实践将更具有可持续性。

四、积极创造生命价值

作为大学生，如何在迎接时代挑战的过程中积极创造生命价值？

（一）胜任学业

如果进入大学是要胜任的一项"工作"，那么学业便是大学生的首要工作职能。这个看似不言自明的事情，却常常被大学生所忽视。受旧有观念的影响，很多人认为只要努力考进大学就可以"解放"了，可以在自由的环境中玩乐，不需要再刻苦学习，"及格万岁""低空飘过"的想法充斥在大学校园里。但实际上，且不说这项"工作"的最主要考核指标依然是学业表现，也不说高等教育对学生的学业学术要求日益严苛，大学生既然选择了这项"工作"就应当用心完成，培养自己的人文素养、训练自己的理性思维、提升自己的艺术气质，为将来的生活打下知识性的基础。

(二)发展社会交往

在胜任学业之余，大学生还应当积极参加课外活动，开阔眼界，建立人际关系，锻炼社交能力。在学习和生活中发展同学关系、恋爱关系和工作关系等，相伴成长、互惠友爱，把生命价值从自身层面拓展到人际层面。

(三)做好职业规划

通过职业贡献来服务社会是一个人实现生命价值的最主要途径。职业没有高低贵贱，重在与自身兴趣爱好或能力特长相契合。大学是衔接学生身份与工作身份的重要时期，顺利完成身份转变不仅对自身生涯发展十分重要，也决定着一个人是否能够实现从利用社会资源到创造社会财富的转变。

大学生应当在学习和实践中不断探索并明晰职业方向，努力学习相关领域的职业知识和技能，为职业生涯做好充分的准备。

(四)促进身心健康

身心健康是实现生命价值的重要前提。一方面，应当均衡膳食，规律作息，养成运动习惯，不做有害于身体健康的行为；另一方面，应当关照内心世界，悦纳自我，放松心情，及时宣泄不良情绪，培养抗逆力。

任务三　大学生心理危机的表现与应对策略

一、心理危机与危机干预的概念

(一)心理危机的概念

心理危机是指当个体面临突然或重大应激，而又无法用通常解决问题的方法来解决所出现的心理失衡状态。人在一生中，经常会遇到突如其来的或重大的生活应激或挫折，如亲人死亡、婚姻破裂、交通事故等。个体面对这些难以解决的问题常常会出现精神濒临崩溃的状态，表现出极度紧张、苦恼、焦虑、忧郁，甚至产生轻生的意念。

确定危机需要符合以下三项标准。

（1）存在具有重大心理影响的事件。

（2）当事人或患者用平常解决问题的手段暂不能应付或应付无效。

（3）引起情绪扰乱或认知、躯体和行为等方面的改变，但又不符合任何精神疾病的诊断。

（二）心理危机干预的概念

这里所说的"干预"，不是日常生活或文学领域中所指的"参与、过问、涉及"之意，而是临床心理学中的一个术语，泛指在心理学理论、技术和伦理的指导下，有计划、按步骤地对一定对象的心理活动、个性特征或心理问题施加影响，使之朝着预期目标发生变化的过程。

心理危机干预是指采取紧急的应对方法帮助危机当事人安全度过危机、尽快恢复心理功能的专业助人过程。

进行心理危机干预需要符合以下三项标准。

（1）危机干预的及时性。当事人处于心理危机状态时，其心理健康状况严重受损，其学习、工作、生活和人际交往等社会功能受到明显的干扰，此时需要采取及时的干预措施来处理心理危机，协助当事人尽快恢复正常的心理功能，增加当事人应对心理危机的心理能量。

（2）危机干预的专业性。很多情况下，心理危机干预是一种在突发的心理危机情境下的自发的助人行为。它与其他助人行为（如社会工作、心理健康服务、志愿活动、慈善）一样，就其初衷而言并不强调"专业性"，而更看重利他的动机或意愿，即通常所说的"善心"。但就结果而言，"专业性"是确保助人行为及时和有效的前提。这样说并不是要把有"善心"而无专业训练的人排斥在心理危机干预或其他助人行为之外，而是希望更多的人能够了解、学习和掌握一定的心理危机干预知识与技巧，从而在心理危机突发时能够更好地提供干预服务。

（3）保证当事人安全度过危机。生命安全是人最基本的权利，是人享受其他权利的基础，所以，心理危机干预中的首要目标就是保证当事人"安全度过危机"。特别是对于有自伤、自杀或伤人观念、准备和行动的当事人，干预者需要第一时间移除当事人周围环境中可能造成危险的物品，如利器、危险药物或化学用品等，并确保当事人所处空间的高度是安全的。

二、大学生心理危机的特点和表现

（一）大学生心理危机的特点

1. 普遍性

"人有悲欢离合，月有阴晴圆缺"。纵观人的一生，一定会遇到大大小小的各种困难。这意味着，若困难被处理不当，就很可能演变成危机。每个个体都有可能正在经历不同程度的心理危机，但心理危机并不一定会引起极端的行为。心理危机的普遍性体现在不同的人生阶段中，也体现在不同的工作、学习或生活环境中。

2. 复杂性

危机的来源和种类有很多，可能来自个体生理情况，如生理发展、疾病的折磨；也可能是心理的，如人际关系不良、自身需求与期望的矛盾等。危机就像一张巨大的网，各种危机因素都交织在一起，形成了每个人独特的危机。

3. 破坏性

从过程来看，心理危机的破坏性主要体现为当事人产生极大的心理波动，反复感到难过、痛苦、恐惧甚至绝望，导致其心理能量忽高忽低，失去平衡。从结果来看，心理危机导致个体暂时或长时间无法适应生活，严重的甚至丧失生存能力，出现心理障碍，抑或失去生命。

4. 机遇性

任何事情对个体的影响都是多元的。一方面，危机之中隐含着危险，这种危险可能影响人们的正常生活与交往，严重的还可能危及自己和他人的生命；另一方面，危机其实也是一种机遇，因为在这种危机下，个体为了保持自身心理的平衡，会学习新的应对技能，从而解决问题，使心理获得进一步的成熟。

（二）大学生心理危机的表现

心理危机发生时，人们常常伴随着生理、情绪、认知和行为等方面的变化。可从以下几个方面来观察当事人的危机表现。

（1）认知变化：记忆和知觉发生改变，记忆力下降。个体经常出现注意力不集中，缺乏自信，难以做选择，做事情效率降低，能力受到影响。

（2）行为改变：人际回避或过分依赖他人，兴趣改变或丧失，无法专心学习或工作等。

（3）生理反应：疲乏、肠胃不适、头痛、腹泻、食欲下降、失眠、做噩梦、易惊吓、窒息感、肌肉紧张等。

（4）情绪波动：忧郁、悲伤、焦虑、怀疑、害怕、恐惧、不信任、

财富与幸福感

沮丧、易怒、绝望、无助、麻木、否认、孤独、紧张、愤怒、自责、警觉、敏感、持续担忧、害怕死去等。

三、大学生心理危机的预防

（1）构建完善的大学生心理健康教育体系，培养健全的人格，是预防心理危机的根本途径。

（2）开展心理素质训练，提升大学生心理调适能力，通过各种途径锻炼他们的意志、训练他们的心理素质，使他们保持心理健康。

（3）开展心理健康教育活动，丰富大学生心理学知识，增强他们的心理保健意识，端正他们对心理咨询的看法，引导他们主动寻求帮助，缓解负性的情绪，避免因心理问题加重而导致心理危机的发生。

（4）重视并开展大学生心理咨询工作，通过语言、文字等媒介，给咨询对象以帮助、启发和教育，解决其在学习、工作、生活、疾病、康复等方面出现的心理问题。

（5）开展大学生心理辅导和心理咨询工作，通过各种辅导形式，对大学生的独立生活及社会环境的适应、学习与社会工作关系的处理、人际交往的适应、恋爱问题的处理等多方面进行指导与帮助。

（6）加强校园文化建设，改善大学生的社会心理环境，通过开展丰富多彩的校园文化生活，满足大学生精神和心理需求，使他们展现天赋和才华、发泄内心的激情、增强竞争意识、获取自信心提供平台。

（7）构建大学生成才服务体系，为大学生心理减负、减压，如加强学习辅导，帮助他们进行职业生涯规划，为毕业生提供就业信息，搭建就业平台，开展就业指导等，为处于困境中的学生提供及时有效的支持，帮助其顺利渡过难关。

四、大学生心理危机的干预

（一）确定问题

从求助者的角度，确定和理解求助者本人所认识的问题。为帮助确定危机问题，人们推荐在干预开始时使用积极倾听技术：同情、理解、真诚、接纳及尊重，既注意求助者的言语信息，也注意其非言语信息。

（二）保证求助者安全

保证求助者对自我和对他人的生理和心理危险性降低到最小可能性，这是危机干预全过程的首要目标。在我们的危机干预实践中，求助者的安全一直是强调的重点，希望学生和危机干预工作者将安全问题自然地融入自己的思维和行为之中。

（三）给予支持和帮助

强调与求助者沟通和交流，使求助者相信工作人员是能够给予关心和帮助的人。工作人员不要去评价求助者的经历或感受是否值得称赞，而是应该提供这样一种机会，让求助者相信"这里有一个人确实很关心你"。

工作人员必须无条件地以积极的方式接纳所有的求助者，不在乎报答。能够在危机中真正给予求助者以支持的工作人员，就能够接纳和肯定那些无人愿意接纳的人，表扬那些无人会表扬的人。

（四）提出应对的方式

帮助求助者探索可以利用的替代解决方法，促使求助者积极地搜索可以获得的环境支持、可资利用的应付方式，启发其思维方式。求助者知道有哪些人现在或过去能关心自己，有许多可变通的应对方式可供选择。

（五）制订行动计划

帮助求助者做出现实的短期计划，包括另外资源的提供应付方式，确定求助者理解的自愿的行动步骤。计划应该根据求助者应付能力，着重于切实可行和系统地帮助求助者解决问题。计划的制订应该与求助者合作，使其感到这是自己的计划。制订计划的关键在于使求助者感到没有剥夺他们的权利、独立和自尊。

（六）得到当事人的承诺

帮助求助者向自己承诺采取确定的、积极的行动步骤，这些行动步骤必须是求助者自己的，从现实的角度是可以完成的或可以接受的。

在结束危机干预前，工作者应该从求助者那里得到诚实、直接和适当的承诺。

除以上六个方面的内容外，还应该启动社会支持系统。社会支持系统主要包括来自父母及其他亲人、来自教师和同学、来自其他方面如朋友和社区志愿者的支持等。这种支持不仅包括心理和情感的支持，也包括一些实质的救助行动。

项目十三

"认识心理问题，走近心理咨询"

——大学生心理咨询

📝 **学习目标**

知识目标：

1. 了解心理咨询的概念及功能。

2. 了解心理咨询的内容及类型。

3. 熟悉心理咨询的原则及注意事项。

能力目标：

1. 能够掌握心理困惑及一般心理问题的应对方式。

2. 能够掌握心理疾病的应对方式。

3. 能够正确认识心理咨询。

素养目标：

在出现心理问题时，大学生能养成合理进行心理咨询的意识。

任务一　大学生常见心理问题应对方式

一、心理困惑应对方式

大学生心理困惑是指大学生在生活、学习、工作、恋爱等方面所遇到的各种困惑和障碍，这些困惑或障碍常常给大学生造成心理压力和精神负担，使他们感到焦虑和苦恼，从而导致心理失调。其一般可分为学习方面的困惑、人际交往方面的困惑等。这些问题如果处理不当，会给大学生带来许多不良影响，甚至影响到他们的身心健康。因此，正确认识并合理解决大学生心理困惑，是十分重要的任务。它不仅有助于大学生正确认识自己，消除心理障碍，而且有利于身心健康和全面发展。

那么，在日常生活中又该如何去解决这些问题呢？

（一）正确认识自我

正确认识自我是解决大学生心理困惑的基础，首先，要客观地评价自己的能力、兴趣、性格特征。每个人都有自己的长处和短处，要正视自己，在比较中认识自我。其次，要正确评价他人的能力、兴趣、性格特征。对他人要客观地进行评价，既不要过分赞扬，也不要过分贬低，既不能求全责备，也不能吹毛求疵。这样才能正确认识自己与他人的关系，才能在人际关系中保持冷静和理智。

大学生由于年龄较小，社会经验不足，因而很容易对自己的认识产生偏差。例如，有的大学生会产生自卑心理，觉得"我比别人差，别人比我强""我不如别人"等，他们会觉得自己一无是处、很笨、很傻。还有的学生对自己的能力估计过高，觉得"我要干出一番大事业""我有实力"等。这些都会对大学生心理产生不良影响。因此，在遇到困难时应保持清醒的头脑和理智的态度。既要看到自己的长处和潜力，也要看到自己的不足与缺点；既要看到自己已经取得的成绩，也要看到自己尚未取得成绩的地方；既要看到自己取得成功后的喜悦，也要看到自己失败后的悲伤；既要看到现在社会对人才的需要，也要看到未来社会对人才的需求。总之，对大学生而言，我们应以一种乐观向上、积极进取、充满自信、积极向上的心态来对待每件事情。这样才能不断增强自身素质，提高自身修养和能力。只有这样，才能使自己在将来更好地适应社会发展需要。

（二）学会情绪调节

（1）要正确认识自己的情绪，学会情绪调节。在日常生活中，我们会遇到各种各样的事情，它们都会对我们的情绪产生影响。当遇到令人高兴的事情时，我们会感到快乐；当遇到令人悲伤的事情时，我们会感到难过；当遇到令人生气的事情时，我们会感到愤怒。所以，当出现负面情绪时要及时进行自我调节。

（2）要学会转移注意力。当遇到挫折和困难时，可以通过做一些自己喜欢的事情来转移注意力；可以通过和朋友聊天来缓解不良情绪；可以通过做运动来宣泄不良情绪。

（3）要学会表达自己的情绪。如果遇到令你不愉快的事情时，你可以把它写在纸上；或者找一个无人的地方大哭一场；或者把它大声喊出来，释放心中的郁闷；或者找朋友倾诉，这样做会使你忘却烦恼，心情也会豁然开朗。

（4）在面对心理困惑时不要太过担心和害怕，只要正确认识并合理解决这些问题，就能帮助我们更好地成长、学习和生活。相信在自己和他人的共同努力下一定可以克服心理困惑。

（三）提高社交能力

1. 加强自我意识

在人际交往中，自我意识的强弱对交往效果有着直接的影响。因此，培养良好的自我意识是增强人际交往的重要条件。在交往中，要注意观察他人，特别是他人对自己的态度如何，在与人交往时主动、热情、大方、友善地对待他人。还要注意自己的言行举止是否得体，不能随便与人发脾气和争吵，更不能揭人短处。这样才能赢得他人的好感，受到他人的欢迎。

2. 保持良好的心态

良好的心态是交往成功的心理基础。在人际交往中，要客观地认识自己和他人，保持一种积极、乐观向上的态度，这样就能以良好心态与他人交往。同时，要善于发现自己的长处和优点，也要看到自己身上存在着不足和缺点，并及时地加以改正。这样就会增强自信心，在与他人交往中也就会表现出乐观开朗、积极向上的一面。

3. 掌握正确地人际交往技巧

良好的人际交往技巧能使自己在与他人的交往中取得成功和进步。首先，要善于表达自己。人们之间通过语言和非语言方式进行交流，向对方传达信息与情感，所以，要注意说话时音量适中、态度和蔼、语调抑扬顿挫等。其次，要善于倾听他人讲话。在人际交往中应注意倾听对方讲的问题，以便把自己了解到的情况反馈给对方；还应注意倾听对方对某些问题的看法和态度；当他人讲话时要做出适当反应，如点头微笑、专注倾听、点头表示明白等。另外，还要注意他人讲话时不要轻易打断，也不要急于发表自己的看法或插话抢话、不要随意议论别人的隐私、不要对他人进行人身攻击等。

（四）积极参加活动

（1）积极参加各种文体活动，在活动中培养自己的兴趣爱好，丰富自己的业余生活。

（2）多参加一些社会实践活动，多了解社会、了解生活，多接触自然。只有了解社会、认识生活、接触自然，才能逐步培养对生活的信心和勇气，才能培养热爱生活、热爱人生的情感，才能在生活中寻找到更多的乐趣和快乐。

（3）积极参加集体活动。在集体中不仅可以增进同学之间的友谊，而且可以培养自己良好的意志品质。如参加运动会可以培养自己坚韧不拔、勇于拼搏的意志；参加各种社会实践活动可以培养自己的吃苦精神和奉献精神。同时，还能增强同学之间的合作能力，学会与人相处等。

二、一般心理问题应对方式

对于一般心理问题，大学生可以学会正确的调节和应对方法，来帮助自己改善心理健康水平，并防止范心理障碍风险。

（一）自我调节

自我调节的方法都有导向积极心态的功效，不仅可以帮助人们缓解负面心理状态，还可以帮助人们增强现实问题解决能力，提高心理幸福感水平。通常，自我调节方法包括情绪管理、时间管理、压力应对、弹性思维、创新思考、积极心态培养等，这对大学生应对困扰、维护健康有着重要的意义。

面对适应问题和学业问题，大学生需要积极培育健康的心态，允许自己的不完美，同时合理规划时间、细化任务，给自己做好弹性的工作、学习安排。面对压力，大学生可以通过运动、读书等方式减轻压力、转移注意力。另外，面对情感问题，大学生要学会情绪管理，以适当的方式（如记录、自我对话、向家人好友倾诉）表达情绪。同时，通过学习、音乐、运动、旅行等方式转移注意力。

（二）强化支持

社会支持是影响个体心理健康状况、心理疾患治疗与预后的重要因素。社会支持系统越完善，个体心理健康水平越高，应对挑战的能力就越强，幸福感也越强。即使是已经遭遇心理障碍的个体，在良好的社会支持下，也倾向于更快地复原或被治愈。有研究显示，家庭心理健康教育和家庭治疗的开展，能减少一些心理疾病的复发。

大学生要主动建立起良好的家庭关系、亲情关系、朋友关系、同学关系和师生关系，这不仅有助于预防心理问题的发生，也有助于心理问题的应对和解决。同时，构成大学生社会支持系统的家人、亲人、朋友、同学、教师，对大学生应主动关心、密切联系、温暖支持、理解接纳，以帮助大学生克服问题、健康成长。

（三）端正态度

随着当今社会节奏的加快，人们普遍受到来自各方面的巨大压力，若没有关注、关照自身心理健康的态度和意识，就很会容易遭受伤害。例如，生活、学习环境的迅速变化导致适应问题，社会关系更加复杂导致人际问题等。这时候，首先要端正自己对待一般心理问题的态度，接受现实。适应问题、人际关系问题、情感问题、学业压力等都是当下大学生较为常见的心理困扰。在特定的刺激源下（如环境变化、失恋、毕业），过去经验未能帮助自己成功应对当下问题，便会产生一定的焦虑、沮丧、自卑、空虚等心理异常。但是，通过自身经验等的积累及适当的调节和规划，新问题也能够在自己的努力下一一得到解决，这种克服困难的经验会帮助大学生在未来更勇敢地面对其他挑战。

大学生处于人生发展的重要阶段，学习和树立起维护与促进自身心理健康的保健意识，不仅是在当下繁重的发展任务、学业任务等压力之下保护自身健康所必需，也是为自

身将来的健康发展做好准备、奠定基础。

（四）适时求助

现实中遇到工作或学习上的困难，求助相对容易，但遇到心理问题或困难，向他人求助却不那么容易了，尤其是向亲人、密友之外的人求助显得特别困难。有人给不寻求帮助找了个"好理由"，美其名曰"心理问题都要靠自己"。的确，自己的主动和努力对于心理咨询或心理治疗都是必不可少的，但是这与所谓的"都要靠自己"并不等同。

作为当代大学生，应保持"寻求心理咨询或治疗的帮助是自我负责的行为，是强者的选择"的态度。因此，在自己陷入困境无法自拔的时候，向心理辅导员、学校心理中心、医院等求助，都是对自己负责的表现。

三、心理疾病应对方式

心理疾病问题是大学生自身无法解决的，需要寻求专业心理服务。心理咨询和心理治疗是大学生可以求助的专业途径。了解心理咨询与心理治疗，可以帮助大学生对两者做进一步了解和区分，以便更好地选择并合理使用相关资源和服务。

（一）心理咨询

心理咨询是通过咨询师与求助者的人际关系，运用心理学方法，帮助求助者自立自强的过程。在咨询过程中，咨询者可以帮助求助者认识自己、确定目标、做出决定、解决难题。这实际上是一个教育的过程和使求助者成长的过程。大学生心理咨询一般涉及学业、情感、情绪、人际等方面的问题，主要工作对象是受一般心理问题困扰的大学生，更注重教育性、支持性、指导性。

在心理咨询中，当求助者表现出心理疾病的特征，如抑郁症症状、精神分裂症症状等，超出心理咨询范围，需要通过药物等方式治疗时，心理咨询师需及时帮助求助者转介去专业医院就诊和治疗。

（二）心理治疗

心理治疗是指应用心理学的方法来治疗病人的心理问题，其目的在于通过治疗者与病人建立的关系，善用病人求愈的愿望与潜力，改善病人的心理与适应方式，以解除病人的症状与痛苦，并帮助病人促进其人格的成熟。"心理治疗是治疗者与求助者之间的一种合作努力的行为，是一种伙伴关系；治疗是关于人格和行为的改变过程"。与心理咨询一样，心理治疗也强调构建良好的治疗关系，强调助人过程，

心理咨询与心理治疗的区别

强调治疗者的专业性，强调工作对象及解决问题手段的心理性。正因如此，许多学者认为两者性质相同，几乎是同义词，没有区分的必要。但也有很多学者认为在实践中两者是有差别的。

任务二 心理咨询

一、心理咨询的概念

咨询一词含有商谈、会谈、征求意见、寻求帮助、辅导等含义。心理咨询一词既表示一门学科，即"咨询心理学"，也可以表示一门工作，即心理咨询服务。

心理咨询至今尚未有统一的定义。人本主义心理学家罗杰斯认为，心理咨询是通过与个体持续的、直接的接触，向其提供心理帮助并力图促使其行为态度发生变化的过程。美国心理学家卡尔纳对咨询的定义是：心理咨询是一种专门向他人提供帮助与寻求这种帮助的人们之间的关系。

总之，心理咨询是心理咨询师协助求助者解决心理问题的过程，包括两层含义：第一，咨询关系是"求"和"帮"的关系，即求助者是寻求咨询师的帮助；第二，帮助解决的问题只能是心理问题，或由心理问题引发的行为问题。除此之外，咨询师不帮助求助者解决任何生活中的具体问题。

❯❯ 二十大速递

袁红梅：做照亮学生心灵的那盏灯

袁红梅，党的二十大代表，中南林业科技大学学生工作部心理健康教育中心教授。17年来，她完成了 4 500 余学时的心理健康教育课堂教学、5 400 小时个体心理咨询，开展各类讲座 220 场，参与学生超 10 万人次。开创的心理育人经验在 50 余所高校推广。被评为全国优秀教育工作者，荣获湖南省五一劳动奖章。

9 月 30 日，见到袁红梅时，她正在为一名学生做心理辅导。临走时，学生亲切地唤了一声："红梅姐姐，再见。"

"孩子们喜欢这么叫我。"袁红梅在中南林业科技大学从事心理育人工作已 17 载，很多年前，孩子们就开始叫她"红梅姐姐"。

时光追溯到 1995 年。袁红梅进入零陵师范学校，担任学生辅导员。

"慢慢地，我发现，工作方法跟不上学生工作需求，那时没有什么培训，我只好大量阅读教育心理学的书籍，提升管理服务效果。"袁红梅说，从此她对心理学产生了浓厚兴趣。

工作7年后，袁红梅毅然选择跳出"舒适圈"，考入湖南师范大学攻读心理学硕士。毕业后，袁红梅来到中南林业科技大学，开启了她的心理育人职业生涯。

"红梅姐姐，谢谢您陪我走过人生最黑暗的一段日子。我现已完全康复，不用再服抗抑郁药了……"2012年教师节，赵明（化名）发来的信息让袁红梅思绪万千。4年，42次咨询，2万字的咨询记录，见证了袁红梅和赵明一起对抗抑郁走向康复的艰难历程。

像辅导赵明一样，袁红梅与数千个来访者一起分享过喜怒哀乐，一起探讨生命的价值和意义。

家境贫寒、父母离异的骁骁，多年被心理疾病困扰。从大一开始，袁红梅一边建议他定期就医、按时服药，一边坚持为他开展了近百次心理咨询。双管齐下，骁骁逐渐康复。"红梅姐姐的咨询，给了我生命的动力。她不仅让我的心理恢复健康，更让我感受到最真诚的爱和温暖。"

校园里流传着红梅姐姐的很多"传说"——

她主讲的"爱情心理学"是学校十大热门选修课之一。课程刚一上线，就被守候多时的学生"秒光"。

她连续策划、组织了16届心理文化节，打造了"大学心事"微电影、心理情景剧比赛、心理素质拓展训练等系列品牌活动，年参与学生达2万余人次。

她还推出"一杯心茶""园艺养心"等系列品牌特色活动，将传统文化与心理健康教育工作相结合，让心理教育既有高度又有温度。

袁红梅还是一个紧跟网络时代步伐的"潮人"，将心理咨询从线下拓展到"云端"。

10多年前，她就带领团队开通了全国首个"咨询师团队博客"。此后，她搭建了包括网站、在线咨询QQ、微信公众号在内的全方位移动育人平台。她带领团队开展在线心理辅导，累计辅导学生10万余人次。

"作为一名心理育人工作者，我希望永远做照亮学生心灵的那盏灯，照亮他们前行的路。"当温柔地说出此言时，袁红梅的目光转向球场上正在锻炼的学生们。

二、心理咨询的功能

（一）倾诉心声的功能

每个人都有倾诉心声的心理需要。当遇到高兴的事时，希望与亲人或朋友分享；当遇到难题无法解决的时候，希望有人指点迷津……这些都需要通过诉说来释放心头的压力。朋友、同学、亲人都可以成为倾听心声的人，但也有不方便、不适宜的时候。而与自己没有亲缘、利害关系的心理咨询人员，能耐心听你诉说，并且有心理学的专业知识，能帮助你分析问题，排忧解难。倾诉是人的一种心理需要，它既能帮助人缓解心理压力，又是分析和解决问题的前提。

（二）磋商对策的功能

在倾诉心声、辨明问题的基础上，咨询人员可以与你共同分析问题，商讨解决问题的对策。当一个人处于生活旋涡之中，在精神压力的重负下，思路常常会被堵塞。而咨询人员处于旁观者的角色，头脑冷静，思路较为开阔，不仅能帮助你分析问题的原因，从而帮助你正确认识自己所面临的问题，也能为你提出一些合理化的建议。但咨询人员的意见只能作为参考，目的是帮助你打开思路。心理咨询人员绝不替求助者武断地进行选择，而是帮助求助者自己学会如何进行明智的选择，当你学会了如何进行明智选择时，你的人格也就得到了一次发展和完善的机会。

（三）辨明问题的功能

人的心理问题有各种类型和性质，不同的问题应当采用不同的方法来解决。人的许多心理问题并非心理疾病，它们是在纷繁复杂的社会生活中引发的。就青年学生来说，有些是与学习有关的心理问题，如学习动机、厌学情绪、考试焦虑等；有些是与自我观念有关的心理问题，如自卑、自恋、自傲、自闭等；有些是在人际交往中产生的心理问题，如交往焦虑、赤面恐惧、回避交往、对人敌意、过分依赖等；进入青年期以后，还面临恋爱问题，这会引起许多情绪波动，需要及时调整。诸如此类的问题，都不是心理疾病，但如不及时解决，就会使人情绪低落，影响学习和生活，甚至引发身心疾病。这些都应当通过心理咨询进行及时调整。

（四）助人成长的功能

心理咨询不仅能帮助大学生处理好当前的问题，而且能通过处理当前的问题提高他们的认知水平，矫正错误思路，正确对待自己，增强自信，也能帮助他们正确对待他人，学会处理好人际关系……青年人正处于身体发育和人格发展的关键时期，在这一时期，心理上比较敏感，认识也不够成熟，产生这样或那样的心理问题是必然的，而不是心理疾病。通过一次或数次心理咨询使大学生的认识得到提高，人格得到发展，这些对于促进他们的成熟、成长都是十分有益的。

（五）平衡情绪的功能

学校心理咨询的性质属于发展性咨询，它主要帮助求助者解决在成长过程中产生的各种心理问题，而不是治疗精神疾病。帮助求助者平衡情绪是心理咨询的重要功能之一。心理咨询通过上述几个作用给大学生宣泄压抑情绪的机会，帮助他们辨明自己问题的性质并且磋商解决问题的对策，这些环节都能使求助者紧绷的情绪得到缓解，心态也随之得到平衡。

三、心理咨询的内容

回顾我国多年来的大学生心理咨询实践，可发现大学生心理咨询涉及的内容较多，问题也各种各样，概括起来主要有以下三个方面的内容。

（一）心理障碍

高校心理咨询中较常遇到的心理障碍有神经衰弱、焦虑症、疑病症、恐怖症、强迫症、性行为变态、人格障碍等。一些心理疾病患者感到苦不堪言，严重影响了正常的生活和学习。除进行心理咨询外，这些患者还应到专门的医疗机构去进行心理、药物治疗。

（二）心理适应问题

心理适应问题的咨询内容在高校心理咨询中比例最大，问题包括新生对离开家庭而独立生活不适应，学习负担过重引起的心理不适、人际关系失调、过度自卑而自我封闭等。其中，比较突出的问题是人际关系问题、恋爱问题及自我意识问题。咨询的学生基本上是心理健康的，但是在实际生活和学习中有一些烦恼，有明显的心理矛盾和冲突。他们前来咨询的目的比较明确、具体，即排解心理困扰，减轻心理压力，提高适应能力。

（三）成长过程及心理发展的矛盾和困惑

成长过程及心理发展的矛盾和困惑咨询内容很多，例如，了解自己的个性特点、气质类型、青春期身心发展情况；询问如何处理好学习与社会工作关系、学习与恋爱的关系；如何拥有更多的朋友；如何选择职业；探讨更有效的学习方法等。来咨询的学生并无心理障碍，也无明显的心理冲突。他们的咨询目的是更好地认识自己、完善自

心理咨询范畴

己，提高自己的学习、生活质量和社会适应能力。

四、心理咨询的类型

心理咨询的类型主要有门诊咨询、电话咨询、现场咨询、专栏咨询和网络咨询等。

(一)门诊咨询

门诊咨询是指求助者到专门的心理咨询机构登门求助，是咨询中最常见、最主要的形式。其优越性体现在以下几个方面。

（1）通过面谈，求助者可以充分详尽地倾诉，可将自己的烦恼、焦虑、不安和困惑都直接告诉咨询师，咨询师在耐心倾听的基础上，可与求助者进行面对面的询问、讨论、分析。

（2）有助于咨询师对求助者进行直接观察，对求助者个性、心理健康状况、心理问题的严重性和心态进行观察、了解和评估。

（3）咨询时间一般在60分钟左右，比较宽裕，加上没有旁人在场，易于求助者信任和接受。

(二)电话咨询

电话咨询是通过电话进行交谈，是一种较为方便而又迅速、及时的心理咨询方式。在一些发达国家已通行多年，在防止心理危机而酝酿的自杀与犯罪方面起到了良好的作用。

电话架起了沟通的桥梁，当一个人一时冲动而准备采取某种冒险行为时，当一个人苦恼至极、痛不欲生时，如果拨通了心理咨询的电话，就可能得到意想不到的关怀和温暖，在心理上得到开导和慰藉，甚至能把自己从"死神"手中拯救出来。在我国，一些大城市开设了电话咨询，在及时帮助有心理问题的人排除忧愁方面起到了很好的作用。

(三)现场咨询

现场咨询是指咨询机构的专业人员深入到基层，为广大求助者提供多方面服务的一种咨询形式。在我国，因为心理咨询服务尚未构成合理的组织体系，咨询人员严重不足，因此，为了满足广大群众的需要，专业人员适当地开展现场咨询是非常必要的。

(四)专栏咨询

专栏咨询是指通过报刊、广播、电视等大众传媒形式对受众的典型心理问题进行解答的一种咨询形式。此形式目前在我国比较普遍。如许多报刊和电台都开设了心理健康咨询专栏或专题节目，在受众的来信中，选择典型心理问题在报刊、电台上作答或请专家给予答复。事实证明，一个好的专栏或节目往往受到成千上万人的关注，这是其他咨询形式所不能及的。

（五）网络咨询

网络咨询是指心理咨询师通过互联网来帮助求助者，常见于邮件、QQ、论坛等形式。网络咨询除可以突破地域限制外，还可以凭借行之有效的软件程序，进行心理问题的评估与测量。在一个付费咨询体系中，咨询协议的具体化和程序化将使得人们更容易接受。

任务三　心理咨询的准备工作

一、心理咨询的原则

心理咨询不同于一般的聊天，它是专业的"聊天"，专业的"聊天"就要有规矩。通常情况下，心理咨询师要遵守以下心理咨询原则。

（一）地点设置原则

心理咨询作为一项专业的助人工作，不同于简单的聊天，它必须有严格的地点设置。这是心理咨询原则中最根本的一点。心理咨询是在固定的、装饰得比较有安全、温暖感觉的心理咨询室进行的。一般心理咨询师不出诊，如果有特殊情况（如危机干预）则可以出诊。

（二）预约设置原则

心理咨询师的心理咨询时间安排需要有严格的预约设置。预约设置一方面是为了避免心理咨询中心有人任意来往，给求助者造成不安全的感觉；另一方面也是为了保障心理咨询师有休息的时间，能够在咨询后有足够的时间整理自己的思绪，做好迎接下一位求助者的准备。心理咨询师一般不接受临时求助者，除非属于危机情况。

（三）时间设置原则

心理咨询中需要进行的时间设置主要是为了把咨询控制在求助者注意力最容易集中的时间段，这样对解决求助者的问题更有效。

1. 心理咨询时间

求助者心理咨询的时间一般以每次 50 分钟左右为宜。当然，根据求助者的不同情况和心理咨询师选用的不同咨询技术，心理咨询的时间也会有一些差异，需要具体问题具体对待。

2. 心理咨询频率

经典精神分析的心理咨询频率通常是每周安排 4 ～ 5 次咨询，其他形式的个人心理咨询目前以每周 1 次的设置比较普遍。心理咨询师依据求助者的情况，设置心理咨询的频率，可以取得较好的咨询效果。

3. 疗程

疗程是指从第一次会谈直到心理咨询目标的实现，整个心理咨询过程将持续的时间长度。心理咨询的疗程长短取决于求助者的心理困难程度、心理咨询目标及心理咨询师所选用的心理咨询技术。目前，心理咨询的疗程一般为 6 ～ 20 小时。在不同的心理咨询阶段，根据心理咨询的不同任务，心理咨询时间的长度和频率还需要不断地进行适当的调整。

（四）保密原则

很多人对心理咨询有一个非常大的顾虑——我的问题会不会被别人知道？保密是大部分求助者的强烈要求。求助者只有确定自己的谈话内容受到严格保密后，才能很放松地向心理咨询师吐露自己的心声。因此，保密原则是心理咨询中的一个重要原则。

很多大学生在进行心理咨询前或进行心理咨询的过程中都会有这样的担心：心理咨询师会为我的问题保密吗？我的问题会不会被班主任知道？答案是：一个合格的心理咨询师会为你所讲的问题保密，一般在进行心理咨询前都会签类似"求助者知情同意书"的协议，里面规定了哪些情况心理咨询师会保密，哪些情况会打破保密协定。一般情况下，求助者的问题不会被别人知道，但有两个例外情况：一是有可能伤害自己或他人的情况；二是法律规定需要披露的情况。在这两种情况下，心理咨询师可以打破保密原则。

（五）转介原则

在遇到下列情况时，心理咨询师可以将求助者转介到其他的机构或心理咨询师。

1. 不属于心理咨询解决的范畴

例如，求助者是精神疾病患者，心理咨询师会将其转介到精神疾病治疗机构，这样更有利于帮助求助者。再如，对法律问题、学校的校纪、校规等问题的咨询，也不属于心理咨询的范畴，心理咨询师也可以将求助者转介。

2. 心理咨询师个人的问题

凡是心理咨询师觉得自己不适合做心理咨询的情况都属于此。例如，有的心理咨询师能力有限，不擅长解决求助者的某些问题，可以将求助者转介给合适的心理咨询师；有的心理咨询师在心理咨询进程中遇到了个人重大问题，不适合做咨询，这时也可以将求助者转介给别的心理咨询师。

转介的原则是维护求助者的利益。求助者要对转介有正确的认识：转介并不一定是因为自己的问题有多严重，或心理咨询师不喜欢自己，而是心理咨询帮不到自己，或者因为某个心理咨询师帮不了自己。

二、心理咨询的注意事项

（一）真诚坦率的交流

心理咨询主要以语言沟通为基础，面对咨询师，求助者不要过多地考虑说话的方式方法，要如实地、直截了当地讲述心理咨询的内心感受。即使分不清问题所在，也不用担心，咨询师会在倾听过程中捕捉一些信息点去询问，求助者不用辨别有用与无用，只要实事求是回答即可。

（二）求助者要有耐心

心理问题、心理疾病不是一天两天形成的，它可能是多种原因造成的，解决问题也需要一定的时间。心理咨询也是循序渐进的过程，一般要经过了解求助者的问题、诊断、设立咨询目标、选择咨询方法、制定咨询方案、实施和反馈等过程。有时在咨询的过程中，心理问题还会出现反复，非常考验耐心和细心。

（三）求助者要有自助意识

心理咨询不是一般的帮助人的行为，而是"助人自助"的过程，需要求助者积极主动配合，参与到咨询方案的制定中，认真完成咨询作业，勇于改变自己，战胜自己，最终才能走出心理困境。

（四）认真完成咨询作业

在咨询的过程中，一个重要的环节就是求助者和咨询师共同制定咨询目标与计划。求助者要在咨询的不同阶段，认真完成各种实践作业，贯彻咨询计划，做好反馈，这样才会获得理想的咨询效果。

三、正确认识心理咨询

（一）心理咨询并不同于思想工作

心理咨询与思想工作是有本质区别的。思想工作的目的是说服对方服从和遵循社会规范、道德规范及集体意志，而心理咨询则是运用专门的理论和技巧寻找心理问题的症结，予以咨询干预，且心理咨询师持客观、中立的态度，而不是对求助者进行批评教育。

（二）心理咨询并不是无所不能

许多求助者将心理咨询神化，认为心理咨询师无所不会、无所不能，所以，常常咨询一两次后，没有达到其所需求"豁然开朗"的心境，就大失所望，再也不来了。实际上，心理咨询是一个连续的、艰难的改变过程。心理问题常与求助者的个性及生活经历有关，求助者没有强烈的求助、改变的动机，没有恒久的决心与之抗衡，心理问题是难以改变的。因此，求助者需有打"持久战"的心理准备。

（三）心理咨询并不等于偷窥内心

许多人认为只要简单说几句，心理咨询师就应该能猜出自己心中的想法，否则就表明心理咨询师水平不高。其实心理咨询师也是人，他们没有什么特异功能可以窥视他人的内心世界，他们只是应用心理学的理论和方法，对求助者提供的一定信息进行讨论和咨询，并进行分析。因此，求助者需要详尽地提供有关信息，才能帮助咨询双方共同找到问题的症结，有利于心理咨询师做出正确的判断并提供恰当的帮助。

（四）心理问题并不等于精神病

心理问题是日常生活中经常会遇到的，就这些问题求助于心理咨询并不意味着有什么不正常或有见不得人的隐私。相反，这表明这个人具有较高的生活目标，希望通过心理咨询更好地完善自我。严格来讲，精神病是重性精神性疾病，它与一般的心理问题和轻度心理障碍有很大的区别。绝大部分精神病人对自己的疾病没有自知力，更不会主动求医。

（五）心理咨询的人并不一定是弱者

有人认为，只有弱者才去做心理咨询，我是一个强者，不需要心理咨询。其实，每个人都会遇到一些困惑和挫折，内心需要并渴望倾诉、宣泄、交流和安慰。作为真正的强者，应该面对现实的挑战，利用一切可能利用的条件，积极寻求帮助，尽早走出困境，而不应该采取退却和回避的态度。

（六）心理咨询师并不是"救世主"

心理咨询师只能起到分析、引导、启发、支持、促进求助者改变和帮助求助者人格成长的作用，他们无权把自己的价值观和愿望强加给求助者，更不能替求助者去改变或做决定。求助者需要认识到"救世主"只有一个，那就是自己。只有改变自己、战胜自己，最终才能超越自我，达到理想目标。

心理咨询师的挑选

参考文献

［1］周艳芝，胡彦泽．大学生心理健康教育［M］．北京：北京理工大学出版社，2023.

［2］邱鸿钟．大学生心理健康教育［M］．3 版．广州：广东高等教育出版社，2018.

［3］俞国良．大学生心理健康［M］．北京：北京师范大学出版社，2018.

［4］许宝峰，朱颖．体验与成长：大学生心理健康教育（含实践手册）［M］．北京：中国人民大学出版社，2023.

［5］陈永，石锦澎．大学生就业与创新创业教程［M］．2 版．北京：人民邮电出版社，2022.

［6］全国十二所重点示范大学．心理学基础［M］．北京：教育科学出版社，2002.

［7］林臻，刘明波．大学生心理健康［M］．北京：高等教育出版社，2020.

［8］于志英，李迪．大学生心理健康教程［M］．3 版．南京：南京大学出版社，2021.

［9］黄希庭，郑涌．大学生心理健康教育［M］．3 版．上海：华东师范大学出版社，2020.

［10］曲振国．大学生就业指导与职业生涯规划［M］．2 版．北京：清华大学出版社，2020.

［11］张玉芝，周兰芳．大学生心理健康［M］．北京：北京理工大学出版社，2017.

［12］方伟．大学生就业工作教师培训教程［M］．北京：高等教育出版社，2009.

项目编辑：崔　岩
策划编辑：李　鹏
封面设计：易细文化

免费电子教案下载地址
www.bitpress.com.cn

北京理工大学出版社
BEIJING INSTITUTE OF TECHNOLOGY PRESS

通信地址：北京市丰台区四合庄路6号院
邮政编码：100070
电话：010-68944723　82562903
网址：www.bitpress.com.cn

ISBN 978-7-5763-2547-8

9 787576 325478 >

定价：49.00元
（含配套实训手册）

《大学生心理健康教育》 配套实训手册

班级：＿＿＿＿＿＿＿＿＿

姓名：＿＿＿＿＿＿＿＿＿

学号：＿＿＿＿＿＿＿＿＿

北京理工大学出版社
BEIJING INSTITUTE OF TECHNOLOGY PRESS

目　录

实训任务一

一、课堂活动

（1）活动名称：滚雪球（大一上学期）。

（2）活动规则：每人按照"我是来自_____（家乡）的爱好_____（兴趣爱好）的_____（名字）"句式介绍自己，下一位同学要在上一位同学的基础上加上"我是来自……的爱好……的……旁边的我是来自……的爱好……的……"，看看雪球能滚多大。

材料导读

（3）活动思考：

1）当你被熟悉/不熟悉的人叫出名字时，你的感受是什么？

2）当你记住大部分人的名字时，你的感受是什么？

3）请用一两个字形容自己在小组中的感觉，若用 1～10 分（非常不舒适～非常舒适）来评价，你会用哪个数字表示你的感觉？

二、课后作业

请同学们按照自己的情况回答以下问题。

（1）你感觉自己心理健康吗？你评价自己的依据是什么呢？

（2）在生活中，你有什么促进自己心理健康的独特而有效的方法？

（3）当你发现自己的同学存在心理健康问题时，你会怎么做？

（4）你希望在本课程中收获到什么？

（5）你希望如何学习本课程？

实训任务二

活动一：

心理适应能力自测

心理适应性是个体的一种综合心理特征，它反映了个体适应周围环境的能力。下面是一套心理适应性自我测试量表，通过测试可以判定自己的心理适应等级。通过测量，有针对性地调整自己，提高个人适应能力。测试时，请认真阅读每道题，从题后所给的答案中选择出最符合自己实际情况的一项。

材料导读

测试题目：

1.假如把每次考试的试卷拿到一个安静的、无人监考的房间去做，我的成绩一定会好一些。（很对，对，无所谓，不对，很不对）

2.夜间走路，我比其他人看得更清楚。（是，好像是，不知道，好像不是，不是）

3.每次离开家到一个新地方，我总爱出现一些问题如失眠、拉肚子、睡不着等。（完全对、有些对、不知道、不太对、不对）

4.我在正式运动会上取得的成绩比体育课或平时练习成绩好些。（是，似乎是、吃不准、似乎不是、正相反）

5.我每次明明把课本背得滚瓜烂熟，可在课上背的时候却总是出现点差错。（经常如此，有时如此、吃不准、很少这样、没有这种情况）

6.开会轮到我发言时，我似乎比其他人更镇静发言也显得很自然（对、有些对、不知道、不太对、正相反）

7.我冬天比其他人更怕冷，夏天比其他人更怕热。（是、好像是、不知道、好像不是、不是）

8. 在嘈杂、混乱的环境里，我仍能集中精力地学习、工作，效率并不会大幅度降低。（对，略对，吃不准，有些不对，正相反）

9. 每次检查身体，医生都说我"心跳过快"，其实我平时脉搏很正常。（是，有时是，是与否之间，很少是，不是）

10. 如果需要，我可以熬一个通宵，精力充沛地学习或工作。（完全同意、有些同意，无所谓，略不同意，不同意）

11. 当父母或兄弟姐妹的朋友来家做客时，我尽量回避他们。（是，有时是，时有时无，很少是，根本不是）

12. 出门在外，虽然吃饭、睡觉环境等变化很大，可我很快就能习惯。（是，有时是，是与否之间，很少是，不是）

13. 参加各种比赛时，赛场上越激烈，观众越加油，我的成绩反而越上不去。（是这样，有时候是，是与否之间，很少是，不是）

14. 上课回答问题或开会发言时，我能镇定自若地把事先想好的一切都完整地说出来。（对，略对，对与不对之间，略不对，不对）

15. 我觉得一个人做事比大家一起做事效率更高，所以我愿意一个人做事。（是，好像是，是与否之间，好像不是，不是）

16. 为了求得和睦相处，我常常放弃自己的意见，附和大家。（是，有时是，是与否之间，很少是，不是）

17. 在众人和生人的面前，我感到窘迫。（是，有时是，是与否之间，很少是，不是）

18. 无论情况多么紧迫，我都能注意到该注意的细节，不爱丢三落四。（对，略对，对与不对之间，略不对，不对）

19. 与其他人争吵起来时，我常常哑口无言，事后才想起来该怎么反驳对方，可是已经晚了。（是，有时是，是与否之间，很少是，不是）

20. 我每次参加正式考试或考核的成绩，常常比平时成绩更好些。（是，有时是，是与否之间，很少是，不是）

心理适应能力自测评定方法：

凡单号题（1，3，5……）从第一到第五种回答依次记1，2，3，4，5分；凡双号题（2，4，6……）从第一到第五种回答依次记5，4，3，2，1分。全部20题得分之和就是测试者的心理适应性得分，其标准为：

0～20分：适应性很差；

21～40分：适应性较差；

41～60分：适应性一般；

61～80分：适应性较强；

81～10分：适应性很强。

活动二：

三圈理论

请分别将大学期间"我想做什么""我能做什么""社会需要什么"填入下面三个不同的圆圈中，其中三圈交汇的地方就是我们可以在大学期间锚定的目标（图2-1）。

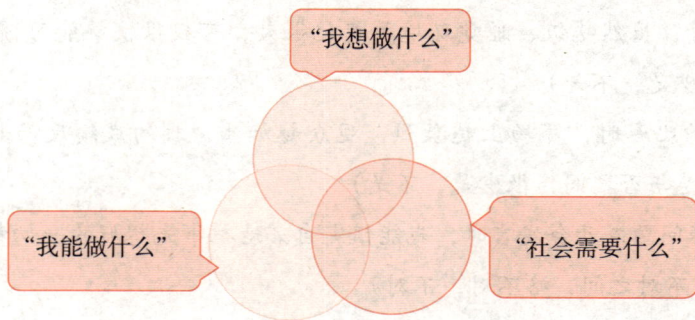

图 2-1　三圈理论

二、课后作业

自绘制学校周边地图。

实训任务三

一、课堂活动

（一）案例分享

猎豹与鹿

认识自己并不难，每种生物都有认识自己的本能。

猎豹是世界上奔跑速度最快的动物之一，它通常会偷偷接近到与猎物 10~30 m 的距离，然后猎捕猎物。猎豹猎捕时的奔跑速度最高可达到 120 km/h，且仅一脚着地。但猎豹由于自身生理构造，最长跑 3 min 就必须减速，否则它会因身体过热而死亡。奔跑 3 min 后，猎豹要花费更长的时间来休息。猎豹在 1 min 内成功猎捕到猎物的概率只有 1/6。

猎豹遇到鹿群的时候，通常会飞快地奔向鹿群，鹿群则快速分散。猎豹会选中一只鹿为目标，朝着它冲刺，而那只被追逐的鹿也以惊人的速度狂奔着。鹿没有跑直线，而是不断地改变奔跑的方向，迫使猎豹消耗其体力，从而减慢速度。经过一段奔跑后猎豹便没有体力再跑了，那只鹿逃脱了。

在野生动物的世界里，动物能认识自己也认识敌人。每个人都有所长，也都有所短。既然人生下来就没有不同，个人就要以不同的方式充分利用自己的长处。

问题思考：

"知己知彼，百战不殆。"你认同吗？你对这句话有什么理解？

（二）实践活动

活动一：

我眼中的"我"，他眼中的"我"

回顾自己的成长过程，想一想，你会如何形容自己呢？请把头脑中浮现出的答案写出来，想到什么就写什么，写得越多，对自我整理帮助就越大。

关键词：_____、_____、_____、_____、_____。

请朋友、师长、同学为自己画像，邀请他们说一说或写一写，在他们心目中，你身上有什么稳定的特征。或者邀请他们用一种动物或植物来象征自己，并提供足够的理由。

活动二：

假如我是

全班同学每8人分为一组，每组中的每位同学独立填写下列的句子。

假如我是一种植物，我希望是_____，因为_____。

假如我是一种动物，我希望是_____，因为_____。

假如我是一种食物，我希望是_____，因为_____。

假如我是一种颜色，我希望是_____，因为_____。

填写完成之后，邀请部分同学进行全班分享。鼓励大家进行分享，对所分享的内容不做好与坏的评价，也不做类型的判断，重点在于引导同学与自己内心的联结，分享内心的感受和感悟。

活动三：

请你快速写下20个以"我"开头的句子。（5分钟）

如："我是……。"

"我爱……。"

"我不是……。"等

1.＿＿＿＿＿＿＿＿＿＿＿＿＿＿＿＿＿＿＿＿＿＿＿＿。

2.＿＿＿＿＿＿＿＿＿＿＿＿＿＿＿＿＿＿＿＿＿＿＿＿。

3.＿＿＿＿＿＿＿＿＿＿＿＿＿＿＿＿＿＿＿＿＿＿＿＿。

4.＿＿＿＿＿＿＿＿＿＿＿＿＿＿＿＿＿＿＿＿＿＿＿＿。

5.＿＿＿＿＿＿＿＿＿＿＿＿＿＿＿＿＿＿＿＿＿＿＿＿。

6.＿＿＿＿＿＿＿＿＿＿＿＿＿＿＿＿＿＿＿＿＿＿＿＿。

7.＿＿＿＿＿＿＿＿＿＿＿＿＿＿＿＿＿＿＿＿＿＿＿＿。

8.＿＿＿＿＿＿＿＿＿＿＿＿＿＿＿＿＿＿＿＿＿＿＿＿。

9.＿＿＿＿＿＿＿＿＿＿＿＿＿＿＿＿＿＿＿＿＿＿＿＿。

10.＿＿＿＿＿＿＿＿＿＿＿＿＿＿＿＿＿＿＿＿＿＿＿。

11.＿＿＿＿＿＿＿＿＿＿＿＿＿＿＿＿＿＿＿＿＿＿＿。

12.＿＿＿＿＿＿＿＿＿＿＿＿＿＿＿＿＿＿＿＿＿＿＿。

13.＿＿＿＿＿＿＿＿＿＿＿＿＿＿＿＿＿＿＿＿＿＿＿。

14.＿＿＿＿＿＿＿＿＿＿＿＿＿＿＿＿＿＿＿＿＿＿＿。

15.＿＿＿＿＿＿＿＿＿＿＿＿＿＿＿＿＿＿＿＿＿＿＿。

16.＿＿＿＿＿＿＿＿＿＿＿＿＿＿＿＿＿＿＿＿＿＿＿。

17.＿＿＿＿＿＿＿＿＿＿＿＿＿＿＿＿＿＿＿＿＿＿＿。

18.＿＿＿＿＿＿＿＿＿＿＿＿＿＿＿＿＿＿＿＿＿＿＿。

19.＿＿＿＿＿＿＿＿＿＿＿＿＿＿＿＿＿＿＿＿＿＿＿。

20.＿＿＿＿＿＿＿＿＿＿＿＿＿＿＿＿＿＿＿＿＿＿＿。

活动四：

自我意识九宫格

在以下的九宫格中，将生理我、心理我和社会我的自我认知、自我体验与自我控制部分补充完整，看一看自己在结构和内容层面呈现出一个怎样的自我意识。

内容 ＼ 结构	自我认知	自我评价（体验）	自我控制（调节）
生理我			
心理我			
社会我			

二、课后作业

（一）思考题

（1）什么是自我？什么是自我意识？

（2）简述自我意识的形成与发展阶段。

（3）大学生自我意识的发展具有哪些特点？

（4）大学生自我意识的常见偏差有哪些？

（5）我们应该如何完善和调适自我意识？

（二）观影《叫我第一名》

主演： 彼得·沃纳执导，吉米·沃尔克、特里特·威廉斯等主演，该片于2008年12月7日在美国上映。

简介： 本片是关于20世纪美国伟大数学家约翰·福布斯·纳什的人物传记片。布莱德患有先天性的妥瑞氏症，这种严重的痉挛疾病，让他从小不被周围的人理解。全校大会上，校长巧妙地让大家了解了布莱德的真实情况，让他有了成为一名教师的梦想。大学毕业后，布莱德不抛弃梦想，不放弃信念，默默努力着。最后，经过了大约25所学校的面试后，有一所学校肯招聘他，他终于成为一位大学二年级导师。

（三）请完成一篇自我分析报告

1. 详细描述你的成长经历和生活环境，并说明你是如何成长为"今天的你"的？在同样的经历和环境中一起长大的其他人与你的自我态度有什么不同？导致"今天的你"和"今天的他"不尽相同，为什么呢？影响你最深的重要他人是哪一位？你愿意谈谈你和他之间的故事吗？

2. 以"20个我"为蓝本，详细分析你的自我意识的"九宫格"。

3. 寻找你与之相比较的"自我标准"是什么？尝试谈一谈这些"标准"对你的意义在哪里？

实训任务四

一、课堂活动

活动一：
趣味自我介绍——热身及人格简介

请大家选择任何一种存在于大自然的东西来进行自我介绍，用"我就像大自然中的……"句式来介绍，因为后面要说明你类比的具体理由，尤其是个性上的相似之处，描述得越细致越好。

材料导读

示范："我就像大自然中的一条小河，因为我和小河一样，时而温柔、时而有力，时而慢、时而快，遇到平道的时候，我能平滑地流过去，遇到障碍的时候，我有足够的耐心一次次地冲刷障碍，直到我越过它。在崎岖的大自然中，坚持不懈的努力使我最终走出了一条属于自己的路。我觉得自己身上的韧性、力量和小河特别像。"

活动二：
地点：某剧场门口。

时间：演出开始10分钟后。

人物：查票员和四位迟到的观众。

情节：剧场规定演出开始10分钟后不许入场。四位迟到者面对查票员的同一说明，表现却是各不相同。

第一位：大吵大嚷，怒发冲冠。第二位：软硬兼施，找机会溜进去。第三位：不吵不嚷，虽然感到遗憾但还是理解剧院的做法，并自我安慰"好戏都在后头"。第四位：垂头丧气，委屈万分，认为自己总是很倒霉。正如同一个哈姆雷特，在不同读者眼中却呈现出不同的风貌，上述四位迟到的观众遇到同样情形却有着不同的表现，正是气质不同的表现。

心理测试：气质类型测评。

注意：请仔细阅读，做出"很符合""较符合""符合与不符合间""较不符合""很不符合"的回答。

1. 做事力求稳妥，一般不做无把握的事情。

2. 遇到可气的事情就怒不可遏，把心里话全说出来才痛快。

3. 宁可一个人做事，不愿意很多人在一起。

4. 到一个新环境很快就能适应。

5. 厌恶那些强烈的刺激，如尖叫、噪声、危险镜头等。

6. 与人争吵时，总是先发制人，喜欢挑衅他人。

7. 喜欢安静的环境。

8. 善于与人交往。

9. 羡慕那种善于克制自己情感的人。

10. 生活有规律，很少违反作息规定。

11. 在多数情况下情绪是乐观的。

12. 遇到陌生人觉得很拘束。

13. 遇到令人气愤的事，能很好地自我克制。

14. 做事总有旺盛的精力。

15. 遇到问题总是举棋不定、优柔寡断。

16. 在人群中从不觉得过分拘束。

17. 情绪高昂时觉得做什么都有趣；情绪低落时觉得什么都没有意思。

18. 当注意力集中于某一事物时，其他的事物很难使自己分心。

19. 理解问题总比他人快。

20. 遇到危险情境，常有一种极度恐惧感。

21. 对学习、工作怀有很高的热情。

22. 能够长时间做枯燥、单调的工作。

23. 符合兴趣的事情，做起来劲头十足，否则不想做。

24. 一点小事就能引起情绪波动。

25. 讨厌做那种需要耐心的工作。

26. 与人交往不卑不亢。

27. 喜欢参加热闹的活动。

28. 爱看感情细腻、描写人物内心活动的文艺作品。

29. 工作学习时间长了，常感到厌倦。

30. 不喜欢长时间谈论一个问题，愿意实际动手干。

31. 宁愿侃侃而谈也不愿意窃窃私语。

32. 他人总是说我闷闷不乐。

33. 理解问题常比他人慢些。

34. 疲倦时，只要短暂地休息就能精神抖擞，重新投入工作。

35. 心里有话宁愿自己想，不愿意说出来。

36. 认准一个目标就希望尽快实现，不达目的誓不罢休。

37. 学习、工作同样一段时间后，常比他人更疲倦。

38. 做事有些莽撞，常常不考虑后果。

39. 教师或他人讲授新知识时，总希望他讲得慢些，多重复几遍。

40. 能够很快地忘记那些不愉快的事情。

41. 做作业或完成一件工作总比他人花费的时间多。

42. 喜欢运动量大的剧烈的体育运动，或者参加各种文艺活动。

43. 不能很快地将注意力从一件事情转移到另一件事情。

44. 接受一个任务后，就希望把它迅速完成。

45. 认为墨守成规会比冒风险更稳妥。

46. 能够同时注意几件事物。

47. 当自己烦闷的时候，他人很难使自己高兴起来。

48. 爱看情节起伏跌宕、激动人心的小说。

49. 对工作抱认真严谨、始终一贯的态度。

50. 和周围人的关系总是相处不好。

51. 喜欢复习学过的知识，重复做熟悉的工作。

52. 希望做变化大、花样多的工作。

53. 小时候会背的诗歌，自己似乎比别人记得清楚。

54. 他人说自己出语伤人，可自己并不觉得这样。

55. 在体育活动中，常因反应慢而落后。

56. 反应敏捷，头脑机智。

57. 喜欢有条理而不甚麻烦的工作。

58. 兴奋的事情常使我失眠。

59. 教师讲新概念时，常常听不懂，但是弄懂了以后就很难忘记。

60. 假如工作枯燥无味，马上就会情绪低落。

评估：

其中，选择"很符合"计2分，选"较符合"计1分，选择"符合与不符合间"计0分，选择"较不符合"计–1分，选择"很不符合"计–2分，最后计算总分。

胆汁质题号：2、6、9、14、17、21、27、31、36、38、42、48、50、54、58；

多血质题号：4、8、11、16、19、23、25、29、34、40、44、46、52、56、60；

黏液质题号：1、7、10、13、18、22、26、30、33、39、43、45、49、55、57；

抑郁质题号：3、5、12、15、20、24、28、32、35、37、41、47、51、53、59。

（1）如果某气质类型得分明显高出其他三种，且均高出4分以上，则可定为该类气质；如果得分超过20分，则为该气质的典型；如果得分在10～20分，则为一般型。

（2）如果两种气质类型得分接近，其差异低于3分，而且又明显高于其他两种4分以上，则可定为两种气质的混合型。

（3）三种气质得分均高于第四种，而且接近，则为三种气质的混合型。

（4）如果四种气质类型得分均不高且差距在3分以内，则可能是没有如实作答，也可能是四种气质类型的混合型，但这种情况很少见。

活动三：
优势人格自评——对人格的了解、完善与发展

（1）活动内容：木桶理论认为，组成一个水桶的每块木板必须平齐且无破损，如果组成这个桶的木板中有一块短板，这个桶就无法盛满水（图4-1）。于是，人们常常将精力集中于克服短板、改正缺点，力图成为一个少有缺点的人，这本身很有价值。但经常忽视了自己人格中的长板——优势人格，我们将木桶向长板那一侧倾斜时（图4-2），也一样可以达到容纳更多水的效果。我们的优势人格就是人格中的长板，是那些积极、良好的人格特质，长板可以扩大木桶的容积，为我们的未来带来更多可能。接下来我们通过一个测评来帮助大家进一步了解自己身上有哪些优势人格。请根据下列文字中呈现的24种优势人格内容，选出你认为自己具备的5种优势人格并排序。

智慧和知识：包括创造性、好奇心、热爱学习、思想开放、洞察力5种性格优势。

勇气：包括诚实、勇敢、坚持、热情4种性格优势。

仁爱：包括善良、爱、社会智慧3种性格优势。

公正：包括正直、领导力、团队合作精神3种性格优势。

节制：包括原谅、谦卑、审慎、自我调节4种性格优势。

精神卓越：包括对美和优点的欣赏、感激、希望、幽默、灵性5种性格优势。

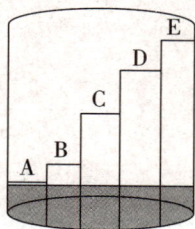

图 4-1

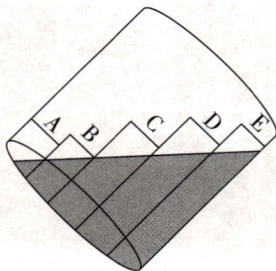

图 4-2

（2）小组分享：我的优势人格。请学生在小组中分享自己写下的排在前三位的优势人格，每个优势人格都要用一个具体的事例来说明。

（3）全班分享。小组分享结束后进行两轮全班分享。

第一轮分享：邀请5~8个学生在全班分享自己的优势人格，并举一个例子说明自己排列在第一位的优势人格。

第二轮分享：邀请5~8个学生分享自己在活动过程中的想法或感受。

二、课后作业

人格完善的具体实践：请写一个自己想要发展的优势人格，将发展人格品质的想法落实到具体行动中。

实训任务五

一、课堂活动

活动一：

认识情绪

（1）准备六张"情绪卡片"，如图5-1所示。

喜	怒	哀
乐	悲	惊

图5-1　情绪卡片

材料导读

（2）让自愿上台的学生随机抽出一张卡片，用表情、动作等非语言信息表达卡片上所写的情绪，不能用言语表达。

（3）让台下的同学猜测台上的同学表达什么情绪。

活动二：

测试自己的情绪状态

完成下面的句子，哪些事件引起你生气、难过、焦虑、害怕、丢脸、无助的感觉呢？

（1）我最生气的一件事：_____。

（2）我最难过的一件事：_____。

（3）我最焦虑的一件事：_____。

（4）我最害怕的一件事：_____。

（5）我最丢脸的一件事：_____。

（6）我最无助的一件事：_____。

讨论：

（1）你在填写中有何感受？

（2）你认为自己的情绪的觉知能力如何？负性情绪出现时你是置之不理还是平和接纳？

（3）别人的情绪经历对你有何启示？

活动三：

爆破烦恼

两个同学为一组，每组一个气球，两个同学把自己的烦恼写在气球上，并将自己的烦恼分享后挤爆这个气球。

活动四：

画出你的情绪

请同学们准备一张 A4 的画纸，在画纸上用色彩绘制一幅自己的情绪。

二、课后作业

作业一：

心理情景剧

请自由组队，各小组拍摄一段情绪短剧，时长不超过 5 分钟，人数不超过 8 人（含导演、编剧）。

要求： 情节完整，有起因，冲突表现和解决策略。格式为 MP4，大小不超过 200 M。

可选主题包括但不限于：

宿舍冲突、考试焦虑、学习压力、学习状况、生活状态……

同学们积极参与提问、讨论与总结，并选出最佳情景剧。

作业二：

描述痛苦

问题	回答
情况发生在什么时间	
发生了什么事情（客观描述这个事件）	
你认为为什么会发生这种状况（指出原因）	
对这种状况你有什么感觉	原生情绪： 衍生情绪： 生理感觉：
作为这种感觉带来的后果， 你想做什么？（你渴求什么？）	
你做了什么，说了什么（在这种状况下，进行了哪些行动）	
你的情绪和行动最后对你造成了怎样的影响？	

实训任务六

一、课堂活动

活动一：

练习题目：心理剧表演（线下团体活动）

【活动目的】

通过活动，将自己人际交往中的问题或困扰通过表演的方式展示给全班同学，表达自己的内心感受，从中培养和提高自己的洞察力，借此走出困境，实现自我整合和人际关系和谐。

【操作步骤】

（1）学生参照剧本进行人际交往心理剧表演。

（2）学生对表演进行讨论和总结（剧中反映了大学生人际交往中的什么问题？这些问题应如何应对和解决）。

（3）结合自己的理解，同学之间再次进行两两对话表演，以达到"沟而通"的目的。

（4）分享感受。

附参考剧本"一个电话引起的风波"

佳薇：晓玲，晓玲，还打啊？

晓玲：干吗呀，有事吗？

佳薇：你都打多长时间了，都1个小时了。

晓玲：我们还没聊完呢！

佳薇：吵着我们睡觉了。

晓玲：睡觉？

佳薇：啊，没看我翻过来转过去，半天没睡着吗？

晓玲：睡不着是吗？你睡不着，关我什么事啊？

佳薇：你打电话影响宿舍同学睡觉，你自己知不知道啊？

材料导读

晓玲：我已经这么小声了，其他同学怎么没反应啊？

佳薇：都一连几个晚上了，昨晚聊到十二点还不睡，今天又聊到一点多，真是太过分了！

晓玲：这有什么过分的，就你事多！

佳薇：你还很有道理！你要还想打电话，抱着电话到外面打去！

晓玲：凭什么要我到外面打啊？

佳薇：凭什么？就凭这宿舍不是你一个人的。

晓玲：对啊！不是我一个人的，但也不是你一个人的吧，为什么让人出去呢？

佳薇：你要再这样，我把电话线给你拔了啊！

晓玲：你拔呗。

【注意事项】

（1）表演时注意语气与表情，尽量逼真。

（2）选取个别两人组进行示范，教师及时点评。

活动二：

结构化倾听：故事的结构

参考流程：

结构化倾听：故事的结构	
练习目标	学习理解不同层次的沟通，从聆听中筛选不同层次的表达，并在关系里面确定沟通的基面（比较适合小学高年级或者中学，年龄较大、较为成熟的儿童和青少年）
人数限制	个体、团体（建议≤15人，让每个人有充分机会表达）
练习时间	20~30分钟（教师可根据年龄大小和人数多少适当调整时间。但是不建议超过45分钟）
所需材料	投影机，音箱、计算机。建议每人1把椅子、1支笔和1个笔记本（可选）、1个黑/白板（练习之后记录分享内容用）。教师可以找一些学生们关心的社会热点讨论，或者现场选择一个志愿者同学来讲述某件事。
参考指导语	人的感受实际上是有不同的层次的，大致可以分成躯体、情绪、思维、信念几个不同的层次。譬如，当我们绊了一跤很愤怒的时候，实际上有不同层面的感受： 1.躯体：感到被磕到的地方火辣辣地疼痛； 2.情绪：愤怒或者委屈，有可能想哭； 3.思维：判断自己伤的情况。能不能站起来？周边有什么人？
	4.信念：可能会因为被同学看到感觉很丢脸，或者伤自尊； 人在沟通的时候，同样描述一件事，也可能在不同的层面沟通。学会在聆听中区分不同层面的信息，可以让我们更好地理解他人

续表

结构化倾听：故事的结构	
练习内容	听音频，或者观看一段视频，或者教师邀请一位志愿者分享一个故事。 作为聆听者，请大家注意讲述者都表达了哪些方面的信息： 1. 躯体：_____ ； 2. 情绪：_____ ； 3. 思维：_____ ； 4. 信念：_____ ； 5. 其他：_____ 。如果发现哪个层面缺失，或者对某个层面感兴趣，可以尝试着对讲述者提问，当然由讲述者来决定是否回答。每个人在完成之后，分享自己的记录。大家一起总结4个不同层面的内容
参考问题	1. 你觉得平时自己最喜欢采用哪个层面来表达？ 2. 你觉得平时自己最喜欢听到哪个层面的东西？ 3. 你最不擅长的层面是哪个？使用某个层面沟通的时候，你有怎样的感觉？尝试着多试试看，感受有没有什么变化？ 4. 在不同的环境里面，你是否会觉得你想用不同的层面来沟通，譬如：教师、普通同学、好朋友、父母、爷爷奶奶、陌生人
备注和扩展	

活动三：

练习题目：你夸我笑（线下团体活动）

【活动目的】

通过活动，借助成员的力量，获取个人的信心。

【操作步骤】

（1）把同学分成几个小组，每组6～8个人。

（2）小组内依次对其中一人进行优点轰炸（只说这位同学的优点）。

（3）被"炸"的同学认真听取并做好记录。

（4）个别同学谈体会。

思考：当他人赞美你时，你的感觉如何？你赞美他人时，通常赞美哪些地方？你在赞美他人时，感到自然吗？

（5）教师总结。

【注意事项】

（1）每个人的赞美是发自内心的、真诚的。

（2）赞美的话语不可重复。

二、课后作业

（1）尝试画出自己的人际支持网络（图6-1），想一想，你已经多长时间没有和其中的人交心恳谈了？

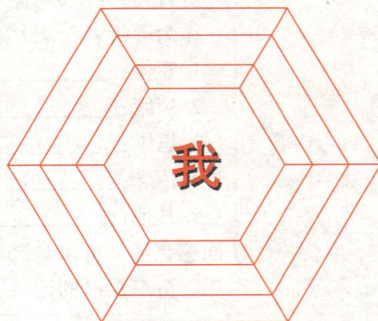

图 6-1　人际支持网络

（2）阅读《傲慢与偏见》，解读其中的人际交往，并在课前5分钟进行分享。

（3）我们应当如何改善大学生宿舍人际关系，提高沟通的能力呢？

实训任务七

一、课堂活动

活动一:

　　　我心目中的白马王子(白雪公主)(线下团体活动)

【活动目的】

　　通过自我探索了解爱情的真正意义和自己的爱情价值观;认识自己选择爱人的标准,使爱更理性化。

材料导读

【操作步骤】

(1)将全班同学分成若干组,每组8～10人。

(2)你觉得爱情是什么?按照以下的格式造出三个你隐喻爱情的句子(请写在自己的笔记本上)。

　　爱情是＿＿＿＿＿＿＿＿＿＿＿＿＿,因为＿＿＿＿＿＿＿＿＿＿＿＿＿。

　　爱情是＿＿＿＿＿＿＿＿＿＿＿＿＿,因为＿＿＿＿＿＿＿＿＿＿＿＿＿。

　　爱情是＿＿＿＿＿＿＿＿＿＿＿＿＿,因为＿＿＿＿＿＿＿＿＿＿＿＿＿。

(3)爱是我们生命中的重要课题。无论你已经拥有了爱情,或即将拥抱爱情,都需要对自己选择爱人的条件进行认识。下面,请你用形容词、词组或句子的形式写出自己选择心目中白马王子(白雪公主)的五条标准,使自己的爱更理性化。

　　第一条:＿＿＿＿＿＿＿＿＿＿＿＿＿＿＿＿＿＿＿＿＿＿＿＿＿＿＿＿＿＿＿＿＿。

　　第二条:＿＿＿＿＿＿＿＿＿＿＿＿＿＿＿＿＿＿＿＿＿＿＿＿＿＿＿＿＿＿＿＿＿。

　　第三条:＿＿＿＿＿＿＿＿＿＿＿＿＿＿＿＿＿＿＿＿＿＿＿＿＿＿＿＿＿＿＿＿＿。

　　第四条:＿＿＿＿＿＿＿＿＿＿＿＿＿＿＿＿＿＿＿＿＿＿＿＿＿＿＿＿＿＿＿＿＿。

　　第五条:＿＿＿＿＿＿＿＿＿＿＿＿＿＿＿＿＿＿＿＿＿＿＿＿＿＿＿＿＿＿＿＿＿。

(4)活动过程中播放歌曲《甜蜜蜜》。

(5)交流心理感受:小组讨论与分享。

1）每个同学把自己造的句子和自己选择心目中的白马王子（白雪公主）的五条标准给小组其他成员听，说说对爱情的理解。

2）每个小组派代表交流。在共同讨论中表现出每个人的爱情价值观，也可以了解他人的爱情价值观，进行深入思考，确立正确的爱情价值观。

3）活动过程播放歌曲《你是我的幸福吗？》

活动二：

大学生恋爱资格大拍卖（线下团体活动）

【活动目的】

使大家更了解自己具备了怎样的恋爱资格，还需要怎样的准备，使恋爱更理性化。

【操作步骤】

（1）全班同学各抒己见，认为大学生恋爱需要具备什么样的条件。

（2）准备一张大海报，挑选出10种最具代表性的恋爱资格写在上面。

（3）全班分成若干组，每组8～10人。每组有100万元，每项恋爱资格的底标是5万元，依次竞标海报上的各项恋爱资格，每次加价不得少于5万元，若喊了三次无人竞标则由最高价者获得，在该项旁注明得标者的小组。

（4）在竞标过程中，多注意哪些组花了相当高的代价标得到了哪些项目？哪些项目竞标者最多？

（5）活动过程中播放歌曲《爱情证书》。

心理交流内容："大学生恋爱资格大拍卖"活动完毕，每组派代表说明小组参加竞拍了什么项目？竞拍得到了哪些项目？为什么要竞拍这个资格？有什么遗憾？分享感受，交流心情。

活动三：

性人格：是人类个体在性方面做人的原则。

小组讨论：

谈谈同学们认可的性人格的内容。

活动四：

性脱敏——从表7-1的词汇中找出你认为与性有关的词汇（5分钟）。

表7-1　词汇表

快乐	爱	委身	表现	舒服	无助	美丽	融洽	好玩	生育
美妙	信任	羞耻	忠贞	尴尬	压力	欢乐	试验	释放	无奈
厌恶	享受	压抑	乏味	征服	沟通	禁忌	遗憾	自卑	自信
恐惧	不满足	例行公事	难为情	内疚	满足	亲密	和谐		

（1）你们小组选择了哪些词汇，为什么这些词汇和性有关？

（2）你们的感受是以负面为主还是正面为主？

（3）你认为什么是性？

二、课后作业

（1）对你来说，爱情是什么呢？

（2）爱情三元理论是怎样叙述爱情的呢？

（3）怎样让你的爱情保持新鲜感呢？

（4）你对性有了哪些新的认识？你从本节课中学到了什么？

实训任务八

一、课堂活动

活动一：自我 SWOT 分析

形式： 全体人员先以个人形式完成，而后进入 5 人小组讨论。

类型： 增强自我认识，自己指导学习。

时间： 10 分钟。

材料： SWOT 分析法。

场地： 教室。

活动目的： 增强对自我的认识，了解自己的差距，从而找出指导自我学习的最佳方法。

操作程序： 教师给每位学生发一张 SWOT 分析表，而后让学生把自己的优势、劣势、机会及威胁填在 SWOT 分析表（表 8-1）中，而后进入小组与小组的其他成员分享。

有关讨论： 当你为自己做了 SWOT 分析之后，是否对自己的认识更加深刻了？

与小组的其他成员分享了之后，学到了些什么？

材料导读

表 8-1　自我 SWOT 分析操作指导图形

Strengths 优势	Weaknesses 劣势
Opportunities 机会	Threats 威胁

29

活动二：数字游戏

形式：全体学生。

类型：学习类课程。

时间：15分钟。

材料：将表8-1打印成分发材料，每人8份。

场地：教室。

活动目的：鼓励学生发现（或回顾）学习的原理。

操作程序：

（1）将表8-1分发给各学生，每位学生8份。请大家先将该图正面朝下放在桌上，不要看上面的数字。然后告诉大家这是一个非常简单的"手眼合作"的练习，关键是看大家在规定时间内的速度如何。

（2）接下来请学生将纸翻过来："现在的任务是请大家用一支笔将数字按顺序连接起来，从1到2，到3，到4……直到我说'停'，大家就一起停下来。好，开始！"

（3）给学生60秒的时间，然后叫停，"好，请大家将连接到的最后一个数字（最大的一位数）圈出来，并写在纸的右上方。"

（4）重复这个程序6次或7次，每次都给学生60秒的时间。并要求学生将几张纸按先后顺序在左下角标上数字（从1到6或7）（图8-1）。

图8-1 数字游戏材料图

有关讨论：

（1）坦率地说，在进行这个练习时，你感觉如何？

（2）老话说"刀越磨越快"。如果老话说得对，那么我们的每次练习都应该较上一次有所进步，但事实是否如此呢？如果不是，为什么？

活动三：学习曲线

形式： 全体学生，8 人一组。

类型： 学习类课程。

时间： 15 ～ 20 分钟。

材料： 不需要材料。

场地： 教室。

活动目的： 划分学习水准并说明"学习停滞期"是常见的。

操作程序：

这个游戏应与"数字游戏"一起使用。当学生完成 7 组数字游戏之后，请他们将自己的成绩按先后顺序标在学习曲线图（图 8-2）上，并将各点连成一线。

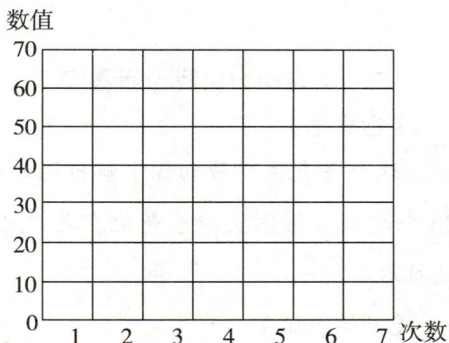

图 8-2　学习曲线

讨论：

（1）是否每个人每次都能维持上升趋势？

（2）我们常常会经历一个短暂或不明显的下降区或学习停滞区，这是由什么引起的？

（3）如果学生出现上述的学习停滞区，作为讲师应当如何理解这种情况并采取相应措施？

二、课后作业

（一）分析题

（1）高中的学习更倾向被动接受，而大学学习更倾向主动发现，需要更多的认知和反思。请具体谈谈大学学习的特点。

（2）请举例说明成就动机的种类及其内涵。

（3）大学的学习不同于中学阶段的学习，试着运用课堂所学内容结合自己的经验谈谈如何进行有意义的学习？

（二）学习动力自我诊断量表

【指导语】

这个量表主要帮助你了解自己的学习动机、学习兴趣、学习目标上是否存在困惑。共20个题目，请你实事求是地在与自己的情况相符的题目后面打一个"√"号，不相符的题目后面打一个"×"号。

【开始测试】

1. 如果他人不督促你，你极少主动地学习。（ ）

2. 你一读书就觉得疲劳与厌烦，只想睡觉。（ ）

3. 当你读书时，需要很长时间才能提起精神。（ ）

4. 除教师指定的作业外，你不想再多看书。（ ）

5. 如有不懂的问题，你根本不想设法弄懂它。（ ）

6. 你常想自己不用花太多时间就能大幅度地提高自己的学习成绩。（ ）

7. 你迫切希望自己在短时间内就能大幅度提高自己的学习成绩。（ ）

8. 你常为短时间内成绩没能提高而烦恼不已。（ ）

9. 为了及时完成某项作业，你宁愿废寝忘食、通宵达旦。（ ）

10. 为了把功课学好，你放弃了许多自己感兴趣的活动，如体育锻炼、看电影和郊游等。（ ）

11. 你觉得读书没意思，想去找一个工作做。（　　）

12. 你常认为课本上的基础知识没啥好学的，只有看高深的理论、读大部头作品才带劲。（　　）

13. 只在你喜欢的科目上狠下功夫，而对不喜欢的科目放任自流。（　　）

14. 你花在课外读物上的时间比花在教科书上的时间要多得多。（　　）

15. 你把自己的时间平均分配在各科上。（　　）

16. 你给自己定下的学习目标，多数因做不到而不得不放弃。（　　）

17. 你几乎毫不费力地就实现了自己的目标。（　　）

18. 你总是同时为实现几个学习目标而忙得焦头烂额。（　　）

19. 为了对付每天的学习任务，你已经感到力不从心。（　　）

20. 为了实现一个大目标，你不再给自己制定循序渐进的小目标。（　　）

【结果说明】

上述20个题目可分为四组，它们分别测查你在四个方面的困惑程度：1～5题测查你的学习动机是不是太弱；6～10题测查你的学习动机是不是太强；11～15题测查你的学习兴趣是否存在困扰；16～20题测查你在学习目标上是否存在困扰。假如你对某组（每组5题）中的大多数题目持认同态度，则一般说明你在相应学习欲望上存在一些不够正确的认识，或存在一定程度的困扰。

实训任务九

一、课堂活动

网络成瘾诊断标准：

如果你每天上网超过 4 个小时，并有以下五个项目是肯定的，就可以断定个体患有"网络成瘾症"。

（1）你是否着迷于互联网？

（2）为了达到满意你是否感觉需要延长上网时间？

（3）你是否经常不能控制自己上网或停止使用互联网？

（4）停止使用互联网的时候你是否感觉烦躁不安？

（5）每次在网上的时间是否比自己预期的要长？

（6）你的人际关系、工作、教育或职业机会是否因为上网而受到影响？

（7）你是否对家庭成员、治疗医生或其他人隐瞒了你对互联网着迷的程度？

（8）你是否把互联网当成了一种逃避问题或释放焦虑、不安情绪的方式？

问卷：

（1）每周平均上网时间：＿＿＿＿＿＿＿＿＿＿＿＿＿＿＿＿＿＿＿＿＿＿
＿＿＿＿＿＿＿＿＿＿＿＿＿＿＿＿＿＿＿＿＿＿＿＿＿＿＿＿＿＿＿＿。

（2）上网一般做什么：＿＿＿＿＿＿＿＿＿＿＿＿＿＿＿＿＿＿＿＿＿＿＿＿
＿＿＿＿＿＿＿＿＿＿＿＿＿＿＿＿＿＿＿＿＿＿＿＿＿＿＿＿＿＿＿＿
＿＿＿＿＿＿＿＿＿＿＿＿＿＿＿＿＿＿＿＿＿＿＿＿＿＿＿＿＿＿＿＿。

（3）在网络中，每周平均花费多少钱：＿＿＿＿＿＿＿＿＿＿＿＿＿＿＿＿＿
＿＿＿＿＿＿＿＿＿＿＿＿＿＿＿＿＿＿＿＿＿＿＿＿＿＿＿＿＿＿＿＿。

（4）上网后心情一般是：＿＿＿＿＿＿＿＿＿＿＿＿＿＿＿＿＿＿＿＿＿＿
＿＿＿＿＿＿＿＿＿＿＿＿＿＿＿＿＿＿＿＿＿＿＿＿＿＿＿＿＿＿＿＿
＿＿＿＿＿＿＿＿＿＿＿＿＿＿＿＿＿＿＿＿＿＿＿＿＿＿＿＿＿＿＿＿。

二、课后作业

填写一周网络使用情况记录表（表9-1）。

表 9-1　一周网络使用情况记录表

时间	周一	周二	周三	周四	周五	周六	周日	合计
上网时间 / 小时								
地点及方式								
上网内容								
感受								

实训任务十

一、课堂活动

画出自己的原生家庭图。

材料导读

二、课堂作业

主题写作：《我想对我未来的孩子说》。

实训任务十一

一、课堂活动

活动一：

我说你画

1. 活动目的

（1）在相互了解的基础上，认识体验压力产生的原因。

（2）交流学业压力，认识和分享学习工作中经常遇到的压力。

材料导读

2. 活动规则

参与者根据指令一笔一笔地画，不许问，不许涂擦，不许相互观望。

3. 活动顺序

（1）指导教师下指令：先画一个大圆，再画很多条直线，然后画一个中圆和两个小的椭圆，再画一个直勾和两个半圆。

（2）参与者将自己的作品展示给大家看，大家从中挑选出感觉最好的作品和最不好的作品。

（3）请被选出的最好作品的作者 A 和最不好作品的作者 B，讲述自己完成作品的过程。

4. 交流分享

（1）从游戏中你感悟到了什么？

（2）谈谈同学们在学习生活中所感受到的种种压力。

活动二：

音乐放松

学习困难、人际交往受挫、就业压力等等情况出现时，我们感觉紧张、不安，难以静下心来的时候，不妨听一听音乐，做一次"心理按摩"，优美动听的旋律可以起到调适心理和转换情绪的效果，会让你解除紧张、不安、焦虑，心情愉悦。

活动三：

撕纸游戏

将你所烦恼的事情和所有的坏感受统统写在一张很大的白纸上，四周留白。然后大家可以坐在一起，在统一的号令下尽情撕扯这张纸，越碎越好，一边撕可以一边念叨着"我才不在乎""走开"等非常直白的话语。

活动四：

受挫情境

回忆你过去遇到挫折的时候，都是什么情境？把它们写下来，你是如何处理的。

可以和你的同学们分享，看看你们在面对挫折时，有什么地方是相同的，有什么地方是不同的。

挫折情境一：_____

什么情境：_____

情绪如何：_____

处理方式：_____

挫折情境二：_____

什么情境：_____

情绪如何：_____

处理方式：_____

二、课堂作业

如何应对人际交往中的压力？

实训任务十二

活动一：

心灵游戏——人生五样

人生多种多样，今天和大家一起分享人生中特殊的五样东西，请大家准备白色 A4 纸 1 张，黑色中性笔 1 支，在白纸的顶端写上"×××的人生五样"。

材料导读

第一步，请大家深呼吸，放松自己的身心，让大脑处于宁静的状态。

第二步，请大家在白纸上，以最快的速度写下你生命中最重要的五样东西，不必考虑顺序，排名不分先后。这五样东西可以是实在的物体，如食物、金钱等；也可以是人和动物，如父母、儿女、小狗等；也可以是精神的追求，如理想、旅游等。总之，你可以天马行空的想象，写出内心珍贵的五样东西即可。现在，你是不是体验到大多是一些温暖的回忆和惊喜。

第三步，假如你的生活出了一点意外，我无法说得更详细、更清楚，你要付出代价和牺牲。怎么办？生命中最宝贵的五样保不了，你要舍去一样，请你拿起笔，将五样之中的某一样抹去。

第四步，你的纸上只剩下四样珍贵的东西和一个黑洞了，此刻你的生活又发生了重大变故，来得更凶猛急迫，你保不住你的四样东西了，必须再放弃一样，这时候你可要三思而后行啊！不错，这就是命运的残酷，无论你有多少怨言和不情愿，请你遵照游戏规则，用你的笔把四样当中的某一样涂黑。再次提醒，不是轻轻勾去，而是将它义无反顾完整地从你的视野中除掉。

第五步，游戏至此，有同学已经猜出了玩法，露出了摸到底牌的神色。为了自身的利益，请你把注意力从游戏的玩法上跳开，关注你写上字的纸条，主要的不仅是规则，更是过程中你对自我心灵的察觉和领悟。在生命进程中，你又遇到了险恶挑战，这一次，你又

要放弃一样宝贵的东西了，请你做出选择。

第六步，你坚持下来，胜利就不远了。你已经一步步地接近了赤裸裸的真实，最关键的部分就要横空出世了。纸上已经发生了根本变化，被划掉的三个黑斑掩埋着你珍贵的东西，但是事情还没结束，人生还要继续。是的，你的生活滑到了前所未有的低谷，你必须做出你一生中最艰难也是最果决的选择，你只能留下一样，其余全部放弃。

至此，你的纸上只剩下了一样东西，这就是你最宝贵的东西，好好记住你涂掉的顺序，这就是你心目中划分主次的台阶。

分享心得：

（1）你人生的五样东西分别是什么东西？你是怎样排序这五样东西的，为什么这样排列呢？

（2）与大家分享你今天在活动里的体会还有收获，说出你的心声。

活动二：

写下你的墓志铭

请想象自己坐在一架客机上，宽敞平稳，飞机在万米的高空翱翔。突然，机身发抖，像个咯血的肺结核病人一样连续抖动，颠簸如此厉害，空姐要求大家把安全带系好。广播里传来机长的声音。他通知大家说飞机发生了严重的机械故障，正在紧急排除。但为了预防最危急的情况，现在将由乘务小姐分发纸笔，你有什么最后的遗言要向家人交代，请留在纸上。一切要尽快，乘务小姐会在三分钟后收取大家的纸条，然后统一密闭在特制的匣子里，这样即便飞机坠毁，遗言也可完整保存下来。按照飞机现在的飞行高度，在完全失去动力的情况下，还可以滑翔极短暂的时间……

乘务员小姐托着盘子走过来，在她惨白的面颊上，职业性的微笑已被僵硬的抽搐所代替。盘子里盛的不是饮料，不是纪念品，也不是航空里程登记表，而是纸和笔。人们无声地领取这特殊的用品，有抽泣声低低传来。

你领到了半张纸和一支短笔。现在，面对着这张纸，你将写下什么？

活动三：

心理训练营：生命线

请想象你从出生到死亡是一条数轴（图12-1），你现在处在这条生命线的哪个位置呢，在过去的时光中，你的感受是什么？未来你有什么打算？可以把它画下来。

出
生 ——————————————————→ 死
亡

图12-1　从出生到死亡的数轴

二、课堂作业

谈谈敬畏死亡有什么现实意义。

实训任务十三

一、课堂活动

（一）寻求专业性心理帮助态度问卷

总分为各题目得分之和，得分越高，寻求专业性心理帮助态度越积极。很不同意1分，不同意2分，不确定3分，同意4分，很同意5分；1、4、6、8、10、14、15、17、19、20、21、27、29反向计分。

（二）情景模拟

针对课程思政中案例，分组进行角色扮演，并在过程中思考：

（1）当自己出现案例中情况时，自己该如何缓解？

材料导读

（2）身边的好朋友出现案例情况时，如何进行帮助和陪伴？

（三）学校心理中心参观

由学校心理协会成员带领同学参观心理中心。参观过程中讲解心理中心构成和每个教室功能。

（四）学校心理中心预约方式

微信公众号预约：能源心理。

1. 关注公众号：能源心理。

2. 点击心之驿－线上预约。

3. 扫码后按指令操作。

二、课堂作业

1. 观看心理学电影《心灵捕手》，了解心理咨询过程。

2. 对心理咨询类型进行影片查找，在下次课程中进行分享。